一看就上瘾的

1000问

博彦◎编著

台海出版社

图书在版编目 (CIP) 数据

一看就上瘾的中国文化 1000 问 / 博彦编著 . -- 北京 : 台海出版社 , 2025. 5. -- ISBN 978-7-5168-4205-8

Ⅰ . K203-49

中国国家版本馆 CIP 数据核字第 2025VC0609 号

一看就上瘾的中国文化 1000 问

编　　著：博　彦

责任编辑：魏　敏　　　　封面设计：枫蓝设计

出版发行：台海出版社

地　　址：北京市东城区景山东街 20 号　邮政编码：100009

电　　话：010-64041652（发行，邮购）

传　　真：010-84045799（总编室）

网　　址：www.taimeng.org.cn/thcbs/default.htm

E - mail：thcbs@126.com

经　　销：全国各地新华书店

印　　刷：三河市越阳印务有限公司

本书如有破损、缺页、装订错误，请与本社联系调换

开　　本：710 毫米 ×1000 毫米　1/16

字　　数：280 千字　　印　　张：14

版　　次：2025 年 5 月第 1 版　　印　　次：2025 年 8 月第 1 次印刷

书　　号：ISBN 978-7-5168-4205-8

定　　价：59.80 元

前言

悠悠华夏五千年，灼灼文明耀星汉。在广袤的历史长河中，中华民族以智慧、善良、勤劳、坚韧的品格创造了博大浩瀚、瑰丽多彩的宝贵文化财富，深深地影响着不同时代的每一个人。回望历史，顺着文化的河流溯源，方知我们生活于世界上如尘埃般渺小、如沧海之一粟。不过，正因为在溯古望今中、在认识真理中窥见了我们的渺小，方知我们创造的文化有多么光彩绚烂，我们自己有多么伟大。如果每一名中华儿女，在悠久的历史文化面前，都能够体悟到自己的渺小和伟大，对万物怀有敬畏和虔诚之心，无疑是民族之幸事。

新的时代在发展，新的文化被创造。在社会高速发展的过程中，中华优秀传统文化不应被忽视、被遗忘，它润泽人心、启迪智慧的作用更应被重视。学思践悟中华优秀传统文化，将其发扬光大，不仅仅是我们这一代人的任务，更是每一代中华儿女的光荣使命，是中华民族生生不息的重中之重。

为弘扬中华优秀传统文化，笔者对相关文史资料进行搜罗整理，严订史实，汇集内涵丰富、特色鲜明的中国历史文化知识，以通俗易懂的语言、喜闻乐见的方式进行表达，编纂成本书。

本书共分二十二章，以神话传说为开篇，以现代知识为终章，贯穿从上古时期到现当代的各领域、各方面。哲学思想篇，对从儒家、道家、法家等先秦诸子百家到程朱理学、阳明心学等均有介绍；帝王将相、名人名士等篇章，以人物为主要写作对象，讲述传奇人物故事，剖析历史人物的社会背景，展示各类人物的性格特点；说文解字、名言典故、诗词故事、俗语民谚等篇章，突出知识性，挖掘经典背后的故事；朝廷制度、职官政事、军事战役等篇章，聚焦古代政治制度和重要战役，反映古代的上层建筑和意识形态；风雅艺术、教育科技、山川地理、农业工商、百姓生活等篇章，立体展示古代社会、民众生活的景象；节日习俗、传统礼仪等篇章，旨在展示中国的风俗习惯、礼仪文化；奇闻趣事、趣味知识、百科杂谈等篇章，杜绝怪力乱神，涉及的知识点丰富多彩。

中国历史文化浩如烟海，由于笔者能力有限，加之限于篇幅，不能全景展示，冀望读者能以一斑而求全貌。不正之处，敬请批评指正。

目录

第一章　神话传说篇

第二章　说文解字篇

第三章　哲学思想篇

第四章　帝王将相篇

第五章　名人名士篇

第六章　名言典故篇

第七章　诗词故事篇

第八章　传统礼仪篇

第九章　朝廷制度篇

第十章　职官政事篇

第十一章　风雅艺术篇

第十二章　教育科技篇

第十三章　山川地理篇

第十四章　农业工商篇

第十五章　军事战争篇

第十六章　节日习俗篇

第十七章　俗语民谚篇

第十八章　百姓生活篇

第十九章　奇闻趣事篇

第二十章 百科杂谈篇

第二十一章　趣味知识篇

第一章 神话传说篇

1. 盘古是如何开天辟地成为造物主的?

在我国神话传说中，早期的天地混沌一片，在这片混沌的中心孕育出了人类的祖先——盘古。盘古降生后，“左手执凿，右手持斧，或用斧劈，或以凿开”，将混沌分开。于是，轻清之物上升为天，重浊之物下落为地。自此，天地正式形成。盘古担心天地会再度聚合成混沌状，便头顶天、脚撑地，苦苦支撑天地一万八千年。在他顶天立地的过程中，天越来越高，地越来越厚，最终天地之间的距离达到九万里。临终前，他呼出的气变成风和云，喉音变成雷霆之声，左眼变成太阳，右眼变成月亮，四肢五体变成四极五岳，血液变成江河，筋脉变成大地纹理，肌肉变成肥沃田地，头发变成星辰，皮毛变成草木，牙齿骨头变成金属矿石，精髓变成珍珠美玉，汗水变成雨露，身上的诸虫变成黎民。

2. 女娲干了哪些惊天动地的大事?

关于人类的起源，一说是盘古身上的诸虫化成人，另一说为女娲抟土作人。盘古开天辟地之后，天地之间唯独少了人。女娲在世间行走，不免觉得落寞。她在一条大河前蹲下，用土捏了一个泥人。泥人一落地便活蹦乱跳，之后女娲又捏了一个女泥人。女娲看见这对少男少女，心中满是欢喜，便捏了许许多多的“人”。但捏泥人过于辛苦，她便用一根藤条在泥浆中蘸一下，一甩藤条，泥土落在地上，也变成了人。至此，世上有了众多的人。这是女娲干的第一件大事。她干的第二件大事是炼石补天。支撑天地的柱子承受不住天地的压力而断裂，天空出现了大窟窿，雨水从大窟窿中倾盆落下，经久不息。世间洪水泛滥，万物生存维艰。女娲不忍看苍生受难，熔炼了五彩石填补了天空中的窟窿，还用神龟的四肢充当天柱。世间苍生因此得救。

3. 伏羲和女娲究竟是兄妹还是夫妻?

伏羲是雷神与华胥氏之子，人首蛇身，是统治东方的神。至于他与女娲的关系，有几种说法：一种是两人为兄妹，《路史·后纪》注引《风俗通义》采用此说。另一种是两人为夫妻，唐代卢仝《与马异结交诗》称“女娲本是伏羲妇”。还有一种说法是两人原本为兄妹，后又结为夫妻，共同造人。此说最早记载于唐代末期李亢的《独异志》。如今第三种说法在我国西南地区的苗族、瑶族等少数民族中仍广为流传。尤其是苗族，他们拜伏羲、女娲为始祖神。

4. 伏羲做出了哪些贡献？

第一个贡献是画八卦。《太平御览》卷九引《王子年拾遗记》记载，伏羲坐在方台之上，听八方之风，于是画下八卦。八卦由代表阳的“—”和代表阴的“--”组成，根据不同的排列组合分为乾、坤、震、巽、坎、离、艮、兑，象征着各种自然现象和人事现象。第二个贡献是结绳，即结网。他受蜘蛛结网的启发，创造出渔网这种工具，提高了捕鱼效率。由此可见，当时的伏羲部落，以渔猎为生。第三个贡献是创造了琴、瑟两种乐器，对音乐的发展带来了重要影响。第四个贡献是创立了婚姻制度，例如《古史考》记载“伏羲制嫁娶，以俪皮为礼”。

5. 燧人氏是如何发明钻木取火的？

传说在古时有个国家叫燧明国，那里没有四时和昼夜之分。生活在那里的人厌倦了世间，就会飞升进入天堂。燧明国有棵神树叫作燧木，根茎蔓延万顷，云雾在树枝间飘荡。燧木的树枝折断之后，钻枝即可生出火焰来。后来，国外有人云游至此，看到了此树，还看见有一只像鸮一样的鸟用喙啄树枝时，突然就出现了火。此人便试着钻木取火，果然生出了火。这个人就是燧人氏。

6. 我国的医药始祖是谁？

人吃五谷杂粮，难免不得病，得病之后，需要用草药来治疗。早期的人们不能识别各种草药的功效。于是，有一人以身试险，亲自试尝百草，这个人就是神农氏。《淮南子·修务训》记载，神农氏为尝百草的滋味，一天中中了七十次的毒。《搜神记》记载，神农氏用赭鞭（即红色的鞭子）鞭百草，尽知各种草药的平毒寒温之性。不幸的是，在一次尝草药后，他中了剧毒，肠子烂断，最终失去了生命。神农氏舍身为民、无私奉献的精神，感染了后世无数的人，至今仍被人们交口称赞。

7. 廪君对盐水女神有感情吗？

巴国，位于我国西南部，包括今重庆全境、湖北恩施、川东北部分地区。据《山海经·海内经》记载，巴国人的始祖为后照。后照的后代中有位名叫务相的人，后来成为巴郡南郡氏族的首领廪君。他带领部族子民寻找新的居住地，顺水而下到了盐阳。盐水女神爱慕廪君，想方设法地让他留下与她一起生活。廪君为了部族子民能找到更加适宜的居住地，克服盐水女神设下的重重阻碍，将盐水女神射杀后带领族人最终来到夷城，定居下来。廪君实际上对盐水女神有感情，但为了族人的发展，只得忍痛割爱。

8. 三皇五帝都是谁？

三皇五帝中的“三皇”是指天皇、地皇和人皇，“五帝”是指掌管东、西、南、北、中五方的五位天帝。三皇五帝具体是何人，有不同的说法。关于三皇，一说为伏羲、燧人、神农，二说为伏羲、神农、黄帝，三说为伏羲、神农、女娲。关于五帝，一说为太昊、炎帝、黄帝、少昊、颛顼，二说为黄帝、颛顼、喾、尧、舜，三说为黄帝、少昊、颛顼、帝喾、尧。虽然众说纷纭，但中华民族的文明史确是以三皇五帝为滥觞。

9. 黄帝和炎帝为什么开战？

传说黄帝和炎帝为同母异父的兄弟，黄

帝（轩辕氏）掌管中央方位的天地，炎帝（神农氏）掌管南方的天地。黄帝主张以仁义治理天地，炎帝反对，两人为此产生隔阂，于是各自率领部族发动了战争。战争发生在涿鹿、阪泉。黄帝足智多谋，且因仁义深得民心，受到了诸多部族的帮助，并调用虎豹、豺狼、熊罴参战。多次战斗之后，炎帝最终不敌，败走南方。

10. 黄帝与蚩尤之间的战争是谁先发动的？

蚩尤是炎帝的后裔，好战，善于制作兵器，并被视为战神。炎帝战败后，蚩尤回归炎帝麾下，怂恿炎帝再度发动战争。炎帝不肯，蚩尤便决定自己发动战争。他带领着他的兄弟们、苗民、山精水怪、魑魅魍魉，向黄帝发起了进攻。黄帝出兵抵抗，两军在涿鹿交战。蚩尤命令妖魔鬼怪发出怪叫，黄帝的部队听到此声顿感天旋地转、浑身无力。黄帝听说妖魔鬼怪最怕龙吟，便命令士兵用牛角做号角，拟吹龙吟之音。妖魔鬼怪听后，瘫软在地。蚩尤命风伯和雨师带来狂风暴雨，黄帝遂让大女儿旱神“魃”使天气放晴。蚩尤放大雾，黄帝造“指南车”，冲向蚩尤阵地。蚩尤想要腾空脱险，被应龙的一口气吹晕，带到黄帝面前。黄帝将好战的蚩尤处死。这次大战被后人称为“涿鹿之战”。

11. 黄帝最后的归宿如何？

据《史记·封禅书》记载，黄帝开采首山的铜矿，在荆山脚下铸了一尊鼎。鼎铸成后，只见天空之中出现了一条龙，垂着龙须，来迎接黄帝。黄帝骑上大龙，七十多位大臣、家室跟随他跳上大龙。龙瞬时腾空而起，一些小臣未骑上大龙，拽着龙须，龙须折断后坠地，黄帝的弓箭也掉落下来。百姓抬头望，看见黄帝已经升天，便抱着弓箭和龙须号哭。此处被后世称为“鼎湖”，黄帝的弓箭被称作“乌号”。

12. 炎帝的女儿们叫什么名字？

桑是炎帝的女儿之一。她学道得仙，居住在南阳崿山的桑树上，每逢正月初一便衔柴做巢，到了正月十五月圆之时，化作白鹊或女人。炎帝见之悲恸，不忍其受苦，以火烧之升天。另一个女儿叫作瑶姬，还未出嫁便去世了，葬于巫山的南侧。很久之后，楚怀王在梦中遇见自称巫山之女的瑶姬，便为其建造了一座名叫“朝云”的宫观。后来，宋玉以此传说作《神女赋》。炎帝的小女儿叫女娃，不幸溺水而亡，化作了“精卫”。

13. 精卫为什么要填海？

作为炎帝的小女儿，“精卫”本名女娃，有一次乘船到东海游玩，不料海上狂风骤起，巨浪滔天，将船打翻，她溺水身亡。女娃死后，魂灵化成小鸟，居住在发鸠山的柘树上，此鸟鸣叫的声音如同“精卫”两字，人们便称其为“精卫”。精卫不愿让东海再吞噬无辜之人的生命，决心将东海填满。她用口衔起小石子，以坚强不屈的意志、锲而不舍的精神，将一颗颗石子投入东海。晋代陶渊明有诗称“精卫衔微木，将以填沧海”。

14. 夸父临终前仍没有喝到哪里的水？

在大荒之中，有座名叫成都载天的山，山中居住着一位叫作夸父的巨人。有一天，他突发奇想，想要追赶上太阳，将太阳逮住。他是个行动派，迈开长腿便去追赶太阳，驰骋在北方广袤的大地上。眼看就要追到太阳了，他却口渴难耐，于是把黄河、渭水两条河川一饮而尽，但仍未解渴。他想到在北方雁门关以北的地方有个大泽——瀚海，那里水量充沛，定能解渴，于是向着瀚海奔去。不幸的是，夸父最终渴死在去瀚海的路上。

15. 刑天为何会被斩首？

刑天原为炎帝的臣子，是个巨人，爱好音乐，为炎帝作过乐曲《扶犁》和诗歌《丰年》。《山海经·海外西经》记载，刑天因与黄帝争夺神位，黄帝将其斩首，把他葬在常羊山。被断了头的刑天以乳为眼睛，以肚脐为嘴巴，左手握盾，右手舞斧，继续进行战斗。后人认为刑天虽然掉了脑袋，仍然“操干戚以舞”，这是一种宁死不屈的精神。

16. 共工怒撞不周山后，谁给收拾的残局？

蚩尤、夸父、刑天，都是炎帝的部下。除此之外，还有一位著名的人物也是炎帝的部下，他就是共工。他与黄帝的后代颛顼争夺帝位，发生了战争，但没有战胜颛顼。他怒火中烧，用尽全身的力气撞向昆仑山西北的不周山，将这根擎天的柱子撞断了，天向着西北方向塌陷，日月星辰向西北偏移，大地向东南沉降，天空的漏洞中倾泻出滔滔洪水，使得黎民百姓受了灾祸。面对这种情况，女娲炼五彩石把天空补好，收拾了这个残局，救助了天下苍生。

17. 不周山坍塌之后，东南大地变成了什么样子？

《列子·汤问》记载，渤海的东边有条大沟壑，绵延几亿万里，深不见底，名叫归墟。不周山坍塌之后，来自八纮九野的水、宇宙中的水，全都灌入这里。归墟还有五座神山，分别是岱舆、员峤、方壶、瀛洲、蓬莱。这五座神山的根未与大地相连，在水中上下浮沉、随波漂荡。住在神山上的神仙，将此事告诉了天帝。天帝恐怕神山会漂到西极，使众多仙圣失去居所，于是命令禺彊让十五只巨鳌用头顶住神山。这样五座神山才保持对峙而不能动。

18. 黄帝的妻子是谁？

《史记·五帝本纪》记载，黄帝居住在轩辕之丘，娶了西陵氏之女嫘祖。嫘祖是黄帝的正妻，为皇帝生下了两个孩子，一个是玄嚣，即青阳；另一个是昌意。嫘祖发明了养蚕，并且将这种技艺传授给民众，原始社会的男耕女织自此出现，并逐渐发展起来。嫘祖被后人奉为“先蚕圣母”。同时，嫘祖提倡婚嫁，这对文明的发展起到了积极的促进作用。

19. 西方天帝少昊最初的居住地是西方吗？

少昊，传说是西方的天帝，也是黄帝之子青阳氏。《山海经·大荒东经》记载，在东海之外有条大沟壑，是少昊的国度。《左传》中记载，少昊在东方建国时，百鸟来朝，少昊用百鸟的名字命名百官，用这些“鸟官”来辅佐治理国家，号称“鸟国”。后来，不知什么原因，少昊迁徙至西方，最初只是一个小神，最后成为西方的天帝，称为“白帝”。由此可见，最初少昊居住在东方而不是西方。

20. 颛顼是黄帝的孙子还是曾孙？

《史记》记载，黄帝生二子，一为玄嚣，二为昌意。昌意生子为高阳氏。黄帝死后，高阳氏即帝位，称颛顼。此说中颛顼为黄帝的孙子。《山海经·海内经》称，颛顼的父亲为韩流，韩流的父亲为昌意。此说中颛顼为黄帝的曾孙。关于颛顼有两个比较著名的传说，一是与共工争帝位，上文有所提及，不再赘述。二是绝地天通。传说远古时期天与地之间有天梯连接，昆仑山就是天梯。颛顼不愿恶神通过天梯下凡祸害人间，派大神重和大神黎去将天地分开，重向上举天，黎向下压地，从此天地间的交通被隔断，天国、人间互不打扰，秩序井然。

21. 帝喾就是舜吗?

帝喾是黄帝之子玄嚣的孙子，父亲是蟜极，曾辅佐颛顼，颛顼赐其封地在高辛，故也称高辛氏。据传，帝喾出生后便有神性，说自己的名字叫“俊”。他喜爱音乐，命臣子咸黑创作乐歌，命巧人有倕制作鼙鼓、钟磬、笙管等乐器。他有四个妃子，元妃姜嫄生下后稷，次妃简狄生下契，次妃庆都生下尧，次妃常仪生下挚。不过，也有说法认为娥皇是帝喾妻，也是舜妻，所以帝喾不是舜。说是同一人的这种说法站不住脚，这主要是神话传说的发展和演变所致。

22. 尧的生活有多么节俭?

尧，号陶唐氏。《史记》记载，尧的仁德像天一样，智慧像神一样。他既是天帝，也是人帝。作为天帝，他的神力通过他的两个女儿可以体现，传说他的两个女儿常游于江渊，出入之时必定带来狂风暴雨。作为人帝，他住在茅草屋里，吃粗饭，喝野菜汤，夏天穿麻布衣裳，用泥碗、土钵作为器皿，完全没有帝王的架子。他对民众充满仁爱之心，见到有人因受冻挨饿而犯罪，他会认为是自己的过失。

23. 天上的九个太阳究竟是尧还是后羿射下来的?

在尧生活的时代，天空突然出现了十个太阳，烤得人间万物焦枯，如炼狱一般，因此必须要把太阳射下来。《论衡》中称《淮南子》记载，尧飞升上天射下九个太阳，留下一个太阳如往常升起落下。但如今的《淮南子》一书中，缺少了尧亲自射日的情节，只有《本经》中记载，尧差使羿射日。太阳被射下来之后，人们全都大喜，拥立尧为天子。不过，后羿射日的传说流传得更加广泛。

24. 尧称帝之时，出现了哪十种祥瑞?

《述异记》中记载，尧称帝之时，一日之内忽现十种祥瑞：宫中马儿吃的草变成了稻禾，凤凰栖息在庭院中，神龙出现在宫苑的池塘中，神奇的蓂荚草在台阶的石缝中生长出来，宫廷中的禽类变成五颜六色的样子，鸟雀化作白衣天神，树木上生出火莲，箑蒲草在厨房中生长，景星在空中耀眼夺目，甘露降在大地之上。

25. 传说中的重明鸟长什么样子?

《拾遗记》中记载，在尧统治时期，天下太平，祥瑞涌现，其中出现了一种特别的鸟儿，叫作重明鸟。重明鸟也称双睛鸟，它虽然也是两只眼睛，但每只眼睛里有两个瞳仁；外形像鸡，鸣叫之声类似凤凰，十分美妙。它的羽毛经常脱落，常常扇动着光秃秃的翅膀在天空中飞翔。它能搏击豺狼等猛兽，使人们免受猛兽袭击。人们对重明鸟十分喜欢和尊敬，便用木头和金属做成它的样子，放在家门口，以辟邪纳福。

26. 嫦娥为什么独自奔去了月亮之上？

后羿将帝喾的九个孩子，也就是九个太阳射死之后，得罪了帝喾，难以重返天庭，他和妻子嫦娥（也称姮娥）只能流落人间。然而生在人间，寿命终究有尽头。后羿期望与深爱的妻子永远在一起，便去西王母那里寻求不死之药。他历经千辛万苦终于求得仙药，并将仙药交给嫦娥保管。后羿的弟子逄蒙得知此事之后，想去偷药，被嫦娥发现之后便欲抢夺仙药。而此时的后羿刚好外出不在家，嫦娥为了保全仙药，只好将其吞进肚子。不料，她身体变得愈加轻盈，飘了起来，直奔月亮而去。从此，嫦娥和后羿永远地分别了。

27. 西王母是个美丽的女人吗？

《山海经》记载的西王母居住在西海之南，流沙之滨，赤水之后，黑水之前，生着人形、虎牙、豹尾，三青鸟为其觅食，是一个掌管瘟疫刑罚的怪神，不知其性别。《穆天子传》里的西王母是一个雍容华贵、美丽端庄的女君主，将自己的国家治理得井井有条。穆天子西征到达西王母的国度后，与西王母相见甚欢，赋诗酬唱，相约一年后再度访问。《归藏》《淮南子》中记载的西王母更加仙化，穿戴道冠霞帔，俨然一股道家仙人的气质。

28. 古代仙人登仙的方式有哪些？

传说吃下长生不老药或者不死药，人就可以不老不死，成为神仙，这是登仙的一种方式。还有一种是不吃五谷，吸风饮露，可以登仙。此外，还有自焚、尸解、兵解等方法。值得提醒的是，如今仍有人认为这些方式可以成仙，实际上是大谬。登仙只是远古时期人们的美好愿望，终究不是现实。所以，无论何时，切勿认为可以得道升仙，进而做出伤害自己和他人的事情。

29. 鲧为什么要窃取天帝的息壤？

《山海经·海内经》记载，世上遭遇了一场大洪水，致使人们流离失所。黄帝有一个孙子叫作鲧，其父亲是骆明。鲧看着滔天的洪水，不忍民众受难，于是未经天帝允许，窃取了天帝的息壤来填塞洪水。天帝大怒，命令祝融杀掉鲧。鲧被杀于羽郊，死后三年不腐，从肚子里生下了禹。后来天帝命令禹去治水，平定了九州的祸乱。

30. 舜究竟有多孝顺？

舜是“五帝”中的一位，最初生活在有虞氏部落里，也称虞舜。他小的时候以孝闻名。舜的父亲是瞽叟是个盲人，在舜的母亲去世后，娶了另一位妻子。瞽叟的第二任妻子生下了象。舜的这位后母心胸狭隘、为人狠毒，只溺爱象，对舜十分憎恶，总想置舜于死地：让舜修房顶，却放火烧舜，舜只好跳下房子逃生；让舜挖井，却趁机活埋舜，舜顺着巷道逃走。在重重迫害之下，舜并未记恨父母，仍然对他们孝敬有加，以仁德之心善待他们。

31. 舜有什么人格魅力而能娶尧的女儿为妻？

舜为人和蔼仁义、品德高尚，他在历山耕种时，之前那里的农人经常争地，在舜的感召下，他们都互相谦让了；他在雷泽渔猎时，原本为捕鱼而争斗的人们也不再争斗了；他在黄河之滨制陶时，原本匠人制作出来的是粗陋的陶器，在舜的教导下也都能做出精美的陶器了。尧听闻之后，让自己的两个女儿娥皇和女英嫁给舜，又派自己的儿子们和舜一起生活，考验他的才干。最后，舜的品德和才干被尧认可，继承了尧的帝位。

32. 禹治水时的纪律有多么严明？

《国语·鲁语下》记载，禹在治水之前，召集群神在会稽山上召开治水预备会议。所有的神仙都按时到达，只有南方巨人族的首领防风氏姗姗来迟。禹为了严明纪律，将防风氏处死，并陈尸示众，以儆效尤。由此可见，禹治水的决心十分坚定，治水的纪律十分严明。虽然纪律严明苛刻，但是众神还是认可禹，尽心帮助他，其中应龙、河伯、瑶姬、黄牛神等对他的帮助很大，最终助其将洪水治住。

33. 鲤鱼跳龙门的“龙门”是谁创造的？

鲤鱼跳龙门，跳的是龙门山。龙门山在黄河以东，与吕梁山山脉连在一起，将黄河的去路阻挡了。禹从积石山导水至此，见水路受阻，于是将龙门山从中间凿开，形成了“门”形，黄河水于是可以从此顺畅通过了。禹将此取名为“龙门”。自此以后，黄河中的鲤鱼逆流而上争着跳龙门。为什么这些鲤鱼要跳龙门？原来，传说跳过龙门的鲤鱼会被天火烧掉尾巴，从而变成真龙升天。不过，能跳过龙门的鲤鱼少之又少。

34. 禹和妻子涂山氏之女是如何相识的？

禹到了娶妻的年纪，却因忙于事业而没有娶妻。有一天，一只九尾白狐来到禹的面前，禹突然想起了“寻求配偶的白狐，九条大尾巴很强壮。谁见了九尾白狐，谁就可以做国王。谁娶了涂山氏的女儿，谁就会家业兴旺”这样一首歌谣。他认为这是白狐给他的指引。于是，他前往涂山，果然遇到了一位美丽、温柔、善良的女子——涂山氏之女女娇。两人一见钟情，最终喜结连理。后来，女娇给禹生下了一个孩子，就是启——夏朝的君主。

35. 最早的驯兽师是谁？

颛顼的孙女是女修，她吞了一枚鸟蛋之后，生下了业。业的儿子是女华，女华生下费，也称伯益。伯益有一种天赋，知晓百兽的性情，懂禽兽的语言，会说百种鸟语。禹治水成功后，鸟兽猖獗，糟蹋庄稼。舜派伯益管理山泽的草木鸟兽。开始时，伯益推脱，认为自己的能力不够，推荐朱、虎、熊、罴四官去管理山林。舜命令朱、虎、熊、罴佐助伯益，一同治理山林。在伯益的调驯下，鸟兽安分，不再破坏庄稼和山林。

36. 禹铸九鼎的本意是标榜自己的功绩吗？

舜去世之后，将帝位禅让于禹。禹登上帝位后，想为人们做些实事。他在治水期间游走四方，熟知山精水怪、魑魅魍魉等害人妖物。为了使民众不受妖物的伤害，他在荆山脚下用九州州长进献的铜铁铸造了九尊宝鼎，在宝鼎上刻出天下各地的毒虫恶兽和鬼魅精怪的图像，让人们知晓世间的害人妖物，以便外出之时提前防备。后来，这九尊宝鼎传了下去，从夏代传到殷代又传到周代。

37. 大人国在哪些地方？

《山海经·海外东经》记载，大人国在其北，那里的人很大。《山海经·大荒东经》记载，在东海之外，有波谷山，那里居住着大人。《博物志·外国》记载，大人国距离会稽山四万六千里，那里的人孕育三十六年才出生，长大之后能呼风唤雨却不能行走，大概是龙类一族。《博物志·异人》记载，龙伯国人，身长三十丈，能活一万八千岁；大秦国人，身长十丈；中秦国人，身长一丈；临洮人，身长三丈五尺。这些都是大人国的大人。

38. 小人国的人有多矮？

《山海经》记载，世上有小人居住在周饶国、焦侥国，小人身长三尺。西海之外有个国家叫作鹄国，那里的人更加矮小，只有七寸。《洞冥记》记载，有勒毕国，国民身长仅三寸，比鹄国人还要矮小。还有更小的人吗？《神异经·西北荒经》记载，西北荒中有小人，身长只有一分。由于小人过于矮小，总会被人当作食物或者药材吃掉。

39. 启很喜欢欣赏舞蹈音乐吗？

启是禹的儿子，与伯益争王位，开创了夏王朝。传说启的耳朵上总是挂有两条青蛇，居住在西南海之外，赤水以南，流沙以西。他可以乘着两条龙在空中飞腾，周围有层云环绕。启三次去往天庭做客，学到了天乐《九辩》《九歌》，将其带到人间。启喜欢舞蹈音乐，且懂得欣赏和改编，他把《九辩》《九歌》改编成《九招》，命令伶人舞女演奏，供自己欣赏。

40. 桀的长夜宫最终变成了什么样子？

桀是夏朝的最后一个君主，相传他昏庸无道、凶残暴戾，耗尽民脂民膏在深谷中建设了一座长夜宫，从各地选来美女藏于其中。他与她们通宵达旦淫乱作乐，不理朝政。然而有一天，突然间刮起来巨大的风，风带来了大量沙尘。一夜之间，飞沙走石就将深沟填满，长夜宫被深埋在地下。

41. 帮助成汤完成大业的伊尹出身卑微吗？

伊尹是商代开国君主成汤的佐臣，帮助成汤得了天下。他出身卑微，是平民的孩子。传说伊尹的母亲住在伊水之滨，在怀孕时梦到了一位神仙，神仙对她说："如果看见你家的石臼涌出水，抓紧向东跑，不要回头看。"次日，她家的石臼果真涌出水来，她按照神仙的指示向东跑，一直跑到了桑树林。她心里惦念家园，回头看了一眼。然而就是这一眼，她看见洪水向她奔涌而来。而她忽然间变成了一棵空心桑树，抵抗着洪水。洪水退去之后，有人在空心桑树中发现了一个婴儿。此人便是伊尹。

42. 妺喜为什么帮助伊尹来覆灭夏王朝？

《绎史》引《竹书纪年》记载，桀命令扁攻伐岷山，扁将岷山琬、琰二女献给桀。桀后来对她们十分宠爱，将妺喜冷落，置于洛。妺喜心怀不满，与伊尹交往，帮助伊尹覆灭夏朝。妺喜原为有施氏国民，被进献给桀，以求避免战争。虽然开始时，桀对妺喜宠爱有加，但她始终处于被侮辱和被玩弄之间。为了争取光明的未来，她才下定决心帮助伊尹推翻了桀的统治。

43. 姜太公在哪里用直钩钓鱼？

姜太公，名尚，出身卑微，前半生不得志，七十岁仍在朝歌以屠牛为生，后来在渭水钓鱼的时候遇见周文王，帮助其伐纣灭商。相传，姜太公在渭水钓鱼，三天三夜也没有一条鱼上钩，原因在于他的鱼钩是直的，且没有鱼饵。他嘴里念叨着“愿者上钩”，一位路过的砍柴人告诉姜太公如此必定钓不到鱼。姜太公说，他不是为钓到鱼，是为了钓到王侯。这件事传到周文王耳中，认为姜太公是个贤者，便亲自前去拜访，请其帮助自己讨伐商纣，建功立业。

44. 比干为什么会被挖心？

比干是商纣王的叔叔，忠正爱国，善于纳谏。《封神演义》中说，当时的狐狸精妲己妖言惑众，魅惑纣王，使纣王越发荒废朝政、昏庸残暴。比干见此，找到妲己的狐狸洞，一把火烧掉了狐狸洞，并把里边的狐狸剥皮呈给纣王，并冒死进谏妲己祸乱朝政。妲己怒不可遏，让纣王挖出比干的“七窍玲珑心”。纣王听从了妲己的荒唐之言，将一位忠良的人的心挖了出来。

45. 周穆王见过西王母吗？

周穆王一生多次巡狩，以安邦定疆。他向西巡狩，来到西王母的国度。他见到的西王母并不是《山海经》中记载的“豹尾虎齿”的神怪，而是一位雍容华贵、端庄肃穆、万民景仰的女君主。他们在瑶台宴饮，赋诗吟唱，居住了数月。周穆王与西王母交谈甚欢，感情深厚，相约等到周穆王将国家治理太平之后，再来相聚。

46. 王子乔被谁引上嵩山而修仙？

王子乔是周灵王的太子，名晋，字子乔，是王氏的始祖。他喜欢逍遥自在，好吹笙作凤鸣，经常在伊、洛之间游荡。后来他被道士浮丘公引上嵩山，修炼石精金光藏景录神之法，苦苦修炼了三十余年。三十余年后，大夫柏良上嵩山求见王子乔，王子乔对他说：“七月七日，告诉我的家人在缑氏山巅等着我。”七月七日那天，王子乔果然骑着白鹤停驻山头，他人可望而不可即。王子乔举起手向众人示意，停留了数天才离去。

47. 杜宇化作杜鹃之后为何常常啼叫？

杜宇是古蜀国的国王，善于耕作，死后被称为“望帝”。他与朱提女子梁利结为夫妻，教化民众，深受民众爱戴。当时，蜀地人烟稀少，洪水时常泛滥。他带领民众耕种，与自然做斗争，保护蜀民安居乐业。后来，他将帝位让给鳖灵，隐居于西山，死后化为杜鹃鸟。每到春耕时节，他心里惦念百姓，着急提醒民众耕种，于是终日叫着“布谷、布谷”进行提醒，即使啼叫到吐血也在所不惜。

48. 为了爱情牺牲而化为鸟蝶的都有哪些人？

杜宇、梁利：他们去世后，因为爱情而不舍分离，双双化作了杜鹃鸟，以不停地啼叫提醒世人。焦仲卿、刘兰芝：刘兰芝因不被焦仲卿的母亲所接纳，投河自尽，焦仲卿为了追寻爱人，自缢而亡，两人死后化作凤凰而始终相守。梁山伯、祝英台：祝英台被迫许配给他人，梁山伯心中怀着对祝英台深切的爱，得知此事后忧郁成疾，不久病死，祝英台在梁山伯的墓前悼念，两人化成了蝴蝶，永远厮守。

49. 财神叫什么？

道教所信奉的财神叫赵公明，又叫黑虎玄坛、赵玄坛。传说他能驱雷役电，祛除瘟疫灾害，主持公道，在终南山得道成仙。道教尊其为“正一玄坛元帅”。根据《辞海》记录，赵公明的形象是黑面浓须，头戴铁冠，手执铁鞭，身跨黑虎。而《中国大百科全书·宗教》记载:“俗祀财神赵公明，亦称赵公元帅，精修得道，能驱雷役电，除瘟剪疟，祛病禳灾，买卖求财，使之宜利。”

50. 玉皇大帝、王母娘娘、太上老君、观音菩萨分别叫什么?

在中国神话里，玉皇大帝、王母娘娘、太上老君、观音菩萨这四位神仙都有凡间的名字。其中玉皇大帝叫张友仁，也叫张百忍，传说是太上老君请来管理三界的；王母娘娘叫杨回，还有一种说法叫杨婉衿；太上老君叫李聃，是道教的创始人；而观音菩萨名为庄妙善。

51. 济公、月老、阎罗王、孙悟空分别叫什么?

济公的俗名叫李修缘，是南宋的高僧，后人尊称其为“活佛济公”；月老的原名叫柴道煌，是掌管婚姻中的喜神，也叫媒神；阎罗王的原型名叫蒋子文，三国时期的广陵人，因追逐强盗战死钟山脚下，后成为阴间的秦广王；孙悟空的原型名叫车奉朝，是唐代的一位名僧，唐初开元、天宝年间人。

第二章

说文解字篇

1. 中国最早的文字是由谁创造的？

仓颉，是黄帝的史官，被认为是汉字的发明者。最早被记录在《淮南子·本经训》中，《荀子》《韩非子》《说文解字》中也有记载。早期的人们靠结绳和刀刻的方式记录事情，不过随着文明的发展，这些方式已不能满足需求。仓颉受到鸟兽足迹的启发，以形象的图画形式创造了文字，每个文字都具有独特的含义，将其组合起来可以较为完整地表情达意。不过，繁杂的汉字很难由一人所创造，或许仓颉只是古代整理文字的一个代表人物。

2. 从古至今，汉字是如何演变的？

汉字最初只是零散的象形文，用于直观地表达、记录事情。在运用过程中，经过人为的增补、更改和规范，不断成为文字体系。汉字大体经历了甲骨文、金文、篆书、隶书、楷书、草书、行书等不同阶段，这七种字体被称为“汉字七体”。如今，我们使用的汉字为楷书，经繁体字简化而来，称为简体字。

3. 甲骨文是世界上最古老的文字吗？

甲骨文是世界上最古老的三大文字系统之一，另外两种文字系统为古埃及的圣书字、两河流域苏美尔人的楔形文字，这两种文字早已失传，只有甲骨文保存了下来。甲骨文也称卜辞、契文，是商周时期刻在龟甲兽骨上的文字，在河南安阳小屯村殷代都城遗址出土。当前收集到的甲骨文字有4500多个，可以识别的有2000个左右，内容大多记录商周时期有关祭祀、田猎、风雨、战争、疾病等事宜。虽然如今不能完全辨识出所有的甲骨文，但甲骨文是一种完整的文字系统是不容置疑的。

4. 中国的汉字究竟有多少个？

如今常用和次常用的汉字为3500个左右，但这只是全部汉字的冰山一角。汉字经过数千年的演变，兼收并蓄，浩如烟海，包括罕见字、异形字、异体字、道藏难字、敦煌俗字、方言字等在内的所有文字，《中华字海》中收录了85000个左右，实际上还有未收录的字，大多认为汉字的总量超过120000个，具体数量目前仍暂无具体的官方定论。

5. 较为著名的字典都有哪些？

在古代，汉代许慎编撰了我国首部《说文解字》，梁代顾野王的《玉篇》、宋代司马光等人的《类篇》、宋代官修的《集韵》、明代梅膺祚的《字汇》、明代张自烈的《正字通》、清代官修的《康熙字典》都是较为重要、详细的字典。到了近现代，《中华大字典》《新华字典》《辞海》等均为查询汉字的重要工具书。

6. 最早的字典《说文解字》的主要内容是什么？

《说文解字》是汉代许慎历经十余年编撰的我国首部具有系统性的字典。它以小篆为研究对象，收录了9353个汉字，首创汉字部首，共分540个偏旁部首，旨在揭示汉字的规律。《说文解字》分为15卷，每卷分为上下两篇，前14卷为解说文字，第15卷为序目。《说文解字》在内涵上分为两个部分，其一为说文，“文”即事物的原本形状，就是解释字的由来；其二为解字，是解读由事物原本形状而衍生出的意思。

7. 秦代的官方字体是什么？

始皇帝嬴政统一中国后，对文字、度量衡等进行了统一。在此之前，各诸侯国割据一方，使用的文字简繁不一、一字多形，有籀文（也称大篆）、演变的金文。嬴政在籀文的基础上进行简化，统一使用小篆。小篆的特点是笔画横平竖直，字体呈长方形，均匀平衡，具有美感，但书写难度较大，不易在民间流传，以至于在出土的秦代民间书法中尚有其他字体。即便如此，小篆仍是秦代的官方文字，且一直沿袭到西汉末年。

8. “梨园”一词从何而来？

梨园，是古代对戏曲班子的别称，后来人们习惯称戏班、剧团为“梨园”，称戏曲演员为“梨园子弟”。相传，“梨园”原是唐代都城长安的一个地名，因唐玄宗李隆基在此地教演艺人，后来就与戏曲艺术联系在一起，人们渐渐地将戏曲班子称为“梨园”。

9. 为什么领兵打仗的人被称为“将军”？

殷商和西周早期时，大臣没有文武之分，更没有“将军”一说。一般认为，“将军”一词萌芽于春秋中期的晋国。《左传·闵公元年》载“晋侯（献公）作二军，公将上军，大（太）子申生将下军”。“将军”，最初的意思是“将某军”，其中“将”的意思是“统率”，“将上军”即为“统领上军”，“将下军”即为“统领下军”。后来，“将上军”逐渐简化为“将军”，成为一种武官官职。

10. “锦标赛”最早与什么运动有关？

如今的锦标赛也称“单项锦标赛”，是为了检查某一单项运动的发展情况与训练成绩而定期举行的比赛。锦标，本指用锦制作的旗帜，古代用以赠给竞渡的领先者，如“齐桡争渡处，一匹锦标斜”“楚人犹自贪儿戏，江上年年夺锦标”“五月朔至端阳日，于河内斗龙舟，夺锦标”都有提及。由此可知，“锦标赛”最早与赛龙舟有关。

11. 猪、豕、豚、彘有区别吗？

我们如今称的“猪”在古时通常叫作“豕”，在甲骨文中类似猪的形状。《说文解字》将“豚”解释为小猪，也有人说豚是猪的幼崽，意思一致。彘，是我们现在所说的野猪，长着鬃毛，攻击性较强。有文献记载，“彘者，北方之牲也”，称彘是北方的一种牲畜。“猪”字在古文中也有，意为猪肉，后来泛指猪类。

12. 玥、琮、瑜、瑾、璀、璨等“王”字旁的字与玉石有关吗？

细细观察，“王”字旁的字大多数与玉石有关。“王”字旁原本就是“玉”字演变而来，本义就是美玉。比如，玌，是一种玉的名字。琢，指攻玉，打磨玉石。琖，是用玉石做的浅碗。玥，一种用玉石做的珠子。琮，一种玉器，外边为八角形，中间有圆孔。瑾，色泽润滑的美玉。瑜，完美的、没有瑕疵的玉石。瑕，玉石上的瑕疵。璀、璨，均指玉石的美丽光泽。此类字尚有很多，不一一列举。由此可见，如今“王”字旁的字仍大多数与玉石有关。

13. “渊源流长”还是“源远流长”？

“源远流长”是正确的说法，原意是指河流的源头很远，流水很长。最早见于唐代白居易的《海州刺史裴君夫人李氏墓志铭》，其中写道：“夫源远者流长，根深者枝茂。”常被用来形容历史悠久、根基深厚。而“渊源”是指水的源头，比喻事物的本源，并无源头之远的意思，因此不能与“流长”一同使用。

14. “鹏举”是将鹏鸟举起来吗？

“鹏举”并不是把大鹏鸟托举起来，而是其一飞冲天。“鹏举”一词出自《庄子·逍遥游》，其中描述在北冥有一种大鱼——鲲，鲲的体型巨大，长几千里，后化为大鹏鸟，“翼若垂天之云”“抟扶摇而上者九万里”。可见，巨大的鹏鸟不是被外力所托举，而是自己飞上云天。因此，“鹏举”是大鹏鸟展翅高飞的意思，“举”由本意托举衍生为“飞起”“升起”之意。

15. 为什么将考中状元称为“独占鳌头”？

鳌头，是指宫殿门前台阶上的鳌鱼浮雕。科举进士发榜时，状元站在此处迎榜。唐宋时期，宫殿门前正中石阶上镌刻有龙和鳌的浮雕，发榜时，只有进士第一名，即状元，才有资格站在鳌的头上接榜，但绝不可以站在龙头上接榜，于是考中状元被称为“独占鳌头”。“独占鳌头”最早出自元代无名氏的《陈州粜米》，称“殿前曾献升平策，独占鳌头第一名”。

16. 男子可以及笄吗？

笄，是古代用来束发的簪子，虽然古代男性也留长发，但不能用簪子，只有女性到了一定年纪才可以用簪子束发。《礼记·内则》记载：“女子许嫁……十有五年而笄。”也就是说女子到了十五岁时，达到了可以订婚的年纪，这个时候才会用簪子束发，此时要举行笄礼。笄礼，也称“上头”“上头礼”，是女子的成人礼，一般分为迎宾、开礼、三加、三拜、乃醮、字笄者、笄者三拜、聆训答拜、礼成、送宾等礼节，标志着女子已从孩童成长为成人。男子到了二十岁要行“加冠礼”，束发加冠，戴上成年人才可戴的帽子。

17. 跬步是怎样的步？

形容夯实基础、一步步走向成功，通常会用“不积跬步，无以至千里”来表示。这句话出自《荀子·劝学》，意思是如果不积累跬步，就无法达到千里之外。跬步，是半步的意思,《说文解字》中说“跬,半步也”。但跬步并不是现在我们认为的半步,而是如今的一步,即“举足一次为一跬”。古代的一步是现在的两步。

18. 离别之歌是“离歌”还是“骊歌”?

古人在离别之时也会通过唱歌来表达离别的伤感之情。他们唱的可不是“离歌”而是“骊歌”。“骊歌”是“《骊驹》之歌”的简称。《骊驹》是《诗经》中的一首如今已经佚失的诗歌。《汉书·儒林传》中记载,王式才华出众,富有声望,被征召为博士。江公妒忌王式,处处刁难排挤他。在一次宴请王式的宴会上,江公也在场。席间要进行歌唱表演,江公便对负责奏乐歌唱的人说“唱《骊驹》”,意思是赶紧结束这场宴会,让王式离席。后来,人们便以“骊歌”代指离别之歌。

19. “籍籍”是形容有名气还是无名气?

“籍籍”有三种意思:一为纷扰,二为纵横交错的样子,三为名声显赫。李白《赠韦秘书子春二首》之一写道:“高名动京师,天下皆籍籍。”韦应物《大梁亭会李四栖梧作》写道:“英声久籍籍,台阁多故人。”高适《钜鹿赠李少府》写道:“李侯虽薄宦,时誉何籍籍。”由此可见,“籍籍”表示一个人有名气,而不是没有名气。

20. 应该用“牧竖”还是“牧童”?

牧竖,是指放牧牛羊的小孩,也称牧童、牧奴。陆游在《识媿》中写下“几年羸疾卧家山,牧竖樵夫日往还”这句诗。竖,是指童仆。郭庆藩集释《庄子·山木》中的“故人喜,命竖子杀雁而烹之”时称“竖子,童仆也”。由此可见,“竖”只能形容地位卑微的孩童,而不能形容出身贵族的孩童。这与“人如草芥”的平民一样,是古代社会不同阶层的体现,对地位低下之人存在一定偏见。因此,在人人平等的如今,最好用“牧童”而不是“牧竖”来表示牧放牛羊的孩童。

21. “电光火石”被错用了吗?

有人会用“电光火石”来形容转瞬即逝,实则不然,应为“电光石火”。“电光石火”本是佛教用语,其中“电光”是指闪电的光芒,“石火”是指燧石碰撞产生的火星,最初比喻事物发生、发展十分迅猛,后来演化为比喻事物转瞬即逝、变化迅速。“火石”通常指燧石,它本身不能自动产生火花,只是一个具有产生火花特性的具体物质,无法与转瞬即逝联系起来。

22. 婚姻能“搓合”吗?

婚姻不能“搓合”,只能“撮合”。“撮合”中的“撮”是用手指抓取粒状物,有聚集之意,因此“撮合”便有介绍促成之意,通常指促成婚姻。“撮合山”一词在古代就是指媒人。而“搓”是将两个手掌反复摩擦,或是把手掌放在其他物体上揉搓,没有聚合之意。因此,将男女二人促成婚姻,结为连理,只能“撮合”而不能“搓合”。

23. “砧杵”是什么?有什么用途?

唐代诗人姚合《武功县中作三十首(其五)》中有一句诗:“小市柴薪贵,贫家砧杵闲。”砧杵,究竟是什么?为什么贫苦人家的砧杵会闲置呢?《广韵》称“砧,捣衣石也”,也就是洗衣服时用来捶打衣服的石头。《说文解字》称“杵,舂杵也”,也就是舂米时用的棒槌。“砧杵”连用,可指洗衣时用的石槌和木槌,也可指舂米时用的石槌和木槌。姚合诗中的用意是舂米时用的石槌和木槌，隐喻贫苦人家因为贫穷而没有新米可舂，砧杵便长时间闲置了。

24.“孤”是皇帝的专属用词吗？

孤，原本指幼年丧父或父母双亡。《战国策·齐策》记载，“虽贵必以贱为本，虽高必以下为基，是以侯王称孤、寡、不穀”。在西汉时期，皇帝已经称为“孤”。其实早在西周时期，分封的诸侯王就有“孤”“寡人”“不穀”的称谓。《礼记·曲礼下》记载，诸侯王入天子之国要自称“孤”；诸侯见天子时要自称“臣某”“侯某”，与民众说话时要自称“寡人”。到了两汉时期，皇帝自称“朕”“孤”“寡人”，诸侯王仍可自称“孤”“寡人”，但不可自称“朕”。

25.“差强人意”是很差吗？

“差强人意”，并不差，反而还算不错。“差强人意”，原意是指还算可以振奋人的意志，现在演变为大体上使人满意。差，有“稍微地”之意；强，是指振奋。最早见于范晔的《后汉书·吴汉传》，“吴公差强人意，隐若一敌国矣”。类似“差强人意”这样容易误用的成语还有很多，如首当其冲（意为最先受到攻击和伤害）、万人空巷（人们从家里出来到广场上集会，形容庆典盛况）、可圈可点（文章写得精彩，有很多值得肯定之处）、不以为然（不认为是正确的，容易与“不以为意”混淆）等。

26.“七月流火”是热得像天上下火了吗？

“七月流火”中的“七月”不是阳历七月，而是阴历七月，此时的气温已经不是很高了，所以绝不会热得像天上下火一样。“七月流火”中的“火”并不是“火热”，而是星宿名，即大火星、心宿二。这两个星宿在每年农历六月的时候出现在正南方，位置最高，到了农历七月，便逐渐偏西下沉，古人将此称为“流火”，用来形容酷暑已过，天气逐渐转凉。“七月流火”最早出自《诗经·豳风·七月》，“七月流火，九月授衣”，意为到了七月天气转凉，到了九月开始添加衣物。

27.“大亨”是“国产词”吗？

现在人们常用“大亨”来形容大人物，如金融大亨、地产大亨。有人认为“大亨”一词是由英语转化而来，实则不然。“大亨”是一个古老的词汇，在《易经》中就已出现。《易经·临》中说“大亨以正，天之道也”。“大亨”，就是“十分畅通，毫无阻碍”的意思。“大亨”是个褒义词、吉祥词，晋代桓玄将“大亨”定为年号，有人将“大亨”作为名字。随着时间的推移，“大亨”的原意有所流变，近现代将“大亨”指代有势力的官绅、富商，如今将“大亨”指代某个领域的“大人物”。

28.“酒过三巡”是指喝了多少酒？

通常“酒过三巡”是一场宴席的尾声，主客已经酒足饭饱。巡，本义为巡视、来往查看，作为量词是“遍”的意思。给酒席上在座的所有人斟一次酒并且饮用完毕，为一巡。“酒过三巡”，就是所有人喝了三次斟过的酒。一巡，为主人敬客人；二巡，为在座的主客之间互相敬酒；三巡，是所有的客人共同举杯回敬主人。“酒过三巡”通常与“菜过五味”搭配使用。“菜过五味”，并不是指上了五种菜，而是把酸甜苦辣咸五种口味的菜全部上过。“酒过三巡”“菜过五味”意味着一场宴席即将结束。

29. 官牒上记录着什么信息？

在造纸术发明以前，古人通常会在木片、简札上写字记录。供记录的木片有薄厚之分，用来书写的薄木片，叫作“牒”；用来书写的厚木片，叫作“牍”。简札也有大小之分，小简为牒，大简为册。官牒就是官方的牒。最初的官牒会记录官吏姓名、爵禄，相当于花名册。后来，官府的公文也被称为“官牒”，记录的内容较多。

30. “箴言”就是“真言”吗？

“箴言”与“真言”有所不同。“箴言”一词最早见于《尚书·盘庚上》“相憸时民，犹胥顾于箴言”。箴言，是规谏劝诫的话。而“真言”有三种意思，其一是佛教经典的要言秘语，其二是咒语，其三是口诀、要语。显而易见，“箴言”与“真言”在本质上有很大差别。藏族的“六字箴言”，实际上是“六字真言”，属于佛教经典的要言秘语。

31. “独领风骚”最初是形容在哪个领域出众？

如今“独领风骚”一词用来形容某个人在某个领域特别突出、杰出、卓绝。最初“独领风骚”只是形容在诗文方面特别优秀，是文学领头人。“独领风骚”中的“风”指的是《诗经》中的《国风》，“骚”是指屈原的《离骚》，“风骚”连用代指诗文、文采。唐代高适在《同崔员外、綦毋拾遗九日宴京兆府李士曹》中写道：“晚晴催翰墨，秋兴引风骚。”清代赵翼在《论诗五首·其二》中写道：“江山代有才人出，各领风骚数百年。”毛泽东在《沁园春·雪》中写道：“唐宗宋祖，稍逊风骚。”这些都是表示在诗文、文采、才情方面出众。

32. “纛”是一种虫子吗？

纛（dào）不是虫子，蠹才是虫子。蠹是一种蛀虫，专门蛀食书籍、衣服，而纛是古代军队或仪仗中的大旗。纛，最初是古代舞者在跳舞时手持的一种用羽毛制成的舞具，用于遮蔽自己的面部，后来发展成为帝王车驾上用雉尾或牦牛尾做成的饰物。《周书·刘亮传》载有“亮乃将二十骑，先竖一纛于近城高岭，即驰入城中”。此时的“纛”就已经有了大旗的意思。

33. 形容美女可以用“峨眉”吗？

峨眉，是四川峨眉山的简称，因此不能用“峨眉”来形容美女，但可以用“蛾眉”来形容美女。《诗经·卫风·硕人》就用“螓首蛾眉”来形容女子美丽。蛾眉，是指女人细长弯曲的蚕蛾触须，貌似细长而弯曲的眉毛，因此得名。后来，“蛾眉”不单单形容女子的眉毛美丽，而是代指整个人美丽。不过，即使男性的眉毛细长弯曲、美丽诱人，也不能用“蛾眉”来形容。

34. 在古代，同学为什么被称为“同窗”？

宋代之前，供学生读书的书院、学院很少，读书人只能在家由父母或者单独聘请老师教授学习。宋代开始，官方重视书院建设，要求路、府建设书院，作为藏书、授业、讲学之场所。书院便如雨后春笋般出现。由于宋代科举制度逐渐完善，士子求取进士的心态更加积极，于是书院更多地成为士子的学习场所。这些士子的目的只有一个——科举及第，加之大多书院、学院只有一大扇窗户，士子在同一场所接受老师传授的知识，便互称为“同窗”，即一起读书。“同窗”一词最初就出自宋代。

35. 斥候是如今的什么兵种？

“斥候”一词从春秋战国就有记载，一直到明清仍未流变。《左传·襄公十一年》记载：“纳斥候，禁侵掠。”《史记·李将军列传》记载：“然亦远斥候，未尝遇害。”明代尹耕的《紫荆关》一诗写道：“斥堠直通沙碛外，戍楼高并朔云平。”斥候，本义是侦察、候望，后引申指侦察、候望的人，相当于如今的侦察兵。几千年来，“斥候”一词从未流变，原因有二：其一，在历史上大小战争几乎不断，而斥候作为战争的主要兵种，从来没有被取缔；其二，“斥候”较为形象地表示了侦察作用，因为形象、客观，便没有更改的必要，这也顺应了语言流变的内在规律。

36. 蓝青色属于正色吗？

古代对颜色有严格的规定，分为正色和间色。青、赤、黄、白、黑为正色；绀（天青色）、红、缥（青白色）、紫、流黄（褐黄色）为间色。颜色常被用来区分尊卑，正色为高等级，间色次一级，其他的杂色等级更低，这些通常在衣物上得以体现。《礼记·玉藻》载：“士不衣织，无君者不贰采。衣正色，裳间色。”表明士大夫阶层衣要穿正色的，裳要穿间色的。而蓝青色是一种间色以外的杂色，算不得正色和间色，等级较低。

37. “入闱”入的是哪里？

“入闱”入的是科举考场。“闱”的本义是指宫中小门。后来人们把科举考场、试院称为“闱”。自隋代开创科举考试，为普通士子提供了一条可以通过学习改变命运的道路后，千年来无数士子孜孜以求，促使科举制度一直延续到清末。科举考试通常在春天和秋天进行，春试被称为“春闱”，秋试被称为“秋闱”。考生或监考进入考场称“入闱”，考试结束后出考场称“出闱”。

38. “大漠孤烟直”中的“孤烟”指的是什么烟？

王维在《使至塞上》中写道：“大漠孤烟直，长河落日圆。”这里说的“孤烟”是狼烟而不是炊烟。“孤烟”从字面上来看，就是孤单直上的烟，如果在村落农家，用孤烟形容炊烟可以说得过去，但是在边疆，“归雁”都已经入了“胡天”，定是一片荒凉之景，炊烟何起？据史料记载，古时的烽火用狼粪点燃，升起的烟为狼烟，狼烟直挺聚合，“虽风吹之不斜”。从环境和孤烟的形态上看，应为狼烟。再加上“萧关逢候骑”，烽火起、狼烟生，定有战事发生，所以候骑策马出关，这在逻辑上似乎更加合理。因此，“大漠孤烟直”中的“孤烟”就是狼烟。

39.“三宫六院”是哪“三宫”、哪“六院”？

“三宫六院”一词常被用来形容帝王嫔妃之多。实际上还真有实实在在的“三宫”和“六院”。“三宫六院”指的是故宫中的建筑。故宫按“前朝后寝”规制，以乾清门为界，南为外朝，北为内廷。“三宫六院”也就是内廷，皇帝及后妃们的起居生活之所。“三宫”为乾清宫、交泰殿、坤宁宫。“六院”实则为十二宫，即“东路六宫”和“西路六宫”。“东路六宫”为延禧宫、景仁宫、承乾宫、钟粹宫、景阳宫、永和宫，“西路六宫”为储秀宫、翊坤宫、永寿宫、长春宫、咸福宫、太极殿（启祥宫）。

40. 古时“荼”就是“茶”吗？

在汉代以前只有“荼”字而没有“茶”

字，许慎的《说文解字》中只能见到“荼”字而见不到一个“茶”字。“荼”与“茶”只差一笔，两者之间究竟有何联系？“荼”最初有几种意思，其一是指一种苦菜，《诗经·邶风·谷风》中有“谁谓荼苦”的句子。其二是指茅草上的白花，《诗经·郑风·出其东门》中有“有女如荼”的句子。《尔雅》载荼有三物，其一“苦菜”，其二“茅秀”，其三“苦荼”。“苦荼”也就是粗茶，味道较苦。由此可知，古时“荼”就是“茶”。

41.“敲竹杠”一词是如何出现的？

鸦片战争后，上海因其优越的地理位置，成为对外通商的要地。一些外地的小商贩来到上海外滩的十六铺码头，白天在此经商，夜晚在码头附近路边的屋檐下打地铺过夜。警察局的巡捕和一些地痞流氓以维护治安为由，向小商贩勒索钱财。小商贩们不愿意交钱，就把铜板、银圆、纸币藏起来，装在挑运货物的竹杠里。慢慢地，巡捕和地痞知道了小商贩将财物藏在竹杠里了。小商贩因为惹不起这些人，被发现竹杠里藏了财物，就只能乖乖地拿出钱财给巡捕和地痞。自此以后，“敲竹杠”就成了强行勒索的代称。

42.“瀚海”是海吗？

“瀚海阑干百丈冰”“校尉羽书飞瀚海”等古人诗句中经常提到“瀚海”这个地方，此地究竟在哪里？到底是不是海？在古代，海不仅指大海，也可以指大湖。《史记·卫将军骠骑列传》有“封狼居胥山，禅于姑衍，登临瀚海”这样的记载。据考证，瀚海很有可能就是如今的贝加尔湖。到了唐代，“瀚海”指的是蒙古高原及其以西至今准噶尔盆地一带的广大地区。到了西夏，“瀚海”指的是灵州（今宁夏灵武西南）以南一带的沼泽地。到了元代，“瀚海”表示广大沙漠，新疆古尔班通古特沙漠曾被称为“瀚海”。到了明代，“瀚海”代指沙漠。“瀚海”的词义随着朝代不同而变化，经历了从湖泊、沼泽、北方广袤地域到沙漠戈壁的流变。

43.“沧海一粟”中的“粟”是谷粒吗？

苏轼在《赤壁赋》中写道：“寄蜉蝣于天地，渺沧海之一粟。”很多人对此感到困惑：为什么比喻渺小得像沧海里的一粒米？沧海里怎么会有谷粒呢？有人认为“渺太仓之一粟”“渺沧海之一勺”似乎更加合理。“粟”字的本义确实为谷粒，但也存在将其比作沙粒的例子。《山海经·南山经》载“英水出焉，西南流注于赤水，其中多白玉，多丹粟”，此处的“丹粟”可认为是红色的沙粒。苏轼写这句话的时候，或许并不是认为沧海里有谷粒，而是沧海中携带着的泥沙。这种解释似乎更加合理。

44.“鼙鼓”多用于军队还是乐队？

周代有八音，是指金、石、土、革、丝、木、匏、竹八类乐器。其中，鼓属于革类。在其他乐音演奏之前，鼓做引导和节拍用。鼓的用途主要分为两类，一是在乐队演奏中使用，二是在军队中使用。鼙鼓，是两种鼓，鼙是一种较小的鼓，也称骑鼓；鼙鼓，即小鼓和大鼓的合称。它们在军队和乐队中都有使用，用于军队中较多。《礼记·乐记》载：“君子听鼓鼙之声，则思将帅之臣。”意思是君子听见鼓鼙的声音，就会思念在外征战的将士。由此可佐证，鼓鼙还是在军队中用得较多。

45.“玩弄”为什么偏要“于股掌”之间?

“玩弄于股掌”是指在大腿和手掌之间玩弄，比喻某个人或某件事在操控的范围之内。最早见于《后汉书·袁绍刘表列传》，其中记载“袁绍孤客穷军，仰我鼻息，譬如婴儿在股掌之上，绝其哺乳，立可饿杀”，意思是袁绍军队孱弱，就像婴儿在大腿和手掌之间一样，不让其哺乳，立马就能饿死。将婴儿置于大腿和手掌之间，不让其哺乳，这是较为形象的，如若放在两掌之间、两股之间都不如股掌之间更贴近生活中的实际情况。

46.“女红”的“红”不读“hóng”?

“女红”的“红”并不读“hóng”。“女红”是指妇女从事的纺织、刺绣、缝纫等工作。“红”最早写作“功”，有事业、事情的意思，也有作“工”用时，意为工作。不过自汉代以后，“女功”“女工”便不再出现，多为“女红”。“女红”的“红”正确读音为“gōng”。颜师古注《汉书·郦食其传》“农夫释耒，红女下机”一句时，明确指出“红读曰工”。

47.“乍暖还寒”的“还”读“huán”还是“hái”?

宋代词人李清照的《声声慢》中有一句“乍暖还寒时候，最难将息”。这句话中的“还”有人认为读“huán”，也有人认为读“hái”。从字义上看，如果读成“hái”，意为“既暖又冷”，语义不通，很难符合逻辑。如果读成“huán”，意为“刚刚有点暖和又恢复到寒冷”，也就是现在常说的“倒春寒”，语义通顺。从心理上看，似乎“倒春寒”比“既暖又冷”更贴合此人悲凉的心境。从韵律上来看，“hái”比“huán”读起来更加符合韵律，但词的格律比诗更加宽松，读“huán”也无不可。

48.“人类幼崽”这种说法可取吗?

“崽”这个字通常指幼小的动物，用作人的时候常带有侮辱性，比如“兔崽子”“狗崽子”“小崽子”。“人类幼崽”倒是可以用“人类幼仔”来代替。“仔”字通常为“孩子”的意思，不具备侮辱的词性。此外，“仔”还可指具有某一特征或从事某种职业的男青年，如“打工仔”。

49.“飙”字与“犬”有关吗?

“飙”字有猛烈、迅疾之意。原本“飙”只写作“猋”，《说文解字》载“猋，犬走貌”，形容众犬一起奔跑的样子。“森”“淼”等字，都是三个相同的字组合而成，形容数量很多。众犬一齐奔跑，用来形容“飙”较为恰当。但是为什么要加上“风”字，一说加上“风”字更能体现出众犬奔跑起来带着风的样子，更有气势；二说在犬被驯化之前为狼，人们始终记着与狼在狂风暴雨中争斗的场景，于是加上“风”字。

50.“千钧一发”中的“钧”有多重?

“千钧一发”中的“钧”是指30斤。“钧”是古代的一种重量单位，一钧等于30斤。“千钧一发”的意思是，三万斤的重量系在一根头发上，形容事情非常紧急。这个成语出自唐·韩愈《与孟尚书书》:“其危如一发引千钧。”

51.什么样的人被称为“金龟婿”?

身份高贵、有钱有势的女婿被称为“金龟婿”。这一词最早出自唐代李商隐的《为有》:“为有云屏无限娇，凤城寒尽怕春宵。

无端嫁得金龟婿，辜负香衾事早朝。”其实这也与唐代官员的配饰有关。在武则天之前，官员三品以上佩戴金鱼符或者以金装饰的鱼袋，五品以上饰以银。武则天称帝后，改鱼符为龟符，改鱼袋为龟袋。于是便有了“金龟婿”一说。

52.“素面朝天”的“天”指的是天空吗？

这里的“天”是指天子，即皇帝，而不是天空。这个成语的意思是说妇女不施胭脂，便入朝觐见天子。唐朝时期，唐玄宗在宠妃武惠妃去世以后，见到了杨玉环，于是便招她入宫，还册封她三个姐姐为韩国夫人、虢国夫人、秦国夫人，其中虢国夫人经常素面朝天，但唐玄宗仍对她宠爱有加。

53.“纨绔子弟”中的“纨绔”指的是什么？

“纨绔”指的是细绢做成的裤子。在古代，上半身穿的衣服叫衣，下半身穿的叫裳，裳一般指裙子，而到了冬天，天气寒冷，为了避寒，古人会在裙子里面穿一条贴身的裤子，这种套进裙子里穿的裤子就是绔。

54.“蛛丝马迹”中的“马”指的是什么？

这里的“马”指的是灶马，为蟋蟀的一种，学名突灶螽，原产于日本和东南半岛。它喜爱温暖，具有趋光性，所以经常在灶台附近出没。《本草纲目·虫部》中就有关于突灶螽的记载:“处处有之，穴灶而居。”“蛛丝马迹”的意思是从蜘蛛丝能找到蜘蛛的所在，从灶马爬过的地方能发现很多痕迹，比喻做事情留下来的线索和痕迹。

55.“沧海桑田”中的“沧海”是指什么？

“沧海”指的是东海。相传，从前有两个仙人，一个叫王远，一个叫麻姑。他们两人相约一起饮酒。王远打扮得威风凛凛来到约会地点，等了半天还不见麻姑来，便差遣使者前去请麻姑。不久，使者说麻姑正在巡视蓬莱仙岛，一会儿就到。没多久，麻姑果然从天而降，美若天仙一般。席间，麻姑对王远说道:“自从接受天命后，我已经三次看见东海变成桑田了，刚才到蓬莱仙岛，看见海水比以往少了一半，难道又要变成陆地了吗？”王远也连连感叹。后人据此提炼出“沧海桑田”这一成语，比喻世事变化巨大。

56.“一问三不知”的“三不知”指的是什么？

“三不知”指的是对事情的起因、经过、结果都不知道。公元前468年，晋国派兵攻打郑国，此时的郑国已经经不住晋国的进攻，于是派遣使者去齐国求助。齐国派陈成子出兵援郑，晋国看到齐国来人了，便动了撤军的想法，但还是派去使者想要挑唆郑、齐两国的关系。奈何陈成子根本不听晋国使者的话，把他赶了出去。这时，一个名叫荀寅的人告诉陈成子，说晋国的一个士兵和他说要派一千辆战车攻击齐军，陈成子听后便说:“你居然长他人志气，灭自己威风，回去我要告诉君主。”荀寅听后感慨道:“君子谋事，对事情的开始、经过以及结果都要考虑好才能上报，我现在‘三不知’就发表意见，难怪总是得不到信任。”后经提炼便有了“一问三不知”这一成语，比喻对实际情况一点也不清楚。

57.“女子无才便是德”的“便”指的是什么？

“女子无才便是德”出自明代陈继儒《安

得长者言》，但也有专家指出“便”其实是“辨”。如果照此理解的话，那么整句话的意思就变成了女子如果没有才华，世人就会去分辨她是否有德行。也就是说，古人也认为无论男女德行才是根本，才华只是枝节。虽然“便”通“辨”还未得到证实，但这种理解很符合现代的价值观。

58.“狗屁不通”的“屁”原本指的是什么?

“狗屁不通”的“屁”原本指的是污浊之物。“狗屁不通”最初为“狗皮不通”，因狗缺少汗腺，夏天的时候只能借助舌头来缓解燥热，该成语正是指狗的这一身体特点。因“皮”与“屁”谐音，屁又为污浊之物，用于对文理不通的诗文加以贬低，意思更鲜明。

59.“舍不得孩子套不着狼”，这里的“孩子”原本指的是什么?

有一种说法是，这里的“孩子”原本指的是“鞋子”，因晋语等方言把“鞋子”叫“孩子”，于是在流传的过程中“鞋子”就变成了“孩子”。此成语比喻要达到目的，必须要付出代价。

60.“无毒不丈夫”是什么意思?

原句是“恨小非君子，无毒不丈夫”，出自元代关汉卿《望江亭》杂剧第二折:“便好道‘恨小非君子，无毒不丈夫’。”意思是说，对敌人不痛恨的不是君子，对仇人不狠毒的不是大丈夫。因为此谚语与儒家思想格格不入，有些儒家思想的拥护者便想把“毒”改成“度”，但由于“无毒不丈夫”的生命力太强，始终没有被替换成功。

第三章

哲学思想篇

1. 我国古代哲学思想体系与西方哲学一样吗?

我国的哲学思想与西方的哲学思想存在一定差异。在西方，哲学是对世间万物的探索，衍生出了科学、社会学、伦理学、逻辑学等，且各家学派虽有互相攻讦，但仍然属于一脉相承，其本质就是对未知的探索。在我国古代，哲学思想更多的是对社会生活和人类发展的思考和探索，更多关注人的自身，关注人与自然、社会之间的种种关系，探寻立命安身、为人处世、社会发展、国家治理之道。因此，我国古代的哲学思想更多的是“思想”，而“哲学”这个词原本就是从西方传过来的，我国古人的思想称为“道”“理”更为合适。

2. 哪部著作可以被看作是我国古代哲学的开端?

《周易》可以被看作是我国古代哲学的开端。作为我国最古老的文献,《周易》被奉为群经之首，虽然是一本关于占卜的书，但其蕴含着丰富的哲学思想，这种思想就是探讨天人关系，探寻变易的生命中永恒不变的“生命之道”。《周易》是由周文王和周公所作，是对伏羲《易》的完善和综合，包括《经》和《传》两部分，具体内容分为“象”“数”“理”，有六十四卦、三百八十四爻，包含着对生存问题、生命问题的解决之道。

3.《周易》的“易”字是什么意思?

“易”有三种解释。第一层意思是“简易”,“易道”是简易之道，将天地万物化繁为简，用简易的方式预测天地之间纷乱复杂的变化。第二层意思是“变易”,“易道”是变易之道，天地之间的万物随时处于变化之中，这些变化与人密切相关，存在天人关系，通过了解万物变化而指导人应对变化而生存。第三层意思是“不易”,“易道”是不易之道，认为万物的根本在于不变，根本追求是预测确定不变的永恒事物，帮助人做出正确的判断和选择。

4.“易理”和“易术”有什么区别?

“易理”是《周易》中蕴含的道理，是一种“道”。“易术”是占卜的方法。《周易》的卦辞和爻辞中蕴含着天人关系，包括阴阳之道、天人合一观念、“正中”之道、“合和”之道等。占卜人可以不了解“易理”,

但只要懂得“易术”便能根据卦象做出预测。当然，如果想对卦象有更加准确的解释，还是需要对《周易》有整体把握和理解。

5. 老子、孔子之前的中国有完整的哲学思想体系吗?

胡适认为，老子和孔子以前的二三百年，是中国哲学的怀胎时代。那段时期，战火频仍，百姓遭难，国破家亡，贫富不均，政治黑暗。在这样的环境下，人的思想注定会发生变化，会积极探寻更好的社会制度和生活方式。中国哲学在此时萌芽，但并未形成一家或者多家哲学体系。直到老子写下《道德经》，孔子的儒家思想广泛传播之后，我国古代哲学思想体系才渐渐成形。

6.《论语》是孔子所著吗?

孔子作为一名思想家，要求自己“述而不作”，他一生致力于通过谈话的形式传播自己的思想（这在一定程度上与西方的苏格拉底相似），这是“述”；他删《诗》《书》，定《礼》《乐》，均为“不作”，只有《春秋》是根据鲁国史记而作。至于《论语》，是孔子的再传弟子记录的孔子及孔门诸子的谈话议论，并不是孔子所著。尽管不是孔子所著，但《论语》一书中却处处散发着孔子的思想、智慧，是儒家学说的奠基之作。

7.《论语》最核心的思想是什么?

《论语》的思想博大精深，其中最为核心的为“仁”。“仁”字在《论语》中出现了104处，几乎全书都是围绕“仁”来铺展。孔子所说的“仁”是生而为人的善根，是人与人之间的相爱，为当时礼仪崩坏的社会找到了一条重返正轨的途径，其用意不外乎恢复周礼。而从哲学角度来看，“仁”是人类生命的普遍属性，具有超越时空的普遍意义，故而能以此为基础发展成为一套哲学思想体系。

8.“五十知天命”的“天命”是指什么?

“命”有三层含义，第一为“生命”，有关生与死；第二为“命运”，有关人在世间的运数；第三为“天命”，是由上天安排一个人在一生中所追求的事物，几乎不以人的意志为转移，也可称为“命数”。儒家学说绕不开“命”以及由“命”产生的“性”。“性”是本性，《中庸》载“天命之谓性，率性之谓道，修道之谓教”，认为“性”由“命”出，人“性相近”而“习相远”，因此要注重教化，让人们在实践中修身养性，追求仁道，而“知天命”。

9. 儒家的孝道如何体现?

曾子将孝道总结得较为精准，他认为孝有三：“大孝尊亲，其次弗辱，其下能养。”“大孝尊亲”就是尊重自己的父母，可以通过完善父母的人格来体现，也可以通过完善自己的人格以达到“立身行道，扬名于后世，以显父母”。“其次弗辱”并不是说不能侮辱父母——侮辱父母是大逆不道之事——而是说“身体发肤，受之父母，不敢毁伤”，并且不能玷污父母传给的人格。“其下能养”也不单纯是给父母生活上的供给，而是在满足生活上的供给的同时给予父母尊重、关爱，守住礼仪，用心用情赡养父母。

10. 究竟什么是儒家的“礼”?

“礼”最初是宗教的仪节，《说文解字》称“所以事神致福”。后来，“礼”的范围有所扩大，有“五礼”（吉、凶、军、宾、嘉）、“六礼”（冠、昏、丧、祭、乡、相见）、“九礼”

（冠、昏、朝、聘、丧、祭、宾主、乡饮酒、军旅），已经超出了宗教“礼”的范围。之后，“礼”的范围继续扩大到政治、社会生活，有“礼者，君之大柄也”“礼者，因人之情而为之节文，以为民坊者也”。总的来说，“礼”教人依礼而行，养成道德的习惯，“使民日徙善远罪而不自知也”。

11. 在古代“礼”和“法”在根本上有何区别？

“礼”是对崇高道德的追求，“法”是道德底线的最低要求，古代是这样，如今亦如此。那么“礼”与“法”的根本区别是什么？胡适认为“礼偏重积极的规矩，法偏重消极的禁制；礼教人应该做什么，应该不做什么；法教人什么事是不许做的，做了是要受罚的”“违法的有刑罚的处分，违礼的至多不过受‘君子’的讥评、社会的笑骂，却不受刑罚的处分”“礼与法施行的区域不同。礼是为上级社会设的，法是为下等社会设的”，《礼记》中也有如此记载：“礼不下庶人，刑不上大夫。”

12.《大学》是谁创作的？

《大学》作为儒家“四书”之一，因其中有“曾子曰”几字，被认为是曾子及曾子的门人、弟子所作。胡适对此持否定态度，但并未说明原因。他推断此书成于孟子、荀子之前，对孟子、荀子思想形成的社会基础具有积极意义。至今，《大学》一书的作者仍未有定论。

13.《大学》主要讲了什么内容？

《大学》作为儒家经典之一，可以作为儒学的方法论，教人如何“修身”以达到“天下平”。《大学》开篇写道：“古之欲明明德于天下者，先治其国；欲治其国者，先齐其家；欲齐其家者，先修其身；欲修其身者，先正其心；欲正其心者，先诚其意；欲诚其意者，先致其知，致知在格物。物格而后知至，知至而后意诚，意诚而后心正，心正而后身修，身修而后家齐，家齐而后国治，国治而后天下平。”与传统的外务儒学不同，《大学》已经开始转向内观，注重人的“心”和“意”，因此强调修身的重要性。

14.《中庸》是谁创作的？

《中庸》原属于《礼记》（《小戴礼记》）第三十一篇，宋人将《中庸》从《礼记》中择出，单列一书，与《大学》《论语》《孟子》合称“四书”。《中庸》，古说是孔子之孙子思所创作的，如司马迁的《史记·孔子世家》中载：“子思作《中庸》。”李翱《李文公集·复性书》载：“子思著《中庸》四十七篇，传于孟轲。”朱熹《中庸章句·序文》载：“中庸何为而作也？子思子忧道学之失其传而作也。”也有后代学者认为《中庸》并非子思一人所著，而是与秦汉时期的儒家学者杂著而成。两种说法尚未统一。

15.《中庸》主要讲了什么内容？

《中庸》，共三千五百多字，是一本道德哲学著作，教化人如何追求高尚的道德。《中庸》内容涉及为人处世之道、德行标准及学习方式等方面，认为中和之道就是天下根本之道，以中和之道对待世间万物就是中庸。《中庸》中最重要的是“诚”，认为“诚者，天之道也。诚之者，人之道也”。作为人，本性就是诚的，要顺应这种天性，充分发展“诚”，以达到修身的目的，进而更好地生活。

16. 孟子认为人完全是善的吗？

“性善”是孟子思想的基础，但他并不认为人完全是善的。孟子认为，人出生之后，本性、质地、感情是善的，都有良知良能，都有善端，没有一个幼儿是不爱自己的父母的，没有一个孩子是不恭敬兄长的；不善是由于“不能尽其才”而引发的，且由于外部环境对于个人的影响。但他并不主张被动和逼迫式的教育，而是强调个人自觉的教育，使人的“善”得到充分发展，这在一定程度上来说也是“修身”。由于人性本善，孟子进一步认为人人平等，提出“民为贵，社稷次之，君为轻”的重民轻君思想。

17. 荀子是个批评家吗？

荀子学识渊博，精通各家学说，对各家学说都有批评。荀子在《富国》篇和《乐论》篇中驳墨子的节用论和非乐论；在《天论》篇中驳墨子、宋子的情性论；在《正论》篇中驳宋子的学说；在《性恶》篇中驳孟子的性善论；在《正名》篇中驳“杀盗非杀人也”诸说；在《解蔽》篇中驳墨子、宋子、慎子、申字、惠子、庄子等不完善之处。

18. 荀子认为人的善是虚伪的吗？

荀子关于人性的看法与孟子截然不同。荀子认为“人之性恶，其善者伪也”，这句话不应拆解成两句话来看待。人的本性是恶的，人的善是后天人为的，“伪”不作虚伪讲，而是“人为”，这在他的系统论述中显而易见。由于人的天性本恶，因此要注重“人治”，不能完全按照天性去发展，否则恶会更恶，善会被削弱。所以必须要有礼仪法度，“以矫饰人之情性而正之，以扰化人之情性而导之”。

19.《老子》为什么被称为《道德经》？

《老子》的作者相传为老聃，姓李，名耳，是道家哲学的开创者、代表人物。据《史记》记载，老聃对衰落的周王朝失去了信心，于是骑着青牛西出函谷关。把守函谷关的尹喜希望老聃能留下一些著作，力求老聃为之。老聃答应，在出关前写下了分为上、下篇的五千言文章《老子》。《老子》上篇以“道”开篇，下篇以“德”开篇，因此它也被后人称为《道德经》。

20. 老子哲学的核心是什么？

“道法自然”是老子哲学的核心思想，其中的“自然”并非大自然，而是世间万物的自身本然。“自然”是万物的本性，万物的运行都应当遵循“自然”。老子的“道”有个人和社会两个层面，在个人层面为“自保之道”，在社会层面为“无为之道”。“自保之道”，就如“上善若水，水善利万物而不争，处众人之所恶，故几于道”，体现在避让、退守、不争、知足、寡欲等。“无为之道”，认为社会的运转应顺其“自然”，可以达到“我无为，而民自化；我好静，而民自正；我无事，而民自富；我无欲，而民自朴”，总体原则是“绝圣弃智”“绝仁弃义”“绝巧弃利”。

21. 庄子与老子的主要区别是什么？

庄子，名周，战国时期宋国蒙人，继承了老子的道家思想，是道家的重要代表人物，与老子合称“老庄”。庄子对老子的“自然之道”“自保之道”“无为之道”持认可态度，只是在表述上有所不同，善于以寓言和故事的方式来讲“道”。至于庄子和老子的主要区别，林语堂曾给过中肯的评价："老子以箴言表达，庄子以散文描述；老子凭直觉感受，庄子靠聪慧领悟；老子微笑待人，庄子狂笑处世；老子教人，庄子嘲人；老子说给心听，庄子直指心灵。"

22. "老庄"是道家唯一的流派吗？

"老庄"是道家的正宗与主流，但不是唯一的流派，具有道家思想倾向的人物不只"老庄"一脉。战国时期的稷下学派成员彭蒙、田骈，慎到学派和宋钘、尹文学派均具有"顺应自然"的道家思想倾向，范蠡、文子、环渊等人也具有道家思想，但目的是改良社会，使用的手段也不一样，且具有"入世"的思想。这些人对"老庄"的"道"理解运用不足，过多地运用"老庄"的"术"，最终发展成为"黄老学派"。

23. 老庄哲学思想发展到"黄老之学"是否变了味儿？

老庄的道家哲学不仅包含"道"，还包括如何实现"道"的"术"，比如"守""虚""忘我"等。"黄老之学"不能说是老庄哲学的完全继承者，只是吸收了老庄哲学一部分的"道"和"术"，还吸收了道家其他流派的思想以及法家的思想。黄老之学，是战国与汉初道家黄老学派的学说，也称新道家，托名黄帝而作，尊黄帝、老子为创始人。秦汉之际的黄老学者，克服了先秦道家思想的消极因素，结合多家思想，主张宽刑简政，无为而治，与民休息，受到了当时封建统治者的欢迎。

24. 列子的主要思想是什么？

列子，姓列，名御寇，生活在战国前期，是老子之后、庄子之前道家的代表人物，推动了道家的发展。他的思想以黄帝、老子为遵循，提出了"贵虚""以道为本""齐物为一""体道合真""无心之境""力命"等独特思想，最早提出了宇宙生成四阶段的理念，其"天体运动说""地动说""宇宙无限说"等学说远早于西方提出的类似学说。从列子的思想中可以看到，他闪烁着探索真理、世界的光芒，是一个名副其实的哲学家。

25. 墨家主张"兼爱""非攻"，但为什么还会参与战争？

墨家是墨子创立的哲学流派。墨子，名翟，战国时期人，长期生活在鲁国的社会下层。面对混乱的社会，墨子站在社会底层的角度思考问题，认为要"兴天下之利，除天下之害"，主张"尚贤""尚同"兼爱""非攻""节用""节葬""非乐""非命""天志""明鬼"。墨家主张的"兼爱"并不是无目的、无差别的爱，而是以相互获得为目的、无差别的爱，因此墨家会为了实现这种"兼爱"而直接加入战争，以达到以战止战的目的。

26. 墨子为什么说"人可以不用唱歌"？

墨子所处的社会混乱动荡、民不聊生，他的思想旨在增加社会财富来更好地满足人民生活的需要。他在"兴利"方面主张提高现有土地的生产效率，积极拓荒开垦，增加耕地数量；在"除害"方面，他不仅主张"节用、节葬、非攻"，还主张"非乐"，希望人们减少娱乐的时间去积极劳动，增加社会的财富，如此才能过得幸福。从这个层面来看，墨子的思想中现实主义占有绝对地位，忽视了人的自身发展需求，将物质作为幸福的来源，这也许可以适应当时的实际社会环境，但无法长久地流行。

27. 法家思想是一种哲学思想吗?

从严格意义上来说，法家思想不属于哲学思想，少“道”而多“术”，最多可以称为政治哲学。法家的思想源头是荀子的“性恶论”，其主张用法代替礼而改变以往的社会关系，用法来治理国家以富国强兵，这是一种现实功利主义。法家的重要代表人物有韩非子、李斯、管仲、子产、商鞅、申不害、慎到等，其中韩非子是集大成者。法家人物也被称为“法术之士”，多为政客，他们具有开创的勇气，但为了保证严刑峻法能够有效实施，有不近人情之嫌，缺乏“生命之道”的哲学思想，这也导致了法家难以长远发展。

28. 法家思想的代表作是哪一部?

《韩非子》一书是法家思想的代表作，其思想来源于老子、荀子以及法家之“法、术、势”，并提出了韩非子本人的一些思想观点。韩非子，本名韩非，贵族出身，受到秦王嬴政的赏识，其著作被后人编成《韩非子》。韩非子对于法家或者说中国古代哲学的最大贡献在于将“道”与“理”联系起来，使高高在上的“道”融入日常的社会生活之中，表现为具体的“理”。这对后世具有广泛的影响。

29. 杨朱的“为我主义”是“损人利己”吗?

杨朱是战国初期的思想家、哲学家，是道家杨朱学派的创始人，提出“为我”观念，推崇“为我主义”。他认为人类是最有灵性的生物，但不足以强大到很容易就能抵抗外界的侵害，因此要“存我”，也就是保存自己。他说:“智之所贵，存我为贵。力之所贱，侵物为贱。”“古之人损一毫利天下，不与也。悉天下奉一身，不取也。人人不损一毫，人人不利天下，天下治矣。”由此可见，杨朱并不是提倡“损人利己”或“损人不利己”，他只要求人人不要损伤一丝一毫，人人不要有利于天下。

30. 名家善于辩论吗?

名家就是研究事物概念的学派，最初以研究“刑名”问题而开始，后来发展到“形名”研究、“名实”研究。他们主要以辩论的方式进行研究，通过辩论提出自己的见解，这种研究方式容易流于诡辩。名家第一人是邓析，生于春秋末年，主要对当时刑法的概念进行探究。惠施，生活在战国中期，名家代表人物之一，主要思想是“合同异”。公孙龙，生活在战国末期，善于雄辩，主张偃兵休战。

31. 为什么古代的小说家地位很低?

春秋战国时期，小说家为诸子百家中的“九流十家”之一，是杂记民间故事的学派。小说家源于当时的稗官，而稗官是地位较低的官职，负责搜集街谈巷语、奇闻逸事以供考察民风。由于小说家所写的都是具有功利性的杂文散记，缺少思想内涵，没有系统的理论体系，在当时很不被人重视，地位较低。

32.《淮南子》属于什么流派的作品?

《淮南子》是由西汉淮南王刘安及其门客所著，分为内二十一篇、外三十三篇，内篇论道，外篇杂说。《淮南子》以道家思想为主，糅合了儒、法、阴阳等家的学说思想，被认为是杂家。杂家是“九流”之一，《汉书·艺文志》载“杂家者流，盖出于议官。兼儒、墨，合名、法”。杂家的思想由于较为糅合，并未形成独特、系统的理论体系，其代表著作除《淮南子》外，还有《吕氏春秋》一书。

33. 董仲舒在古代哲学思想发展中有什么贡献？

董仲舒建议汉武帝“罢黜百家，独尊儒术”，后世对此评价褒贬不一，认为其阻碍了其他学说的发展。实际上，任何一种学说是否具有强大的生命力，只与其内涵有关，与其他方面无关。董仲舒对于古代哲学思想的发展贡献在于提出了天人感应、三纲五常等重要儒家理论，促进了儒学的进一步发展。虽然“独尊儒术”，但他的思想也融合了法家、道家、阴阳家等其他学说，形成了新的思想体系，对于汉朝的统治具有重要作用。

34. “魏晋玄学”与如今所说的“玄学”一样吗？

如今所说的“玄学”带有奇幻色彩和迷信色彩，将科学无法解释的现象归结于玄学，这与“魏晋玄学”大相径庭。“魏晋玄学”是魏晋时期以“谈玄”为主的学派，其中的“玄”指的是《周易》《老子》《庄子》，“谈玄”就是对这些著作进行辨析和注解，对于老庄哲学的发展具有一定的推动作用，且将老庄哲学中的部分内容推广至民间，使道家哲学走向了大众化。但“魏晋玄学”脱离现实的洒脱的“清谈”，并未对社会发展起到改革、改良的作用，未被统治者认可，最终难逃走向“三教合一”之路。

35. 佛教从什么时候开始传入中国？

佛教在东汉末年传入中国。到了南北朝时期，人们仍爱好谈玄学，认为佛学与黄老神仙方术同类，后来佛学不断发展，实现了本土化。在入世、出世方面，儒、释、道三家有明显的不同之处，儒家认为人应该积极入世，道家追求人的出世，而佛家以出世的心态入世，也正是由于这种说法符合古代中国的国情和中国人的思想，佛家的其他理念也不断被人认可追奉。从南北朝至宋初，中国的佛学虽然历经坎坷，但始终不断发展，其间的一流思想家都是佛学家。

36. “六家七宗”指的是什么？

道家谈“有无”，佛家谈“空有”，南北朝之后的佛学家讨论最多的问题就是“空有”，当时有“六家七宗”对此进行了不同的解释。“六家七宗”的“七宗”分别是本无宗、本无异宗、即色宗、心无宗、识含宗、幻化宗、缘会宗。关于“六家”，有人认为除本无异宗外，其余六宗构成“六家”；也有人认为除本无宗外，其余六宗构成“六家”。

37. 中国历史上第一部本土佛经是什么？

中国历史上第一部本土佛经是《六祖大师法宝坛经》，是初唐高僧慧能的弟子法海、神会二位法师于国恩寺将慧能平生言教辑录成的经典，其中散发着哲学思想的光辉，以至流传千古，在世界哲学史上具有重要地位。慧能被誉为“宗开南顿号六祖，中化西经第一人”，他以顿悟的方式改变传统佛教的繁文缛节，使佛学更加大众化，推动禅宗发展成为中国佛教的主流，对后世影响深远。

38. 韩愈是儒家的继承者吗？

韩愈的思想在《原道》一文中充分展

现。在《原道》中，他开宗明义地对儒学的“仁”“义”进行了褒扬，认为道家的“道”“德”是虚位，不应舍弃“仁”“义”而空谈“道”“德”，对杨墨、佛老等思想对儒学的侵害表示不满，并提出了恢复社会发展和纲常伦理的具体举措。韩愈作为一名儒生、官员，他的儒学思想更多体现在如何发挥儒家的社会伦理作用，强调“父父子子、君君臣臣”的等级制度。在当时的社会条件下，韩愈充分发挥了儒学入世的基础作用，一扫佛老等思想横行的现象，可以被认为是儒家的继承者。

39.“二程”有什么成就？

宋明道学，也称宋明理学，其创立归功于程颢、程颐“二程”。哲学思想发展到了宋代，对天理、道义的追求达到了新的高度。“二程”的主要思想可总结为以天理立心，以节欲养心，以诚敬立身，以正身治家，以义利处世，以公心治国，以民生为本，将儒家民本思想提升至为政高度，赋予天理丰富现实的内涵，为士子构筑了道德哲学。

40. 宋明理学的集大成者是谁？

宋明理学的集大成者当属朱熹，后人将其思想比肩于孔子，称其为“朱子”，他的理学思想在元、明、清三朝一直被认为是官方哲学，作为统治阶级、上层建筑的唯一意识形态。朱熹的哲学体系是以“二程”的理本论为基础，融合了周敦颐的太极说、张载的气本论以及佛教、道教的部分思想，提出了“理气论”；认为理依气而生万物，探究动与静、变与化的内在关系，产生了辩证观点；提出“人性二元论”，将对“天理之性”与“气质之性”进行区分，认为人性的善恶由禀气不同而形成。在哲学认识论方面，提出“格物致知论”,“格物”的目的在于“致知”，通过探索世间万物而知晓其内在的天理，强调“知先行后”。

41. 谁是心学学派的创始人？

与朱熹同时代的陆九渊创立了心学学派，是理学学派的对立面，与朱熹并称“朱陆”。心学学派是主观唯心主义，以“心即理”为核心，宣扬心的能动作用，认为“先发明人之本心然后使之博览”，注重开发人的心智，而不是穷究天理。他在与朱熹的鹅湖之会时说“尧舜之前有何书可读”，坚持认为人只要明心见性，仁、义、礼、智、信自然会存在心中，强调修心养性。

42. 能与孔子、孟子、朱熹齐名的是谁？

王阳明与孔子、孟子、朱熹共称“孔孟朱王”，在我国哲学史上具有极为重要的地位。他是心学的集大成者，哲学成就影响古今海外。他继承了陆九渊的“心即是理”的思想，反对曾经格物到吐血的“格物致知”，提倡“致良知”，从内心深入探寻“理”；根据自己的体悟，打破“知先行后”的理学传统，提出知中行、行中知的“知行合一”，创立了一套完整的“心学”体系，影响颇为深远。

第四章 帝王将相篇

1. 夏桀是个怎样的君王？

夏桀是夏朝最后的一位君王，他天赋很高，却不务正业，继位后就开始出兵征讨周边小国。这些小国得知桀喜爱美女，于是都纷纷献上最美的女子给桀。桀为了讨得一个叫妹喜的女子的欢心，不惜大兴土木，建筑非常奢侈的倾宫；为了讨取妹喜的欢颜，搬来成匹的缯布两人对撕，只为了听到“嘶啦嘶啦”的裂帛声。大臣们的谏言桀充耳不闻，甚至杀死了直言敢谏的关龙逄，其他大臣看到如此情形，更是阿谀奉承。直至商的崛起，人们才把如此贪图享乐的君王赶下去，至此商成功取代了夏。

2. 商王朝的版图是谁扩大的？

商王朝的版图在武丁时期达到巅峰。武丁擅长用兵，曾多次亲自率兵征伐四周不服从商的小国。随着战争不断的胜利，商代在西、北、东、南急剧扩张，疆域达到史无前例的广大。其妻子妇好也是名副其实的军事家，多次受武丁派遣带兵打仗，北讨土方族，东南攻伐夷国，西南打败巴军，为商王朝开疆拓土立下汗马功劳。

3. 真正的商纣王是什么样？

商纣王，名受，是商代的第 30 位王。众所周知，商纣王喜酒色、好淫乐，残暴成性，发明了炮烙之刑，设立了酒池肉林，残害忠良等罪行更是数不胜数。周武王率兵攻商，在牧野之战中大败纣王。纣王最终在鹿台自焚而死，商朝 600 年的天下葬送在他手里。但纣王即位之初，曾亲自率兵出征，大破东夷，使东夷和中原民族大融合。除此之外，纣王身强体壮、勇武超人，而且天资聪颖，是文武双全的人才。

4. 周幽王为谁烽火戏诸侯？

周幽王为博得美人褒姒一笑，不惜点燃烽火台，释放狼烟。众诸侯一见烽火，披挂点兵，火速赶到骊山脚下，却发现幽王同褒姒在山上饮酒作乐。众诸侯满心愤怒，垂头丧气而归。后来曾侯与犬戎联军，向镐京发兵，幽王命人点燃烽火台。可惜，这个时候的众诸侯已经不再相信幽王，以为又是幽王取笑而已，不加理睬。周幽王最终被犬戎杀死，西周 300 年的基业在周幽王手中完结。

5. 秦始皇是暴君吗？

秦始皇，嬴姓，名政，被明代思想家李贽誉为“千古一帝”。秦始皇终结了500年的分裂，横扫六国，是中国历史上第一个实现大一统的皇帝，也是第一个中央集权王朝的统治者。他还确定了车同轨、书同文，任命丞相李斯整理文字，使其规范成新的字体，也就是小篆，此举奠定了中华文化统一的基础。他废除世卿世禄，建立法治体系，使百姓有自己的土地，免受剥削，所有的百姓一律称为“黔首”，没有高低贵贱之分，人人平等。此外他还修建了郑国渠和灵渠，打通了南北的水路交通，促进了中原文化对岭南地区的渗透，促进了南方生产力的发展。除此之外，我们众所周知的焚书坑儒事件是指秦始皇焚烧书籍，坑杀犯禁者460余人。秦始皇还大兴土木，修建长城、阿房宫、秦直道和秦陵，虽然今天我们看到的长城雄伟壮观，但在当时来说，引得民不聊生，劳民伤财。

6. 穷小子刘邦是如何逆袭成汉高祖的？

刘邦，字季，沛县丰邑人。他出身农家，为人豪迈豁达，与当地的酒馆老板娘曹氏育有一子，也就是刘肥。后来刘邦又出任泗水亭亭长，娶了吕雉，就是后来的吕后。后因释放刑徒，藏于芒砀山。在斩蛇起义中刘邦开始初露锋芒。公元前209年，陈胜、吴广起义，刘邦在沛县响应，自称沛公，后投兵于项梁，共立楚怀王。鸿门宴之后，刘邦被封为汉王。他用人不疑，谦虚纳谏，充分发挥部下才能，最终在楚汉争霸中取得胜利，统一天下，建立汉朝，史称汉高帝。

7. 王莽是如何篡汉建立新朝的？

王莽，字巨君，是汉元帝皇后王政君之侄。他以外戚身份掌握政权，汉成帝时封新都侯。汉哀帝即位后，王莽在朝中失势，被迫告退，闭门自守。公元前1年8月，汉哀帝死于未央宫，年仅9岁的汉平帝继位，王莽开始把持朝政，常以周公自比，后又毒死汉平帝。刘婴为帝时，王莽以摄政名义据天子之位。公元9年，王莽废孺子婴，篡汉建新，建年号为“始建国”，人们常称这一时期为“新莽”。

8. 汉武帝为何下“罪己诏”？

汉武帝刘彻是西汉的第七位皇帝，也是西汉时期的杰出君主，他开创了西汉的鼎盛时期，使西汉成为当时最强的国家之一。但是任何君主都不是完美的，都会犯错。在汉武帝晚年时期，国家陷入了动荡不安的境地，百姓疲惫不堪。为了安抚民心，汉武帝决定颁布罪己诏。罪己诏，顾名思义就是皇帝承认自己的错误，并进行反思。在古代，皇帝是至高无上的，而汉武帝能放下身段反省自身，坦然面对自己的过失，实在是令人震撼的一件事。它体现了汉武帝的政治智慧和勇气。

9. 曹丕的成就有哪些？

魏文帝曹丕，字子桓，魏武帝曹操之子。他文武双全，不仅武功高超，且文学造诣也很高。曹丕的诗歌情感真挚，语言清新脱俗，而且形式多样，多以四言、五言、六言、七言、杂言等居多，其中五言诗和七言诗成就较高。他的《燕歌行二首》，开创了中国文人七言诗的先河。除了诗歌，曹丕还著有《典论》，其中的《论文》是中国文学史上第一部有系统的文学批评专论作品，对后世的文学批评产生了深远的影响。

10. 汉昭烈帝刘备的人格魅力有多大?

刘备，字玄德，是三国时期蜀汉的开国皇帝。他在年少时便成了孤儿，但这并没有让他失去信心，对待他人始终恭敬有礼。他非但没被当时混乱的局面摧残，反而在战争中表现了高贵的品格。他勇敢聪慧，仁义宽厚，有勇有谋，使张飞、关羽、赵云等人誓死追随，诸葛亮也为了刘备的事业鞠躬尽瘁，死而后已。除此之外，就连曹操、袁绍也欣赏刘备。当刘备势败来投时，曹操盛情款待，袁绍则亲自出邺城二百里相迎，可见刘备的魅力之大。

11. 三国乱世的终结者司马炎为什么没有收获好评?

晋武帝司马炎，字安世，是西晋的开国皇帝，司马懿之孙，司马昭之嫡长子。司马炎以几乎与当年魏王曹丕接受汉献帝禅位一样的形式，接受了魏帝曹奂的禅让，建立西晋，改元泰始。登基之初他还是有一定作为的，轻徭薄赋，休养生息，发展生产。由于政策得力，国家赋税充裕，人口增加，这一时期史称“太康之治”。后来，他发动晋灭东吴之战，实现全国统一。此后，司马炎自认为基业稳定，开始骄奢淫逸，不理政事，分封诸侯，导致“八王之乱”。从此，中国又进入了大分裂时代。

12. 不用发动战争，司马睿如何建立东晋?

司马睿是司马懿的曾孙，他的父亲司马觐曾为琅邪恭王。永嘉之乱之后，司马睿采纳王导意见，南下发展。在王导、王敦的辅佐下，司马睿礼待南北世族，平定反对势力，安置流民，最终在南方立足，成功在南方建立政权。泰兴元年（290），司马睿听闻晋愍帝死讯，遂即皇帝位，为晋元帝，改元太兴，建都建邺，史称东晋。

13. 十六国首个少数民族政权的建立者是谁?

十六国首个少数民族政权的建立者是刘渊，汉赵开国皇帝，庙号高祖。刘渊是匈奴贵族刘豹之子，年少好学，曾师从汉儒习经。十几岁时，以侍子身份留居洛阳，结交贤能之士，后又被封为北部都尉，以优秀的政治才干团结了匈奴五部。被成都王司马颖召往麾下供职后，他眼见“八王之乱”的腥风血雨，于公元 304 年，在离石起兵反晋，称大单于。后又攻占晋军多地，吸引王弥、石勒等人归降，势力大增。公元 308 年，刘渊称汉帝，建号元熙，在位 7 年，病逝。

14. 刘裕为什么被后世称为史上最能打的皇帝?

刘裕出身寒门，后投身北府军为将。他先后消灭桓楚、西蜀及卢循、刘毅、司马休之等反抗势力，使南方出现百年未有的统一局面，之后又消灭南燕、后秦等国，横扫北方少数民族，让汉人再次看到统一天下的曙光。凭借巨大的军功，刘裕总揽东晋政权。公元 420 年，刘裕代晋自立，定都建康，国号宋。同时，刘裕对前朝司马家族的后人赶尽杀绝。执政期间，刘裕轻徭薄赋，重用寒士，改善社会状况。公元 422 年，刘裕计划征讨北魏，还未出师，就因病而逝，终年 60 岁。

15. 梁武帝为何执迷信佛?

梁武帝萧衍，字叔达，小字练儿，出身

兰陵萧氏，据说是西汉相国萧何的二十五世孙。萧衍是个有作为的皇帝，执政期间，政治成就很高。他自幼受到儒家和道家思想的影响，认为儒家和佛教本质上是一致的，可以给人们带来精神上的慰藉和寄托。在那个动荡不安的南北朝时期，为了维护社会秩序和国家稳定，他大兴佛教，修建寺院，四次舍身同泰寺。然而，大量的人力、物力、财力的投入，导致国家财政亏空、贫富差距加大，最终激化了社会矛盾。

16. 民族大融合的开创者是谁?

历史上使民族大融合并对多民族统一做出重要贡献的是北魏孝文帝——拓跋宏。拓跋宏，鲜卑族，汉名元宏。拓跋宏 5 岁即位，年号延兴。冯太后抚养其长大，并亲临朝政。冯太后执政清明，孝文帝深受影响。公元 490 年，冯太后去世，24 岁的拓跋宏亲揽朝政。北魏地处边塞，长期受到北方少数民族柔然的骚扰和威胁，于是孝文帝决定迁都中原洛阳。为了巩固政治，他需要消除民族界限，全面改革鲜卑旧俗，实行汉化政策，规定以汉服代替鲜卑服，以汉语代替鲜卑语，改籍贯，冠汉姓，鼓励鲜卑族和汉人通婚。太子拓跋恂因不习惯洛阳的服饰和气候，叛逃平城，拓跋宏一气之下废太子，并将其处死。孝文帝经过一系列的改革，促进了以鲜卑族为中心的北方各族的封建化和以汉族为主体的民族大融合，为我国多民族统一的发展做出了重要贡献。

17. 宇文邕是傀儡皇帝吗?

北周武帝宇文邕，是南北朝时期北周第三位皇帝，字祢罗突，鲜卑族，也是北周奠基人宇文泰第四子。公元 556 年，宇文泰临死前托孤侄子宇文护。不料，宇文护逼迫魏帝把皇位禅让给宇文觉，宇文护代为执政，掌握大权。在宇文邕前面还有一位皇帝，宇文毓。宇文邕登基后，权力依然在宇文护手里，一切事务包括朝政人事任免基本都由他决定。在隐忍 12 年之久后，宇文邕终于决定对宇文护下手。在太后宫中，宇文邕一棒子打死了宇文护，至此成功从宇文护手里夺回了朝政大权，开始改革政治。

18. 杨坚是如何实现大一统的?

杨坚，小字那罗延，出生于北魏末年。北周武帝时封为随国公，后承袭其父杨忠爵位，任大司马，掌握了实权。周宣帝昏庸无道，贪图美色，不理朝政，没过多久就驾鹤西去。公元 581 年，杨坚接受北周静帝禅让，登基即位，改元开皇，建立隋朝，史称隋文帝。开皇七年（587），隋文帝消灭西凉；开皇九年（589），派杨广攻灭南陈，一统中国，之后推行一系列改革，巩固了中央集权，就此实现统一大业。

19. 隋炀帝杨广是昏君吗?

杨广，是隋文帝杨坚与文献皇后独孤伽罗的嫡次子，隋朝第二位皇帝。杨广在位期间，轻徭薄赋，并省州县，修订《大业律》，并推行开运河、修长城、兴科举等举措，为社会发展做出了卓越贡献。但也正是他大兴土木，使得民工死伤百万。而他生性好动，多次巡游全国，奢侈无度，导致所巡之处，耗费大量银两，给百姓带来深重的灾难。他还频繁发动战争，三征高句丽，致使人民难以生存，最终引发农民起义，导致隋朝走向灭亡。

20. 李渊是如何建立唐朝的?

李渊，字叔德，唐朝开国皇帝。出身

于关陇贵族家庭，深受隋文帝喜爱，任卫尉少卿等职，以抵御突厥进攻。他于隋代末年在晋阳起兵，联络突厥，与各地反隋力量联合起来扫平障碍，直取长安。他曾拥隋炀帝之孙杨侑为帝，尊隋炀帝为太上皇，自封唐王，后又逼杨侑禅位于己，建立唐朝，年号武德。李渊登基后，命其子李世民平定其余反对势力，基本完成了统一大业。

21. 李世民有哪些功绩？

李世民是唐代第二位皇帝，政治家、军事家、战略家，史称唐太宗。李世民在位期间，励精图治、谦虚纳谏、善用人才。对内文治天下、劝课农桑，开创贞观之治；对外开疆拓土，大败吐谷浑、突厥，亲征高句丽等外围势力。与北方各族人民相处融洽，获“天可汗”称号。为唐代后来 100 多年的盛世局面奠定了重要基础。

22. 唐高宗李治时期的唐代版图有多大？

唐高宗李治，是唐代第三位皇帝，唐太宗李世民第九子，母为长孙皇后。李治在位期间，为了缓解战争对百姓的伤害，决定休养生息，发展生产，使得“百姓阜安，有贞观之遗风”，史称“永徽之治”。后他又灭西突厥、百济、高句丽，使唐代版图达到最大。当时唐朝的版图东起朝鲜半岛，西临咸海，北包贝加尔湖，南至越南横山，并维持了 32 年之久。

23. 武则天是如何成为历史上第一位女皇帝的？

武曌，也被称为武则天，是唐代至武周时期政治家、武周开国君主。武则天 14 岁入宫成为唐太宗的才人，后与太子李治建立感情。李治继位后，封其为昭仪。公元 655 年，李治“废王立武”，武则天成为皇后，与高宗并称“二圣”，开始参与朝政。高宗去世后，她开始临朝称制。公元 609 年，武则天自称“圣神皇帝”，建立武周，改国号为周，定都洛阳，称“神都”。武则天前后当政 40 余年，是历史上第一位也是唯一一位正统女皇帝。

24. 开元盛世是如何走向“安史之乱”的？

开元盛世，又称“开元之治”，是唐代唐玄宗统治的一段历史时期。这一时期，唐朝达到了空前的强盛，社会经济繁荣，人口大幅度增长，对外贸易十分发达，交通也十分便利，可以说在各方面都达到了极高的水平。可到了在位后期，李隆基开始懈怠政事，听信李林甫、杨国忠等人，宠爱杨贵妃，并奢靡无度、铺张浪费，导致安禄山与史思明发动叛乱，使唐朝国力锐减。这场动乱长达 8 年，后世称其为“安史之乱”，也叫“天宝之乱”。

25. 李存勖为什么对戏子那么好？

李存勖，又作李存勗，小名亚子、亚次，是后唐开国皇帝，晋王李克用之子。李存勖年幼时体貌出众，熟音律，擅骑射，乾宁二年（895）便随其父李克用征战。由于喜欢戏曲，他经常与伶人从早到晚同台演戏，还给自己取了艺名“李天下”。由于他宠信伶人，大权自然就掌握在伶人手中。他还听信伶人的谗言，猜忌功臣，使其百姓赋税繁重，怨声载道，一时间兵变蜂起。公元 926 年，李存勖死于“兴教门之变”，谥号光圣神闵孝皇帝，庙号庄宗。

26. 赵匡胤是怎么当上开国皇帝的?

宋太祖赵匡胤，小名香孩儿，是宋代开国皇帝，五代至北宋初年军事家、政治家、战略家。赵匡胤在后汉时投奔枢密使郭威，致身行伍，后在周世宗柴荣在位时征讨北汉、南唐，军功卓越，声望大增。公元 959 年，周世宗去世。赵匡胤在次年挂帅亲征，征讨契丹、北汉联军，旋即在“陈桥兵变”中被部下黄袍加身，拥立为帝，并回京逼迫后周恭帝禅位。同年，赵匡胤登上皇位，定国号为宋，年号建隆，史称北宋。

27. 北宋在位时间最长的皇帝是谁?

宋仁宗赵祯，初名赵受益，是宋代第四位皇帝，宋真宗赵恒第六子。1018 年，被立为皇太子。1022 年，年仅 13 岁的赵祯即位，是为宋仁宗。在位初期，由章献明肃皇后刘氏垂帘听政。1033 年，刘太后病逝，赵祯开始独揽朝政。宋仁宗在位期间爆发了“宋夏战争”，辽趁机以重兵压境，逼迫宋廷增输岁币，史称“庆历增币”。庆历三年（1043），赵祯任用范仲淹、韩琦等人主持新政，后因反对势力庞大，“新政”旋即中止。嘉祐八年（1063），宋仁宗在福宁殿逝世，享年 54 岁。他在位 42 年，为北宋在位时间最长的皇帝。

28. “靖康之耻”被掳走的是哪两位皇帝?

“靖康之耻”是指靖康二年（1127），金朝攻取北宋首都东京，掳走徽、钦二帝，导致北宋灭亡的事件，也叫靖康之变、靖康之乱。北宋宣和七年（1125），金军大举南下，势如破竹，短短几天时间，就攻破了北宋都城东京。宋徽宗见势，乃禅让于太子赵桓，是为宋钦宗。靖康元年（1126），完颜宗翰率兵至汴京城下，逼宋军撤退，并要求割地、赔款。同年八月，金军又开始进攻宋，十一月，宋钦宗被金人拘禁。除徽、钦二帝外，还有赵氏贵族、后宫嫔妃和朝臣等共 3000 余人被金国掳走。

29. 辽朝是怎么灭亡的?

1101 年，辽道宗去世，耶律延禧即帝位，是为天祚帝，年号乾统。天祚帝在位期间游牧享乐，无所作为，导致朝政混乱，人心涣散，内外矛盾激化。1115 年，女真族完颜阿骨打建立金朝。1120 年，金攻克辽上京，次年四月，攻克辽西京。由于战场消息不通，辽朝内部以为天祚帝在前线阵亡或被围，于是立耶律淳为皇帝，进一步扩大了辽朝内部的混乱。1125 年，天祚帝被金兵所俘，次年降封海滨王，后病死。辽朝就此灭亡。

30. 谁建立了西夏?

西夏是夏景宗李元昊建立的。李元昊，小字嵬理，后更名曩霄，西夏太宗李德明长子。26 岁时，李元昊受父命领兵攻破回鹘，被立为太子。后辽封其为夏国王。上位后，李元昊首先废弃唐、宋两朝先后赐给其家族的李姓和赵姓，改用党项姓“嵬名”，自称兀卒。1034 年，李元昊下秃发令，创制西夏文；1037 年，设立夏、汉学院，建立番学；1038 年，建国号大夏，自称皇帝，后又大败辽兴宗，从此夏、宋、辽三方鼎峙的局势形成。1048 年，太子李宁令哥入宫行刺，李元昊受伤而死。

31. 完颜阿骨打是如何建立金朝的?

完颜阿骨打，汉名完颜旻，女真完颜

部（今黑龙江省哈尔滨市阿城区）人，金朝开国皇帝。天祚帝即位后，女真族受到长期压迫，反辽情绪不断高涨。天庆四年（1114），完颜阿骨打集合各部在来流河誓师反辽，连败辽军于宁江州、出河店，兵力满万。1115年，完颜阿骨打在女真贵族的拥立下建立金朝，年号收国，定都会宁府，加号大圣皇帝。

32. 成吉思汗建立的蒙古帝国到底有多大？

孛儿只斤·铁木真，尊号“成吉思汗”，蒙古族乞颜部人，于1189年被推举为可汗。经过一系列战争，铁木真于1206年在斡难河源即皇帝（汗）位，建立蒙古汗国。建国后，铁木真多次对外发动战争，进一步扩大了蒙古版图，先后占领了东亚金朝的大片领土，并灭亡西夏、西辽及中亚的花剌子模，其征服足迹远抵黑海海滨，更是横跨了欧亚大陆，版图达到了约3300万平方千米，几乎征服了当时世界上一大半的文明。

33. 朱元璋为什么要废除宰相制度？

明太祖朱元璋先后任用李善长、胡惟庸等人为宰相。洪武十年（1377），胡惟庸进左丞相，位居百官之首。随着权势的不断增大，他开始独断专行，瞒上欺下，暗中结党营私。洪武十三年（1380），朱元璋以“谋不轨”诛杀胡惟庸，借机废除丞相和中书省、行中书省，设三司分掌地方权力，进一步强化中央集权。他还下令，以后禁止再立丞相。至此，秦以来一直实行的宰相制度宣告废除。

34. 朱棣的功是否大于过？

明成祖朱棣，是明代第三位皇帝，明太祖朱元璋第四子，年号“永乐”。洪武三年（1370），朱棣被封为燕王。洪武三十一年（1398），朱元璋去世，明惠帝朱允炆即位，与朝臣密谋，欲铲除诸王。朱棣自感危机，遂从北平起兵，攻打朱允炆，后朱允炆逃而不知所终。1402年，朱棣于南京即皇帝位。在政治上，他继续实行削藩政策，加强中央集权，开浚大运河，建北京紫禁城，迁都北京。在军事上，他五次亲征蒙古，积极经营边疆等地，捍卫领土完整。在外交上，他派郑和下西洋，加强了中外友好往来。在文化上，他命人修《永乐大典》。1424年，朱棣在北征返师途中病逝，享年65岁。

35. 明朝是怎么灭亡的？

明朝是中国第五个大一统的朝代，也是中国历史上第一个不和亲、不纳贡的王朝。1627年，朱由检继承皇位，改元崇祯，后世称崇祯帝。即位之初，他铲除了权宦魏忠贤及其党羽，厉行节俭，勤于政事。1629年，后金包围北京，并陆续攻克山海关外的大凌河、松山、锦州等地，另外农民起义不断爆发，形成李自成、张献忠两股势力。朱由检还频繁更换内阁辅臣，先后诛杀袁崇焕等封疆大吏。1644年，李自成兵临北京，朱由检自缢于煤山（今景山）。大明最后一位皇帝陨落，200多年的明朝就此灭亡。

36. 后金政权的第一位大汗是谁？

爱新觉罗·努尔哈赤，一作努儿哈齐、弩儿哈奇，即清太祖，女真族，是后金政权的第一位大汗，清王朝的奠基者。努尔哈赤青年时采松子、挖人参到抚顺售卖，后投明于李成梁。1583 年，努尔哈赤被明廷任命为建州左卫。同年，他以祖、父的 13 副遗甲起兵，历时 10 年统一建州女真各部，经过 20 余年统一关外女真诸部，同时建立军政合一的八旗制度，以蒙古文字与女真语音结合而创制满文。1616 年，努尔哈赤在赫图阿拉建立后金，自立为汗，建元天命。1621 年，努尔哈赤迁都辽阳，次年进军宁远。袁崇焕守城不降，努尔哈赤被明军炮火击伤，撤退沈阳途中，患痈疽病死于叆鸡堡，终年 68 岁。

37. 雍正帝都实行了什么改革？

清世宗爱新觉罗・胤禛，年号雍正，是清王朝定都北京后的第三位皇帝，曾自号破尘居士、圆明主人，年号雍正，康熙帝第四子，生于北京紫禁城永和宫。雍正帝上位后进行了一系列改革：为了加强对西南少数民族统治，推行改土归流；废除贱籍制度，实行摊丁入亩；大力整顿财政，实行耗羡归公，建立养廉银制度，实行官绅一体当差一体纳粮。在秘密立储制度上他也进行了改善，使得皇位继承办法制度化，也在一定程度上避免了诸皇子互相倾轧的局面。雍正帝的一系列社会改革对于康乾盛世的连续具有关键性作用。雍正十三年（1735）农历八月二十三日，雍正帝逝世，终年 58 岁，庙号世宗。

38.《马关条约》是在哪个皇帝在位时签订的？

光绪帝被迫派李鸿章在 1895 年 4 月 17 日与日本签订了丧权辱国的不平等条约——《马关条约》。1894 年，朝鲜东学党起义，朝鲜政府向中国请兵，日本以此为契机开始大举进兵朝鲜，并挑起了甲午战争。清军在平壤之战和黄海海战相继失败后，战场由境外转移到中国境内，而威海卫之战中清军的失败，更使北洋水师全军覆没。1895 年 2 月，清廷向日本求和，日本也同意媾和。最终中国同意以割让台湾岛及其附属岛屿、澎湖列岛、辽东半岛，以及赔偿三亿两库平银给日本等条件息战。1908 年，光绪帝先于慈禧太后一天去世，庙号德宗。

39. 末代皇帝最终结局如何？

爱新觉罗・溥仪，乳名午格，字曜之，号浩然，是清朝末代皇帝。1908 年，3 岁的溥仪即帝位，由其父摄政。后辛亥革命爆发，民国元年，溥仪被迫退位，但仍享受中华民国临时政府议定的清室优待条件，依然居住在清宫。九一八事变后溥仪在日本人的控制下做了伪满洲的傀儡皇帝。1945 年日本投降后，溥仪被苏军逮捕入狱。1950 年，溥仪被移交中国，监禁于抚顺。1959 年，溥仪被释出。1967 年 10 月 17 日，溥仪因尿毒症在北京逝世，享年 61 岁，先葬于八宝山，1995 年迁于华龙皇家陵园。溥仪著有自传《我的前半生》，于 1964 年 4 月由群众出版社出版。溥仪先后经历清代、民国、新中国，从皇帝到百姓，一生中经历了众多转折，可谓传奇的一生。

40. 是谁开创了“光武中兴”的治世？

刘秀，字文叔，是汉高祖刘邦的九世孙，东汉开国皇帝。新莽末年，爆发赤眉、绿林起义。刘秀在宛城起兵反莽，公元 25 年 8 月，在鄗城称帝，史称东汉。刘秀在位期间整顿吏治，推行度田令，缓解土地兼并，设立台阁制，强化皇权，并改革监察制度，罢州牧，置刺史，还接见了日本使臣并把汉字传入日本。他在位期间安定民生，轻徭薄赋，勤政爱民，倡行节俭，开创了“光武中兴”的治世。历代史家也对其称赞有加。毛泽东称之为“历史上最有学问、最会用人、最会打仗的皇帝”。

41. 北魏冯太后到底有多强？

冯太后，中国南北朝时期北魏杰出的政治家、改革家，文成帝拓跋濬皇后，孝文帝元宏（拓跋宏）嫡祖母。冯氏年幼时，父亲冯朗因一桩案件被太武帝下令诛杀。因冯氏幼小，就被没入宫中为奴，成了拓跋氏的婢女。公元456年，冯氏被封为皇后。文献帝继位时被尊为皇太后。不久，文献帝禅让于年仅5岁的孝文帝。面对政治局面动荡和贪官横行、民众反叛的复杂局面，冯太后恩威并施，铲奸臣，扶幼帝，并实施改革——俸禄制度、三长制、均田令等，就此巩固统治，增加国家收入。她还下令修水利，开放关津之禁，振兴贸易，倡议节俭，尊儒尊佛，兴办学校，扩建云冈石窟、修建寺塔等。这一系列的举措，使得国家经济繁荣、社会稳定，为后期孝文帝迁都洛阳以后的社会繁荣打下基础。

42. 史上有记载的第一位皇后和皇太后是谁？

吕雉出身于砀郡单父县的豪门世家吕氏，字娥姁，是汉高祖刘邦的妻子。吕雉早年嫁给刘邦，并生下刘盈和鲁元公主。刘邦当上皇帝后，吕雉被封为皇后。她先后诛杀韩信、彭越等功臣。公元前195年，刘邦被流矢射中而不治身亡，其子刘盈继位，吕雉被尊为皇太后，成为史上有记载的第一位皇后和皇太后。汉惠帝死后，吕雉先后扶持两位少帝，并两度临朝称制。吕雉统治期间，奉行“无为而治，与民休息”政策，鼓励生产，并提倡勤俭治国，严厉治理铺张浪费的风气。在临终前，吕雉将兵权交给吕家，引起了诸吕之乱，最终导致吕家被灭族。

43. 独孤伽罗是个怎样的人？

独孤伽罗，复姓独孤，名伽罗，鲜卑族，出身名门，通晓古今，是隋朝开国皇帝杨坚的皇后。公元557年，14岁的独孤伽罗嫁于大将军杨忠之子杨坚。不久，独孤家族家道中落，独孤伽罗靠杨家庇护逃过一劫。在北周与隋嬗递之际，独孤伽罗非常支持杨坚，劝导杨坚早决大计。杨坚代周建隋后，独孤伽罗被册封为皇后。之后她经常参与朝政，宫中同尊帝、后为“二圣”。独孤皇后嫉妒心重，但生活节俭，所以文帝生前身边没有其他妃子，宫中用度也极为简约，减轻了百姓负担，在一定程度上促成了“开皇之治”。

44. 马皇后为什么能让朱元璋“言听计从”呢？

马秀英，汉族，南直隶凤阳府宿州（今安徽省宿州市）人，是明太祖朱元璋的妻子。1352年，马氏嫁于时为红巾军将领的朱元璋为妻。朱元璋未当皇帝前，经常率兵征讨各方，马氏则在后方给予最大的保障，照顾朱元璋的饮食起居，替他掌管文书。朱元璋称帝后，册封马氏为皇后。虽身为皇后，但她坚持亲自照料朱元璋以及皇子的饮食起居，大力提倡节俭之风。马皇后时常巧妙地劝谏朱元璋，令很多臣民都减免了刑戮。马皇后以她的智慧、勇敢、善良一次次辅助朱元璋解决了各种难以处理的状况，对明代的建立和发展做出了巨大贡献。1382年，马皇后病逝，享年51岁，葬于明孝陵，谥号孝慈皇后。

45. 为什么说萧太后是大辽最强的女人？

萧绰，小字燕燕，契丹族，辽朝政治家、军事家和改革家。公元969年，辽景宗耶律贤继位后，选其为贵妃，五月册立其为皇后。公元982年，辽景宗去世，耶律隆绪继位，尊萧绰为皇太后，其开始临朝摄政。公元984年，她重用耶律斜轸、耶律休哥及韩德让，击退宋军对辽南京析津府的进攻。1004年，她以索要关南地为名与辽圣宗共同亲征伐宋，后与宋达成澶渊之盟。她摄政期间，使契丹从中衰逐步发展到鼎盛。她明达治道，知人善任，鼓励开垦，发展生产，整顿军队，对契丹的兴盛做出了重要贡献。1009年，萧绰还政于耶律隆绪，同年12月，病逝于行宫，享年57岁，谥圣神宣献皇后。

46. 长孙皇后是个怎样的人？

文德皇后长孙氏，鲜卑族，字观音婢，其名没有记载，是隋代右骁卫将军长孙晟之女，唐代宰相长孙无忌同母妹，唐太宗皇后，唐高宗之母。她8岁丧父，13岁嫁给李世民。武德末年，她努力争取李渊及其后宫对李世民的支持，玄武门之变当天亲自勉励诸将士。李世民即位后册封长孙氏为皇后。在后位时，她经常温言劝谏，匡正李世民的执政失误，保护忠臣干将，并反对外戚干政。先后为李世民诞下三子四女。她曾著有《女则》，已佚，现仅存诗作《春游曲》一首。公元636年，长孙皇后病逝于立政殿，年仅36岁，谥号文德皇后。

47. 帮助康熙帝扳倒鳌拜的是谁？

1661年，年仅8岁的康熙帝玄烨即位，由于年龄幼小，孝庄文皇后挑选了四位老臣来辅佐他。岂料，鳌拜成功扳倒其他三位大臣，独得大权。手握大权的鳌拜目中无人，极大地威胁到了康熙的统治。后孝庄文皇后欲擒故纵，与康熙密策，擒捉鳌拜于武英殿。孝庄文皇后本名博尔济吉特·布木布泰，蒙古科尔沁部人，是科尔沁贝勒博尔济吉特·布和之女，清太宗皇太极的妃嫔。孝庄文皇后先后辅佐顺治、康熙两位皇帝，虽未垂帘听政，但幕后诸多事宜均离不开她的出谋划策，比如，在追论多尔衮罪行、挫败鳌拜、平三藩等事务上她都起到了一定作用。她还提出了有利于安定、恢复经济以及统一的建议，对清初政权的巩固做出了重要贡献。

48. 明成祖朱棣的“白月光”是谁？

明成祖仁孝皇后徐氏，濠（今安徽凤阳）人，是明代开国功臣徐达的长女，明成祖朱棣的原配皇后。徐氏自幼聪明伶俐，精读史书，被人们称为“女诸生”。1371年，徐氏嫁于朱棣，1381年，燕王朱棣北平就藩，徐氏跟随。“靖难之役”时，徐氏亲登城墙督战。1402年，朱棣登上皇位，册封徐氏为皇后。1407年，徐皇后病逝，时年46岁。徐皇后德才兼备、机敏聪慧，帮助朱棣安抚宫廷，使上下一心。“永乐盛世”的出现与这位贤后是分不开的。

49. 光武帝刘秀的皇后阴丽华是个怎样的人？

阴丽华，南阳郡新野县（今河南省新

野县）人，是东汉的第二位皇后，春秋时期名相管仲后裔，汉明帝刘庄的生母，光武帝刘秀的原配妻子。阴丽华容貌出众、恭谨俭约，刘秀尚未称帝时就曾发出“仕宦当作执金吾，娶妻当得阴丽华”的感叹。公元25年，刘秀称帝，欲立阴丽华为后，但其坚决不受，故被封为贵人。公元28年，阴丽华随军出征，讨伐叛将庞宠。公元41年，刘秀废郭后，立阴丽华为后。在位期间，她对郭氏、阴氏等外戚一视同仁。公元64年3月，阴丽华崩逝。

第五章
名人名士篇

1. 李世民和武则天是什么关系？

李世民和武则天一开始是夫妻关系，后来武则天成了李世民的儿媳妇。武则天 14 岁入宫，被李世民封为才人，但一直没有得到李世民的宠爱。李世民去世后，她与唐高宗李治产生感情，被赐封昭仪，经过政治斗争，最终成为皇后，被尊为“天后”。她与唐高宗李治并称“二圣”，唐高宗去世后，又作为皇太后临朝称制。

2. 被称为酿酒行业祖师爷的人是谁？

酿酒行业的祖师爷是杜康。传说在黄帝时代，有一个叫杜康的人，负责管理粮食。由于连年丰收，大量的粮食没有地方储存，导致腐烂变质。杜康便想到用枯树来存放粮食。过了一段时间，他发现枯树周边躺着一些动物，于是上前查看，却被枯树里传来的清香味道吸引。他发现粮食里有“水”，不禁尝了一口，顿时感觉神清气爽。就这样，由粮食发酵而成的酒在民间不断普及，杜康也被称为“酒圣”。

3. 一代天骄是指谁？他与铁木真是什么关系？

这两个人是同一个人。孛儿只斤·铁木真，尊号“成吉思汗”，是杰出的军事家、政治家。他建立蒙古汗国后，多次对外发动战争，占领了东亚大片领土，又灭亡了西夏、花剌子模等国，足迹遍布亚欧大陆，对内统一蒙古各部，功绩斐然，为元朝的建立奠定了基础。

4. 谁被称为“千古一帝”？

“千古一帝”是指秦始皇。秦始皇，嬴姓，赵氏，名政，是秦朝的建立者，也是中国古代第一位皇帝。秦始皇开创了许多先河：设立三公九卿；废除分封制，设置郡县制；车同轨，书同文；统一度量衡；横扫六国，一统中原；修筑长城；等等。他被明代思想家李贽誉为“千古一帝”。

5. 被称为东方“历史之父”的是谁？

被称为东方“历史之父”的是我国西汉史学家司马迁。司马迁继承父亲遗志著史，在任太史令期间，广搜资料，着手著史。后因替李陵辩解，惹怒汉武帝，司马迁受宫刑处罚。受刑后，他忍辱负重，根据《春秋》《左传》等诸子百家书籍，写出“究天人之际，通古今之变，成一家之言”的《史记》。这是我国第一部纪传体通史，对后世有着重大影响。

6. 鲁班姓什么？

鲁班，姬姓，公输氏，名班，人称班输，是战国时期的鲁国人。鲁班出生于工匠家庭，从小便跟着家里人做土木建筑工作，逐渐掌握了工匠技能，同时也积累了丰富的经验。公元前450年左右，鲁班来到楚国，发明了云梯，帮助楚国攻打宋国，后因墨子游说，才停止了攻宋。木工师傅手里的工具，据说都是鲁班发明的。鲁班的名字也早已成为古代劳动人民的智慧象征。

7. “三班”“三曹”“三苏”是指谁？

“三班”指的是东汉初期史学家班彪和其子班固以及其女班昭；“三曹”指的是东汉末年至三国时期曹操与其子曹丕、曹植；“三苏”指北宋散文家苏洵和他的儿子苏轼、苏辙。

8. “大李杜”“小李杜”指的是谁？

“大李杜”是指李白和杜甫，“小李杜”指的是李商隐和杜牧，四人均是唐朝大诗人，诗歌风采迥异。其中，李白有“诗仙”之称，是著名的浪漫主义诗人；杜甫被后人称为“诗圣”，是唐代著名的现实主义诗人；李商隐是晚唐杰出的诗人，尤其以五七言律成就最高；杜牧诗文均有盛名，其中以《阿房宫赋》最为著名，绝句诗尤受人称赞。

9. “两司马”说的是谁？

“两司马”是指汉辞赋家司马相如和史学家、散文家司马迁。司马相如是汉代公认的汉赋代表作家和赋论大师，尤以辞赋成就最高，他比较完整地提出了自己对辞赋的创作主张，不断探索赋的审美创作和表现形式，对后世研究汉代文学有着深远影响。司马迁出身史官世家，20岁之前随父读书，20岁之后开始各方游历，网罗天下放失旧闻，后汉武帝欣赏他的学识，任命他为郎中。西汉文学形式主要以散文和赋为主，当时散文成就最高的便是司马迁。

10. “诗仙”“诗圣”“诗鬼”是谁？

“诗仙”是唐代著名浪漫主义诗人李白，字太白，号青莲居士，为人爽朗大方，爱好饮酒作诗。李白所作的诗词有很高的艺术成就，被后世誉为“诗仙”。“诗圣”是唐代著名现实主义诗人杜甫，他擅长运用各种诗歌形式，尤其擅长律诗，多采用沉郁的表达方式。他的人格也被认为是中华民族文人的楷模，后世尊称他为“诗圣”，称其诗为“诗史”。“诗鬼”指的是唐代诗人李贺，字长吉，世称“李昌谷”，他的诗作想象力丰富，经常采用神话来托古寓今，故人们称他为“鬼才”“诗鬼”。

11. “才高八斗”这个典故说的是曹操的哪个儿子？

说的是曹植，字子建。南朝时期，宋国有一个人叫谢灵运，他写的诗艺术性很强，又注重形式美，被很多文人雅士喜欢，大家都争相抄录。后来他受到宋文帝的赏识，被召回京都任职。曾经怀才不遇的谢灵运受到这般礼遇后，更加狂妄，他说：“魏晋以来，天下的文学之才共有一石，其中曹子建独占八斗，我得一斗，天下其他的人共分一斗。”后来人们便将学问高、有才华的人形容为“才高八斗”。

12. 历史上唯一一位被诛十族的人是谁？

唯一一位被诛十族的人是方孝孺。1398年，燕王朱棣发起靖难之役，夺取皇位，建文帝朱允炆下落不明。后来，朱棣登基时让方孝孺写诏书昭告天下，方孝孺作为建文帝的老师，也是一名忠臣，在朝廷上公然着孝服为建文帝鸣冤，断然不肯服从朱棣的命令。朱棣暗压怒火，对方孝孺说：“难道你不怕诛九族吗？”方孝孺说：“即便诛十族我也不怕。”朱棣大怒，下令诛其十族，增加门生一族。朱棣登基第八天，凌迟处死了方孝孺的十族人性命，共873人。

13. “宰相肚里能撑船”说的是谁？

其中一个说法是，宋朝宰相王安石中年丧妻，后娶了一个年轻貌美的妾叫姣娘。王安石身为宰相，事务繁忙，经常不回家，让姣娘独守空房。时间一长，姣娘便和年轻的仆人私下偷情。王安石知道后并没有拆穿他们，而是吟了一首诗暗指此事他已经知晓，而姣娘也作了一首诗：“日出东来转正南，你说这话够一年，大人莫见小人怪，宰相肚里能撑船。”王安石也知道自己已年过花甲，而姣娘正值青春年华，便决定成全他们。人们知道后，对王安石深感敬佩。

14. “甲骨文之父”是谁？

“甲骨文之父”是王懿荣，字正儒，一字廉生，中国近代金石学家、鉴藏家和书法家，他是发现和收藏甲骨文第一人。王懿荣性格耿直，号称“东怪”。八国联军攻入北京城时，李鸿章与八国议和，慈禧与皇帝出逃。东直门失守后，王懿荣回到自己的宅院，与继室夫人谢氏、长媳张氏，先后服毒并投井殉节，享年55岁。

15. 我国历史上第一大贪官是谁？

说到贪官，我们第一个想到的便是清朝的和珅，其实明朝宦官出身的刘瑾才是真正的第一大贪官。刘瑾不仅贪财，还手握大权，大肆迫害反对他的朝臣，后因试图谋反被凌迟处死。抄他家时，抄出黄金约1200万两、白银约2亿两，田产房屋、珠宝、古董字画更是无数。

16. “人生自古谁无死”这句诗是谁说的？

此诗句出自南宋末年政治家、文学家、著名将领文天祥的《过零丁洋》。1279年冬，文天祥在广东兵败被俘，被元军元帅张弘范拘于船上，屡经威逼利诱，仍未屈服。在经过零丁洋时，张弘范挟文天祥围崖山。当时崖山已经成为南宋的最后一个据点，文天祥为表明自己坚定不移的意志，挥笔写了这首气势磅礴的《过零丁洋》，以诗明志。终年47岁。

17. 曹操的五大谋士都是谁？

中国历史上出现过许多杰出的谋士，他们为自己的国家都做出了巨大贡献。其中，东汉末年，曹操手下的五位谋士尤为著名，他们分别是荀彧、荀攸、郭嘉、程昱和贾诩。荀彧擅长政治谋略，提倡“以德服人”；荀攸忠厚谦让、妙计百出，助曹操统一北方；郭嘉擅长分析形势，多次为曹操解除危机；程昱忠诚勇敢，擅谋略，帮助曹操巩固政权；贾诩智勇双全，善于权谋，多次在战役中取胜。

18.“鞠躬尽瘁”最早是谁说的？

“鞠躬尽瘁”最早是诸葛亮说的。此成语出自诸葛亮的《后出师表》:“臣鞠躬尽瘁，死而后已；至于成败利钝，非臣之明所能逆睹也。”东汉末年，出现了魏、蜀、吴三国鼎立的局面。诸葛亮身为蜀汉的丞相，肩上不仅担负着刘备托孤的重责，还有蜀国的希望，所以他不敢有一丝松懈，把国家治理得井井有条，为的就是积攒国力，完成先帝刘备的遗愿。可天不遂人愿，他两次伐魏，均未成功，最后死在了五丈原，践行了他为国家“鞠躬尽瘁，死而后已”的誓言。

19.“一言九鼎”的主人公是？

是毛遂。战国时期，秦国的军队包围了赵国，于是赵国国君派平原君前往楚国求助。平原君打算带二十个自己的门客去楚国，可还差一个，这时一个叫毛遂的人自告奋勇，平原君半信半疑，便勉强带他去了。到了楚国后，楚王与平原君交谈了一上午也没有结果，毛遂便上前对楚王说道:“你们楚国虽然兵多地大，但却连连打败仗。依我看，楚国比赵国更需要联合抗秦！”毛遂的话使楚王心服口服，随即答应出兵。平原君见状感叹道:“经此一事，我才发现毛遂的才能，他的一席话，便使赵国的威望重于九鼎！”后人根据这个故事提炼出“一言九鼎”这个成语，比喻说话极有分量。

20.“唐宋八大家”都有谁？

“唐宋八大家”是唐代和宋代八位散文家的合称，他们分别是唐代的韩愈、柳宗元和宋代的欧阳修、苏洵、苏轼、苏辙、王安石、曾巩八位。他们先后发起古文革新的浪潮，使诗文的发展展现出新风貌。其中，苏家父子三人被称为“三苏”，故可用“韩柳欧王曾三苏”概括这八个人。

21.“四大奇才”是谁？

中国古代四大奇才分别是鬼谷子、鲁班、徐福、袁天罡。鬼谷子是古代著名的军事家和谋略家，精通兵法，培养了很多军事将领和政治家，著有《鬼谷子》一书；鲁班被后世誉为“木匠之父”，据说鲁班发明了锯、刨、钻、铲、墨斗等木工工具，大大提高了木工的工作效率；徐福是秦代著名方士，根据《史记·秦始皇本纪》记载，徐福受秦始皇之命率领童男童女三千人东渡瀛洲，为皇帝寻找长生不老药，也是开启中日文化交流的第一人；袁天罡也叫袁天纲，是隋唐的相卜师、天文学家、风水家，他通过看人面相来预测未来，同时他的风水理论至今都对中国传统文化和建筑产生着影响。

22.“初唐四杰”是哪几个人的合称？

“初唐四杰”是指唐代初年的王勃、杨炯、卢照邻、骆宾王的合称，简称为“王杨卢骆”。他们四人都是年少成才的青年，在初唐的诗坛起到承上启下的重要作用。唐太宗喜欢宫体诗，这种诗大多都有很明显的齐梁时代的痕迹，曾风靡一时。在齐梁的诗风统治下，“四杰”挺身而出，合力冲破宫体诗的牢笼，开拓了诗歌新题材。他们的诗文虽然未完全摆脱齐梁以来的绮丽，但已初步扭转了诗歌文学的风气。

23.被称为“江南四大才子”的是哪四位？

江南才子有很多，而最为著名的就是明朝的四大才子，他们分别是唐伯虎、祝允明、文徵明、徐祯卿。唐寅，字伯虎，别号六如居士、桃花庵主等，有“江南第一风流才子”之美称，也是著名书画家、文学家，是江南四大才子之首；祝允明，明代的书法家，号枝山，因右手多出一根手指，又自号枝指生，出生于七代为官的魁儒家庭；文徵明，初名壁，字徵明，号衡山，自号衡山居士，是“吴门画派”创始人之一，明代书法家、文学家；徐祯卿，字昌谷，明代文学家，因“文章江左家家玉，烟月扬州树树花”之绝句而为人称誉。

24.“诗杰”“诗佛”“诗隐”“诗魔”是谁?

“诗杰”一般来说是指王勃。王勃是初唐著名诗人，擅长五律和五绝，代表作品有《送杜少府之任蜀州》。他的骈文也冠绝初唐，代表作为《滕王阁序》。“诗佛”是指盛唐诗人王维。王维精通佛学，思想受禅宗影响很大，这种哲思也体现在他的诗歌中，如《山居秋暝》《鸟鸣涧》等。“诗隐”是指唐代著名田园诗人孟浩然。孟浩然一生中的大多数时间都在隐居，他的诗歌以山水田园风光和隐逸生活为主要题材，风格淡泊自然、意境清迥、韵致流溢。“诗魔”是指唐代三大现实主义诗人之一的白居易。白居易有“酒狂又引诗魔发，日午悲吟到日西”的诗句，故被后人称为“诗魔”。

25.“画圣”“酒圣”“书圣”是谁?

“画圣”是指吴道子。吴道子是唐代著名画家，擅佛道、神鬼、人物、山水、鸟兽、草木、楼阁等不同题材，且见长于壁画。他不落俗套，求新求变，画风被后人所追崇。“酒圣”是指杜康。杜康是夏朝国君，相传酿酒技术由他发明，故后人称其为“酒圣”，并以“杜康”代指美酒。“书圣”是指王羲之。王羲之是东晋时期大臣、书法家、文学家，他集当时书法之大成，自成一家，楷书作品有《黄庭经》，行书最为出色，代表作有《快雪时晴帖》，开草书之新境界，有《十七帖》传世。

26.“茶圣”“武圣”“史圣”“兵圣”是谁?

“茶圣”是指陆羽。陆羽是唐代茶学家、我国茶文化的奠基人，他一生爱茶，精通茶道，遍及各地寻茶访茶，搜集有关茶的详细资料，著有《茶经》三卷，对世界茶文化的发展具有重大贡献。“武圣”是指关羽。关羽是三国时期蜀汉著名的将领，战功显赫，过五关斩六将、温酒斩华雄，以“义”闻名，在清朝雍正时期被尊为“武圣”，与“文圣”孔子并提。“史圣”是指司马迁。司马迁著有我国第一部纪传体史书《史记》，此书历史性和文学性兼备，被后世称为“史家之绝唱，无韵之离骚”。“兵圣”是指孙武。孙武是春秋时期著名军事家，他著有我国最早的兵书《孙子兵法》，此书内容丰富、思想深刻，深入阐述了战争制胜的规律、战略原则、战术部署、后勤保障等，对后世兵学产生了深远影响。

27.“药王”“医圣”是谁?

“药王”是指孙思邈。孙思邈是唐代医药学家，曾在宫廷中执掌尚药局，负责合和御药及诊候方脉，在数十年的临床积淀下，写出了《千金要方》和《千金翼方》，主持完成了世界上第一部国家药典《新修本草》的撰写。“医圣”是指张仲景。张仲景是东汉末年医学家，“建安三神医”之一，他制定了“辨证论治”的中医原则，收集勘正了大量有效的方剂，并独创了诸多方剂，著有《伤寒杂病论》一书，广受推崇。

28.“曲圣”“乐圣”“草圣”是谁?

“曲圣”通常是指关汉卿。关汉卿是“元曲四大家”之首，他的散曲内容丰富多彩，格调清新刚劲。“乐圣”是指李龟年。李龟年是唐代音乐家，精通音律，擅长演唱，深受唐玄宗赏识。他曾演唱王维的《相思》和《伊州歌》，听者无不泪流满面。“草圣”是指张旭。张旭是唐代书法家，擅长草书，喜爱饮酒，与贺知章等人并称“饮中八仙”。他的草书和李白的诗歌、裴旻的剑舞并称“三绝”。

29.古代四大清官是谁?

通常认为，我国古代四大清官是赵广汉、包拯、海瑞、于成龙。赵广汉是西汉大臣，为官廉洁清明，不睦权贵，奉公执法，最终却因被陷害而遭腰斩。包拯是北宋大臣，累迁监察御史，为官清廉，审案明察，执法严峻，被后世称为“包青天”“包公”。后世有诸多小说、戏曲讲述包公断案的故事，如《铡美案》。海瑞是明朝大臣，历正德、嘉靖、隆庆、万历四朝，他惩治贪官、退田还民，推行“一条鞭法”，被后人称为“海青天”。于成龙是清朝大臣，品德高尚，执政清廉，以清官第一、天下第一廉吏而著称。

30.古代四大名医是谁?

四大名医通常是指张仲景、扁鹊、李时珍、华佗。张仲景是东汉末年医学家，一生治病救人无数，并认为医者学无止境，结合临床经验写出《伤寒杂病论》，对我国古代医学的发展做出了突出贡献。扁鹊是战国时期名医，行医于各国，精于望诊和脉诊，在内科、外科、妇科、儿科等方面均有建树，日本医师滕惟寅评价他道：“扁鹊，上古之神医也。”李时珍是明代医药学家，生于医学世家，继承父亲的遗志，悬壶济世，用四十年时间完成了医学巨著《本草纲目》的编写，为后世留下了宝贵的医学财富。华佗是东汉末年医学家，医术高明，诊断精准，尤为擅长外科，发明了麻沸散，独创了养生操——五禽戏，与董奉、张仲景并称“建安三神医”。

31.哪四人被称为古代四大美男?

最常见的说法是潘安、兰陵王、宋玉、卫玠，他们才貌双全，有文治武功。潘安是西晋著名文学家，史书载其为“美、姿、仪”，形容男子美貌的成语“貌比潘安”中的潘安就是此人。兰陵王是北齐宗室、将领，名为高长恭，长相恭柔，音容兼美，戎马半生，战功赫赫，盛年含冤而死。宋玉是战国时期宋国公子、著名辞赋家，才貌俱佳，文学造诣极高，承屈原之风，代表作有《九辩》。卫玠是魏晋时期的玄学家，英俊貌美，风度翩翩，好谈玄理，但体弱多病，最终早逝。

32.儒家四圣分别是谁?

儒家四圣通常是指“至圣”孔子、“复圣”颜回、“宗圣”曾子和“亚圣”孟子。孔子是儒家学说的创始人，主张仁政，被历代所推崇。宋加谥孔子“至圣文宣王”，“至圣”由此而来。颜回是孔子的学生，性情温良，贫而好学，有儒家中庸之风，后人称其为“复圣”。曾子也是孔子的学生，继承发展儒家学说，著有《大学》《孝经》，被后世尊为“宗圣”。孟子是儒家学说的重要传承者、创新者，提出“民贵君轻”的思想，他的弟子将其言行编成《孟子》，后世将其与孔子以“孔孟”并称，元加封为“邹国亚圣公”，因此他被后世称为“亚圣”。

33. 古代有四大女将，她们是谁呢？

巾帼不让须眉，在我国历史上有很多著名的女将，其中花木兰、穆桂英、秦良玉和冯婉贞最为著名，被称为“四大女将”。花木兰女扮男装，代父从军，英勇智慧，展示了封建社会女性的别样风采。穆桂英是演义小说中的人物，她与杨家将共同抵御外敌，保家卫国，彰显了古代女性的家国情怀。秦良玉是中国历史上唯一一位以军功封侯的女将军，她在“奢崇明之乱”中率军顽强抵抗，最终平定叛乱，战功赫赫。冯婉贞是清朝末年的女英雄，面对外国侵略者，她率领民兵保家卫国，为人民和国家奋不顾身。

34. 战国四大名将都是哪国人？

战国四大名将是指廉颇、李牧、白起、王翦。廉颇是战国时期赵国人，为赵国征战数十年，破齐败燕，守卫长平，屡立战功。李牧同样是赵国将领，有极高的军事才能，负责保卫赵国北部边境，被称为良将。白起是秦国名将，“兵家”的代表人物之一，善于用兵，熟知兵法，担任秦国主将 30 余年，威震六国。王翦是秦国末期著名将领，为秦王嬴政统一六国立下了不朽功绩。

35. 古代四大奸臣有多坏？

古代四大奸臣通常是指赵高、蔡京、秦桧、李林甫。赵高是秦朝宦官权臣，弄权不止，陷害忠良，加速了秦的灭亡。蔡京功过参半，他在宋代经济、教育等方面做出过突出贡献，但结党营私、消除异己，导致国家无可用人才。秦桧是南宋四大权相之一，不主张抗金，以“莫须有”的罪名害死名将岳飞，打击主战派，《宋史》将其录入奸臣传。李林甫是唐玄宗时期的宰相，独揽大权、刚愎自用、蔽塞言路、排斥贤才、祸乱朝纲、重用胡将，最终导致“安史之乱”爆发，使唐朝由盛转衰。

36.《史记》中记载的四大刺客的刺杀任务都成功了吗？

《史记·刺客列传》记载了很多刺客侠士的事迹，其中最为有名的是专诸、聂政、豫让、荆轲四人，世称“四大刺客”。专诸是春秋时吴国人，受吴公子光之命刺杀吴王僚，将匕首藏于鱼腹之中成功刺杀。聂政是战国时韩国人，为报韩大夫严仲子的知遇之恩，刺杀韩相侠累，之后毁面挖眼自尽身亡。豫让是晋国人，为智伯瑶家臣，在智伯被韩、赵、魏三家攻灭后，他多次刺杀赵襄子以替智伯报仇，最终未能刺杀成功。荆轲是战国末期卫国人，受燕太子丹之请刺杀秦王，最终刺杀失败而亡，但他的英雄气概流传至今。

37. 古代四大才女说的是谁？

有一种说法是卓文君、蔡文姬、李清照、上官婉儿。卓文君是西汉才女，司马相如的夫人。但司马相如功成名就后，将卓文君抛弃。卓文君写下《怨郎诗》，司马相如断弃邪念，两人和好如初。卓文君的代表作还有《白头吟》《诀别书》等。蔡文姬是东汉末年女性文学家，蔡邕之女。她博学多才，不仅擅长文学，在音乐、书法等方面也有所造诣，有《悲愤诗》五言及骚体各一首传世。李清照是宋代婉约派代表词人，其词作语言清丽、韵味缠绵，提出词“别是一家”之说，有《李易安集》《易安居士文集》《易安词》。上官婉儿是唐代宰相上官仪的孙女，聪慧善文，通晓文辞，明习政事，受武则天重用，担任内舍人，为武则天草拟诏书，能诗文，《全唐诗》存其诗32首。

38. 中国“导弹之父”“力学之父”“天眼之父”是谁？

中国“导弹之父”是钱学森，他是我国著名航天科学家、国家的杰出贡献者、“两弹一星”功勋奖章获得者。“力学之父”是钱伟长，著名科学家、教育家，为中国航天航空和军工事业建立了不朽的功勋。“天眼之父”是南仁东，中国国家天文台首席科学家、人民科学家，全面指导FAST工程建设，并主持攻克了索疲劳、动光缆等一系列技术难题。

39. 中国“现代数学之父”“铁路之父”“杂交水稻之父”是谁？

中国“现代数学之父”是华罗庚，他是著名数学家、中国科学院院士，主要从事解析数论、矩阵几何学、典型群、高维数值积分等领域的研究，国际上以华氏命名的数学科研成果有“华氏定理”“华氏不等式”等。“铁路之父”是詹天佑，他于1878年考入耶鲁大学土木工程系，主修铁路，负责修建了京张铁路等工程，是中国近代铁路工程专家。“杂交水稻之父”是袁隆平，他是中国工程院院士、“共和国勋章”获得者，他一生致力于杂交水稻的研究，为中国乃至世界的粮食生产发展做出了重要贡献。

第六章

名言典故篇

1. 成语“作壁上观”出自何处？

秦朝末年，社会矛盾尖锐，百姓苦不堪言，天下大乱。项羽和叔父项梁推举楚怀王之孙为楚王，并率兵起义反秦。项梁接连取胜，秦二世派大将章邯攻打赵国。赵军哪能抵得住庞大的秦军，大败后逃到巨鹿死守，同时向各路反秦队伍紧急求救。楚王派主将宋义、副将项羽前往支援，可宋义中途停军四十余天，想等到秦、赵两败俱伤时再攻击。项羽几次催促尽快渡河作战，但都被宋义无视了。项羽一怒之下杀了宋义，并带军渡河出击。楚军一到，立即发动猛攻，秦军当即溃不成军。各路援军都在自己的堡垒中看到了这一场面，《史记·项羽本纪》对此的记载是“及楚击秦，诸将皆从壁上观”。最后，楚军获得了大胜，从此各路反秦部队都归降于项羽。

2.“邯郸学步”的燕国少年最后怎样了？

战国时期，燕国有个少年听说赵国人走路的姿势非常优美，就想前去学习。来到赵国以后，他发现他们走路的仪态果然都十分优雅，举手投足之间风度翩翩。于是，这个少年下定决心要学习这种步伐。人家迈左脚，他也跟着迈左脚，人家迈右脚，他也跟着迈右脚，然而，几天下来，他还是没有学会，反而走路的姿势越来越难看、别扭。他决定彻底放弃原来的走路姿势，重新学习走路。于是，他花了三个月的时间来研究每一步的动作，但他仍没有学会邯郸人的走路姿势，反而把自己原来的走路方式也忘记了。最后，少年彻底不知道怎么走路了，只好爬着回到了燕国。

3.“半路杀出个程咬金”是怎么来的？

程咬金是隋末农民起义的领袖，起义失败后归顺于唐朝，跟随李世民讨平隋末群雄。到唐高宗时，他已经升至大将军。在小说《隋唐演义》中，此人憨厚耿直，是一名福将，武功不太好，但是运气极好。他手执板斧，打仗时经常伏击于半路杀出。“半路杀出个程咬金”这个谚语，便出自这本历史小说。

4.“高朋满座”最早见于哪篇文章中？

最早出自唐朝王勃的《滕王阁序》。王勃自幼聪敏好学，据《旧唐书》记载，他6岁就能写文章，文笔流畅，被称为“神童”。

16 岁时，他授职朝散郎，后因《檄英王鸡》被赶出沛王府。他到交趾探望父亲时，路过洪州，恰巧当天是重阳节，洪州都督阎伯屿大宴宾客，王勃即兴作《滕王阁序》，其中写道："十旬休暇，胜友如云；千里逢迎，高朋满座。"后人由此提炼出"高朋满座"这个成语。

5. "道听途说"的谣言是什么?

古时候，在一个村庄里有个叫艾子的人，他学识渊博，爱好读书。而他的邻居毛空则是一个骄傲自大、没有半点学识、不务正业的人。为了让艾子知道自己比他强，他经常把外面听到的事情加以夸大说给艾子听，有一次他说："一只鸭子下了两百个蛋。"艾子不信。他又说："天上掉下一块二十丈长、十丈宽的大肉。"为了让艾子相信，他信誓旦旦地说是自己亲耳听到的。艾子听后，微微一笑。后来，人们就用"道听途说"记载了这个故事。

6. "明媒正娶"表达了什么含义?

语出元·关汉卿《赵盼儿风月救风尘》第四折。剧本里写了这样一个故事：汴梁的宋引章，原本和安秀才有婚约，但是宋引章执意要嫁给郑州的周舍。于是安秀才让宋引章的姐姐赵盼儿前去劝说，可执拗不过宋引章。最终宋引章还是跟周舍回了郑州。到家后的周舍开始暴露本性，对宋引章不断打骂。姐姐赵盼儿得知后，便舍身相救，双方告至官府，赵盼儿说宋引章和安秀才为保亲，明媒正娶。于是官府把宋引章判给了安秀才，夫妻团圆。"明媒正娶"反映了古代婚姻的正式性和社会认可度，当时只有经过媒人的说合、父母的同意，才是合法的婚姻。在古代，女子很重视明媒正娶，因为这样在夫家会拥有很高的地位，在妾面前也会很自豪。

7. 孙武为什么要"三令五申"?

春秋战国时期，齐国人孙武是著名的军事家，有一次他带着自己的《孙子兵法》给吴王阖闾看。吴王说："你能用宫女来演示一下吗?"孙武当即答应。孙武让宫女站成两排，告诉她们前后左右的位置，并三令五申地向她们说明军法严厉，说完，孙武开始发号施令，宫女们顿时嘻嘻哈哈。这帮宫女平时只知道与吴王饮酒作乐，哪里知道军法严明。于是孙武当众斩了两个吴王的宠姬，效果立竿见影。众人立刻严肃了，没人再敢嬉笑。不论向左、向右还是向前、向后命令，都能立即服从。后来吴王阖闾拜孙武为将。该成语的意思是多次命令和告诫。

8. "呆若木鸡"最初是形容鸡吗?

周宣王姬静有一个特殊的爱好，就是喜欢看斗鸡。他发现无论哪只鸡都不是常胜不败的。他听说齐国有个叫纪渻子的人，是个训鸡的高手，于是派人把他请到都城，让他尽快训练出一只常胜不败的斗鸡来。周宣王求胜心切，没过几天，便派人来催问。纪渻子说："还没训好，它一看见对手，就跃跃欲试。"过了几天，周宣王又派人来问，纪渻子说："还不到火候，现在它还不够沉稳。"几天后，纪渻子派人告诉周宣王说："鸡已经训练好了。"待到斗鸡时，对手的鸡都非常勇猛，而纪渻子的鸡却好像一只木鸡，一点反应也没有，结果别的鸡都被它那副呆样吓跑了。因此这只鸡帮助周宣王场场获胜。"呆若木鸡"这则寓言故事中貌似木头的斗鸡根本不必出击，就能令其他的鸡望风而逃。这也正是庄子道家思想所特有的辩证思维。呆若木鸡，原是把精神全部收敛，后来演化为因恐惧或惊吓而发愣。

9.“乐极生悲”与“过度饮酒”有关系吗？

战国时期的齐威王喜欢喝酒，经常喝到不省人事，朝中的政事也无心管理。楚国趁此机会攻打齐国，齐威王派淳于髡出使赵国，请求援助。淳于髡成功说服赵王，拨给淳于髡精兵十万，解了齐国的危机。齐威王十分高兴，立即摆酒庆祝。席间，齐威王问淳于髡喝多少酒才醉，淳于髡回答：“喝一斗也醉，喝一石也醉。”齐威王不解，淳于髡解释道：“像今天这样，大王赐酒给我，我一斗酒就醉了；要是和亲朋好友喝酒，可以喝上一石。”所以说饮酒过度，就会昏乱失礼，快乐到达了极点，就可能会发生悲伤的事情。齐威王知道这是淳于髡在委婉地规劝自己，于是改掉了通宵饮酒的恶习，专心于朝政，不久后齐国成为战国时期的中原霸主。

10.“老马”真能“识途”吗？

公元前663年，齐桓公答应燕国的要求，出兵征讨山戎，相国管仲和大夫隰朋随同前往。齐军胜利返回时，因不熟悉地形，在山谷里迷了路。这时相国管仲想到了一个办法，他说：“狗能识路，那我们征讨来的老马或许也能认路，带引我们走出去。”齐王虽心有疑虑，但眼下没有其他办法，只能试一试。只见那几匹老马都慢慢悠悠地往同一个地方走，大军跟着老马在后面走，最终走出了山谷，回到了齐国。

11.“围魏救赵”，赵国最终是否得救了？

该成语最早出自西汉·司马迁《史记·孙子吴起列传》。公元前354年，魏惠王任命庞涓为大将，大举进攻赵国，围困赵国都城邯郸。赵国急难中请求齐国的帮助，并承诺击退魏军后，以中山相赠。齐国派大将田忌和军师孙膑带兵前去支援，田忌原本想直逼赵国邯郸，可被孙膑拦下。孙膑献计说：“魏国攻打赵国，一定把精锐部队都派出去了，国内只剩下老弱病残。我们不妨扬言攻打魏国都城，魏军听后定会撤兵回国，我们再在中途设伏，定可大获全胜。”田忌采用了孙膑的计策，魏军果然在桂陵处遭遇了齐军，被齐军大败，同时赵国之围也解了。这就是历史上有名的“围魏救赵”的故事。

12.“纸上谈兵”的赵括打赢战争了吗？

战国时期，赵国名将赵奢的儿子赵括，从小熟读兵书，连赵奢也挑不出毛病。于是赵括以为天下没人比得上自己。公元前260年，秦国与赵国在长平激战，大将廉颇下令筑垒固守，双方僵持数月，秦军渐渐难以承担粮草费用，于是派间谍到赵国散布谣言，声称廉颇不出兵是惧怕秦军，而秦军最害怕的是赵括。赵王信以为真，将廉颇换成了赵括。由于赵括没有实战经验，只会纸上谈兵，中了秦军的计谋，结果赵括被乱箭射死，而赵军约四十万兵卒也被秦将白起活埋。“纸上谈兵”原指赵括熟读兵书，却不能活用，后比喻空谈理论，不能解决实际问题，也比喻空谈不能成为现实。

13.“远交近攻”有何含义？

战国末期，七雄争霸，秦国经过商鞅变

法，成为最强的国家。于是，秦国开始想吞并六国，独霸中原。秦昭王准备兴兵伐齐，这时范雎献上“远交近攻”的计策，阻止秦国攻齐。他说：“齐国势力强大，离我们又很远，我们应该先攻击近处的韩、魏两国，然后再逐步推进。为了防止齐国与两国结盟，我们应主动与齐国结盟。”其后十余年，秦王政依然坚守“远交近攻”之策，远交齐、楚，首先攻打韩、魏，然后又攻破赵、燕，再灭楚，最后灭齐。秦王嬴政征战十余年，最终实现大一统。

14.“指鹿为马”，真有人信吗？

成语“指鹿为马”最早出自《史记·秦始皇本纪》。公元前210年，秦始皇病逝，宦官赵高与丞相李斯密谋杀死秦始皇的大儿子扶苏，拥立小儿子胡亥上位。赵高为胡亥立了大功，被封为郎中令。野心十足的赵高不满，欲篡位。为试探朝中有多少人顺从自己，他想了一个计策。一天上朝时，赵高让人牵来一头鹿，并对秦二世说：“陛下，我给您献上一匹好马。”秦二世左看右看后说：“这哪里是马，分明是鹿。”赵高又让大臣们分辨是马还是鹿，一些平时就紧跟赵高的佞臣立刻拥护赵高的说法，对皇上说是马，而一些正直的大臣直言不讳地说是鹿，不是马。后来，赵高把那些说鹿的人强加罪名诛杀了。

15.“孺子可教”说的是谁？

“孺子可教”最早出自西汉·司马迁的《史记·留侯世家》。有一天，张良到桥上散步，遇到一位老人。老人有一只鞋掉在了桥下，便让张良捡起来，给自己穿上。张良心中虽不痛快，但是看对方年纪很大，就把鞋捡了起来，并帮老人把鞋穿上了。老人站起身后，非但不谢，反而大笑着走了。片刻后老人又返回，对张良说：“孺子可教，五天后的早上，与我会面于此。”第二次会面，因张良迟到而散。第三次，张良半夜赴约，先老人一步，老人拿出一部《太公兵法》交给张良，说：“你要钻研此书，以后可以做帝王的老师。”张良感谢后，老人扬长而去，此后张良日夜钻研此书，最终成为汉高祖刘邦手下的重要谋士。“孺子可教”的原义是小孩子是可以教诲的，喻指年轻人有培养前途。

16.“明镜高悬”这一成语出自哪里？

典出《西京杂记》。传说，刘邦攻入秦都咸阳城，进入咸阳宫后，发现有一面宽四尺、高五尺，正反两面都能照人的镜子。如果用平常姿势靠近它，能照出人的倒影；如果用手捂着胸口走近它，能照出人的五脏六腑，还能看出人体内的病灶；如果有人心术不正，就能照出此人的心跳异于常人。秦始皇经常用这面镜子对付身边的人。后来，人们便用“明镜高悬”比喻官吏明察秋毫，光明正大，执法严明，判案公正。

17.“约法三章”，约定的是什么？

秦朝末期，楚怀王对刘邦、项羽说：“你们谁先进入关中，谁就可以称王。”刘邦一路上非但没受到什么阻力，还打了几场胜仗。公元前207年，刘邦先入关中，秦王子婴献国玺投降，秦朝灭亡。刘邦入咸阳城后，召集各县父老、豪杰，郑重地向他们宣布：“秦朝法律严苛，你们受苦了。如今我和众位约定，不论是谁，都要遵守三条法律：杀人者要处死，伤人者要抵罪，盗窃者也要判罪。除此之外，秦法一律废除。”此话说完，立刻得到了百姓的拥护。此后“约法三章”便家喻户晓。“约法三章”原指约定三条法律，后泛指约好或订立简单的条款相互遵守。

18.“背水一战”，最终战况如何？

公元前204年，汉王刘邦派大将韩信和张耳，率领汉军攻打赵国。赵国派大将陈余率二十余万兵马，集结在井陉口，准备迎战。由于井陉口两旁有山，道路又狭窄。赵军手下的谋士李左军献上一个计策：派一小部分人从后面截断汉军的粮车，大部队从正面阻击汉军。但是这个计策没有被大将陈余采纳。陈余凭借兵力优势，坚持与汉军正面作战。而韩信听闻后，便在离井陉口三十里处安营，并另调二千轻骑在赵军倾巢而出时拔掉赵旗，换上汉旗。韩信则把兵马安置在背水一处。待赵军追到汉军靠河阵地时，汉军无后路可退，只能背水一战。而赵军久战不胜，士气开始低落，又发现背后自己的营地都插满了汉旗，顿时军心大乱，纷纷溃逃。汉军乘机前后夹击，大破赵军。

19.“志在四方”这一成语出自何处？

这个成语最早出自《左传·僖公二十三年》。春秋时期，晋献公在宠妃骊姬的挑拨下杀了太子申生，公子重耳和公子夷吾被迫逃亡。后夷吾在秦穆公和齐桓公的帮助下做了国君，因担心重耳与他争夺王位，便派人追杀重耳。重耳历尽千辛万苦来到齐国，受到齐桓公的优待，对方还把自己的女儿齐姜嫁给了重耳。多年后，重耳只想在齐国安度晚年，但是他手下的随从子犯、赵衰等人在桑园里秘密商议，想让重耳回到晋国。这件事让齐姜知道了，她希望自己的丈夫能做出一番大事业，便对重耳说：“子有四方之志。”重耳并不打算离开齐国，子犯等人便把重耳偷偷灌醉，送出了齐国。重耳就是后来的晋文公，“春秋五霸”中的第二位霸主。

20.“病入膏肓”是真的没救了吗？

春秋时期，晋景公得了重病，听说秦国有个医术高明的医生，便专门派人去请。在医生还没到之前，晋景公做了一个梦，梦见疾病变成了两个小孩，一个小孩说：“那个高明的医生马上就来了，这回我们难逃一劫了。”另一个小孩说：“别怕，我躲到肓的上面，你躲到膏的下面，看他怎么治我们。”没过多久，秦国的名医到了，诊断后说：“这病没得治了，病在肓（心脏与横膈膜之间）之上、膏（心尖的脂肪）之下，实在没得治了。”晋景公说：“果然是名医啊。”随后赏赐了他丰厚的礼物让他回去了。“病入膏肓”指病已危重到无法救治的地步，比喻事情到了无法挽救的地步。

21.“居安思危”有何典故？

这个成语最早出自春秋·左丘明《左传·襄公十一年》。春秋时期，宋、齐等国联合攻打赵国，赵国知道自己兵力不足，于是请求晋国做中间人，希望宋、齐能够打消攻打赵国的念头。因害怕晋国的强大，各国纷纷决定撤兵。为了答谢晋国，赵国献给晋国许多美女和贵重的珠宝。晋悼公非常高兴，把一半的礼物分给了大功臣魏绛，魏绛却一口回绝，说：“现在晋国虽然强大，但我们不能因此大意，因为人在安全的时候，一定要想到未来可能发生的危险，这样才能有备无患。”晋悼公听完魏绛的话，知道他时时刻刻牵挂国家的安危，从此对他更加敬重了。

22.“东施效颦”说的是谁？

古时候，越国有两个女子，一个长得很美，叫西施；一个长得很丑，叫东施。东施非常羡慕西施的美丽，时常观察西施的一举一动，进而模仿。有一次西施心口疼，用手捂着心口走在大街上，并皱着眉头。因为西施艳丽无双，所以无论做什么动作，大家都觉得很美。东施看到后，也效仿着西施的动作，大家都被她吓得东躲西藏，不敢看她。“东施效颦”这个成语比喻模仿别人，不但模仿不好，反而出丑；有时也做自谦之词，表示自己根底差，学别人的长处没有学到家。

23.“后生可畏”说的是什么故事？

春秋时，孔子周游列国时，看到一个小孩很特别。这孩子用泥土堆了一座城堡，然后坐在里面，挡住了孔子的去路。孔子问他：“为什么要挡住我的去路？”小孩说：“我只听过车子绕城走，没听过城堡要避车子的。”孔子非常惊讶，觉得这么小的孩子，竟会如此说话。小孩又说：“我听说，鱼生下来三天就会游，兔子生下来三天就会跑，有什么大惊小怪的呢？”孔子听后不由得感叹地说：“真是后生可畏啊。”

24.“孟母三迁”的做法对吗？

孟子很小的时候，父亲就去世了，孟母依靠纺织麻布来维持生活。孟子很聪明，模仿能力非常强。孟子家住得离墓地比较近，他就学了丧葬之类的事情。孟母看见后，认为这个地方不适合居住，就搬到了屠宰场附近，不料孟子又学会了杀猪宰羊。孟母摇摇头，又把家搬到了学堂附近，孟子每天跟学生们一起读书，变得守秩序、懂礼貌。最终，孟子成为战国时期的思想家和儒家的主要代表人物。

25.“曾子杀彘”，这是为什么？

有一天，曾子的妻子要到集市去，她的孩子哭闹着要跟去，妻子哄骗孩子说：“你先在家待着，等我回来给你杀猪吃。”妻子刚从集市回来，曾子就要捉猪去杀。妻子阻止曾子说：“我只是跟孩子开个玩笑罢了。”曾子却说：“我们是不能随便和孩子开玩笑的，孩子什么都不懂，他们会向父母学习。如今你欺骗他，他就学会了欺骗，这不是正确的教育方法。”于是曾子就把猪杀了给孩子吃。现在这一词常用来强调教育儿童要讲诚信，言行一致。

26.“图穷匕见”，荆轲离成功还有多远？

秦王嬴政在吞并六国的战争中，先后灭掉了韩、赵等国，燕国太子丹为了挽救国家危亡，派刺客荆轲和助手秦舞阳刺杀秦王，并让荆轲带上秦王的仇人樊於期的人头和燕国地图。地图里裹着有毒的匕首。荆轲二人到达咸阳后，秦王摆下酒宴接见两人，秦舞阳因太过紧张，被群臣怀疑，荆轲却面无惧色、坦然自若。秦王看过樊於期的人头后，准备看燕国地图，就在地图将要展到尽头时，裹在里面的匕首突然露了出来。荆轲一把抓住匕首刺向秦王，秦王吓得连忙扯断衣袖，拔出长剑刺中了荆轲的左腿。荆轲把手中的匕首向秦王投去，但没有击中，后被拥上来的秦兵杀死。

27.“四面楚歌”之后，项羽的结局如何？

“四面楚歌”最早出自汉・司马迁《史

记·项羽本纪》。公元前202年，刘邦和项羽约定以鸿沟为界，互不侵犯。后来刘邦听从张良和陈平的建议，决定趁项羽兵力衰弱的时候消灭他。于是他和韩信、彭越等人会合兵力追击项羽，经过几次激战，刘邦把项羽紧紧围在垓下。夜间，项羽听见四面围住他的军队都唱起了楚歌，已然丧失了斗志，虞姬也自刎在马前。项羽英雄末路，带着仅剩的兵卒逃至乌江，最终自刎于江边。

28. “项庄舞剑，意在沛公”说的是什么故事？

项羽大军入驻鸿门后，有人暗中告诉项羽，刘邦要在关中称王。刘邦为了消除误会，在谋士张良的陪同下，来到鸿门向项羽谢罪。项羽听刘邦说得真诚坦率，表示不再怀疑，并设宴款待刘邦。席间，项羽的谋士范增暗示项羽杀了刘邦，但项羽没有理睬。范增无奈之下把项羽的堂兄项庄叫来舞剑，示意他趁机杀了沛公。项伯看出苗头不对，并拔剑与项庄对舞，保护刘邦。危急情况下，张良找到樊哙说到屋内的情形，樊哙听后强行入帐，吸引了项羽的目光。过了一会儿，刘邦借机如厕，逃回了自己的军营。这则成语比喻某种语言、行动表面上看来没什么，实际上暗中是有所图谋的。

29. 为什么说“成也萧何，败也萧何”？

萧何是汉高祖刘邦的重要谋士，他曾向刘邦推举了善于用兵打仗的韩信。刘邦称帝后，封韩信为楚王，没过多久，就卸了韩信的兵权。韩信知道刘邦嫉妒他的才能，觉得在刘邦手下不会有所作为，于是想要联合陈豨造反。公元前197年，陈豨举兵反叛刘邦，刘邦亲自率兵讨伐。韩信见时机成熟，趁刘邦不在京都，密谋袭击吕后和太子刘盈。吕后得知后，立刻找到萧何商量，萧何献计称陈豨已被打死，让大家进宫祝贺。韩信不知是圈套，在长乐宫被杀。“成也萧何，败也萧何”这个成语，比喻事情的成败、好坏都由一个人造成。

30. 成语“励精图治”说的是谁的故事？

公元前74年，汉昭帝逝世，其曾孙刘询为帝，是为汉宣帝。公元前68年，大司马大将军霍光去世。御使大夫魏相见霍氏家族独揽朝政，建议汉宣帝削去霍氏家族的权力。后霍氏家族欲造反，被汉宣帝先发制人，满门抄斩。在魏相的帮助下，汉宣帝励精图治，实施了一系列有助于百姓发展生产的政策，使得西汉王朝出现了中兴的局面。

31. 成语“一丘之貉”说的是哪些人？

这个成语最早出自东汉·班固的《汉书·杨恽传》。汉朝时期，有个叫杨恽的人，出身显赫，后因举报大将霍光谋反，被汉宣帝提拔为平通侯，开始在朝廷里显露锋芒。当时朝廷上下都弥漫着一股行贿之风，对百姓疾苦一点都不关心。杨恽当了中山郎后，通过一系列措施改变了这种风气。有一次，杨恽听说匈奴的领袖单于被杀，便说：“遇见这样一个不好的君王，他的大臣给他拟定好的治国政策他不用，才使自己白白丢掉了性命。就像秦朝的君王一样，宠信小人，杀害忠臣，最终亡国了。如果秦国不这么做的话，或许现在国家还存在。从古至今的君王，就像长在同一山丘上的貉一样，毫无差别。”杨恽的话不久后传到了汉宣帝那里，随后他就被免职查办了。

32. 成语“大器晚成”指的是何人？

这个成语出自春秋·老子《道德经》的四十一章。东汉末年，有个叫崔琰的人，从小喜欢舞枪弄棒，不好读书，后因没知识让人瞧不起，自此下定决心要成为一个文武双全的人。不久后他归顺于曹操，受到器重。崔琰有个堂弟叫崔林，年轻时没有什么成就，亲朋好友都看不起他，但是崔琰却很器重他，对他说：“才能大的人需要很晚才能显现出来，崔林将来一定会成器的。”后来，崔林果真当上了大官。

33. 为什么要“画饼充饥”？

东汉名儒之子卢毓是魏国很有名气的大臣，为人正直、廉洁。有一次，皇帝让卢毓负责选拔人才，并说：“我想挑选的人才是可以做实事的，很多人名气很大，但是做事不行，就像地上画的饼，可以看，但是却不能填饱肚子。”卢毓建议皇帝将选拔和考试结合在一起，这样就可以选拔出很多优秀的官员。最终卢毓的建议得到了皇帝和其他大臣的支持。成语“画饼充饥”原指有名声而没本事的人，后来人们用它比喻用凭空想出来的事物来满足自己。

34.“司马昭之心，路人皆知”，司马昭究竟有什么心思？

三国时期曹魏末年，司马懿意图谋反，发动兵变，诛杀曹爽集团。从此，魏国的大权完全落在了司马氏手中。司马懿的儿子司马昭为了独揽大权，大肆屠杀曹氏家族成员，威逼魏帝曹髦。公元前 260 年，曹髦再也无法忍受做这个傀儡皇帝，于是与大臣王经、王沈、王业三人商量前去讨伐司马昭，并对他们说：“司马昭之心，路人皆知，我不能遭受被废黜的耻辱。今日我将与你们一起铲除逆贼！”后因王沈、王业两人的背叛，曹髦被司马昭的手下刺杀而死。

35. 刘禅心有多大，亡国了还“乐不思蜀”？

三国时期，蜀国的刘备死后，刘禅继位。刘禅碌碌无为，根本不会治理国家，幸好有诸葛亮等人辅佐，蜀国才兴盛了一段时间。可好景不长，诸葛亮死后，刘禅宠信宦官黄皓，朝政日趋腐败，最终被魏国所灭。魏国的一切大权都掌握在司马昭手里，他封刘禅为“安乐公”。有一天，司马昭设宴款待刘禅。宴会上，司马昭叫人表演蜀国的歌舞，蜀官看了都很伤心，只有刘禅却大声嬉笑。司马昭见状便问刘禅：“你想不想回到蜀国啊？”刘禅回答：“我在这里很快乐，不想回蜀国。”

36. 成语“悬梁刺股”的主人公是谁？

古代有个叫孙敬的人，非常喜欢学习，但是在三更半夜的时候容易打瞌睡，于是他想了一个办法。他找来一根绳子，一头绑在自己的头发上，另一头绑在屋顶的房梁上。如果自己睡着了，悬在梁上的绳子就会扯到头皮，他便会因疼痛而清醒起来，这样就能够继续读书了。后来，孙敬成为有名的大学士。战国时，有个叫苏秦的人，因在秦国求官不成，回家后被家人看不起，他便发奋读书，孜孜不倦。每当夜里困倦的时候，他就用锥子刺自己的大腿，防止打瞌睡。后来苏秦说服六国“合纵”，共同对抗秦国，成为了不起的人物。

37. 成语“鹿死谁手”出自哪里？

典出唐朝房玄龄等编撰的《晋书·石

勒载记》。十六国时期，有个叫后赵的国家，它的开国皇帝是羯族首领石勒。一次，石勒在宫中大摆筵席，招待高丽来的使者。席间，石勒问大臣徐光道："你说说看，我能和以前哪个皇帝比一比？"徐光道害怕得罪石勒，于是就说他堪比轩辕黄帝。石勒大笑，说："你不必奉承我，如果遇到汉高祖刘邦，我定会成为他的臣子，倘若我遇到光武帝刘秀，那我就要和他较量一下了，看看到底鹿死谁手？"

38. 沉鱼、落雁指的是谁？闭月、羞花指的是谁？

"沉鱼"指的是西施，说的是西施在河边浣纱的故事；"落雁"指的是王昭君，说的是昭君出塞的故事；"闭月"指的是貂蝉，说的是貂蝉拜月的故事；"羞花"指的是杨玉环，说的是杨玉环观花的故事。这四人被称为中国古代四大美女，后人评价她们有沉鱼落雁、闭月羞花的美貌。

39. "司空见惯"是指见惯了什么？

这里是指见惯了美女。诗人刘禹锡曾因一首诗被贬到苏州当刺史，他与曾担任过司空的李绅关系较好，于是李绅便宴请刘禹锡饮酒，还请了歌姬作陪。席间，刘禹锡感叹："高髻云鬟宫样妆，春风一曲杜韦娘。司空见惯浑闲事，断尽苏州刺史肠。"意思是李司空对于歌姬作陪这种事已经见惯了。如今"司空见惯"用于比喻某件事已经不足为奇了。

40. "虎落平阳"中的"平阳"指的是如今何处？

"平阳"指的是山西临汾。西晋末年，刘渊打着恢复汉室的口号起兵反晋，并建立汉国（后改为"赵"）。五年后，迁都平阳。两年后，刘渊病死，其第四子刘聪杀死自己的大哥，成功篡位。在公元311年至313两年间，刘聪分别把司马炽和司马邺掳到平阳。二人尽受刘聪的各种侮辱，随后被杀害。《晋书》如实记载了晋朝王室所受的侮辱，所以就有了"虎落平阳被犬欺"这么一句谚语。

41. "六亲不认"是哪"六亲"？

"六亲不认"是指对谁都不讲情面，不通人情。而成语中的"六亲"泛指亲属。但是历史上，"六亲"有特定的指向，根据《汉书》的说法，是以父、母、兄、弟、妻、子为"六亲"。因为这"六亲"在血缘和婚姻关系中是最近的，后人也比较赞同这种说法。

第七章 诗词故事篇

1. 王昌龄的《浣纱女》讲的是什么事情？

此诗是诗人王昌龄为赞颂盛唐所作，描绘了一幅十分美丽的景色，称赞钱塘江附近的女子个个如花似玉。又引古论今，暗示当时越王勾践为复国，把西施和郑旦送给吴王夫差，使吴王夫差荒废朝政，为东山再起做掩护。诗的最后两句是说，如果越王勾践看见如今的美丽女子，定会像西施、郑旦一样选送吴宫，不得出来，但现在已经不是过去了，女子们可以公然地来到江边浣纱。

2. “不识庐山真面目，只缘身在此山中”是什么意思？

这首《题西林壁》是苏轼于神宗元丰七年（1084）所作。苏轼赴汝州时经过九江，瑰丽的山水引发了他的灵感，于是他创作了多首庐山记游诗。而《题西林壁》是观庐山后的总结。此诗最后两句的意思是，之所以看不清庐山的真面目，是因为身在庐山之中，视野被庐山的峰峦所局限。这一蕴含哲理的诗句升华了整首诗的意境。它启迪人们为人处世时，因位置不同，所看的问题也不同，看待事物难免会有一定的片面性，要看清事物本身，还需要摆脱主观成见，客观看待。

3. 陈子昂为什么“念天地之悠悠，独怆然而涕下”？

《登幽州台歌》是陈子昂在武则天神功元年（697）所创作。在万岁通天元年（696）时，营州陷落，武则天派武攸宜率兵征讨契丹，陈子昂担任参谋，随军出征。不料因武攸宜轻敌，次年兵败，情况危急之时，陈子昂请命领兵追击，但武则天不准。随后，陈子昂再次谏言，被武则天降为军曹。他眼看实现不了忠心报国的愿望，于是登上幽州台，慷慨悲吟，写下了《登幽州台歌》。“一想到天地之间广袤无垠，我倍感忧伤，独自落泪”，这正揭示了那些怀才不遇的知识分子的境遇。

4. “蜀道之难，难于上青天”，蜀道很难走吗？

《蜀道难》是诗仙李白的代表诗作，它以浪漫主义写法加上丰富的想象展开叙述，体现了蜀道的峥嵘、崎岖、磅礴之势。诗中第一句便写“噫吁嚱，危乎高哉！蜀道之难，难于上青天！”自古以来，秦、蜀被崇山峻岭所阻隔，只有鸟儿能从低处穿梭而过。山势极其险峻，可见蜀道之难行。李白也借用蜀道的难行来表达仕途坎坷。

5. 岳飞在什么情况下写出的《满江红》？

大部分人认为《满江红》是宋代抗金名将岳飞所作。在第二次北伐之后，因前无援兵，后无粮草，岳飞无奈退守鄂州。在镇守鄂州期间，他写下了千古绝唱《满江红》。此词分为上片、下片，上片写对中原沦陷的满腔愤怒和对自己寄托希望，争取壮年立功的心愿；下片写对敌人的愤恨之情，及一雪靖康耻的决心和统一山河的殷切希望。这首词代表了岳飞精忠报国的英雄之志，充分表现了岳飞不甘屈辱，一腔赤诚的豪情壮志。

6. “南朝四百八十寺，多少楼台烟雨中”，南朝的寺庙很多吗？

《江南春》是唐代诗人杜牧所作。此诗看似描写江南明媚的春光，实际上表达的是诗人对晚唐的担忧和悲哀。唐朝晚期，朝野上下朋党勾结，而又信仙好佛，大兴佛寺，再加上宦官专权，大大加重了百姓的生活负担。此时杜牧来到江南，不禁想起南朝尤其是梁朝对佛寺的重视，已然超过了一切，最终误国害民，一场皆空。诗中最后两句咏史怀古，更是对唐王朝统治者的委婉劝诫。

7. 杜甫写下《茅屋为秋风所破歌》，他确实很穷吗？

唐肃宗乾元二年（759）秋，杜甫弃官来到了巴陵（今湖南岳阳）。乾元三年（760），杜甫请亲朋好友帮忙盖了一座茅屋，从此有了安身之所。不料，在上元二年（761）八月，风雨接踵而至，茅草被抢。全家遭雨淋的痛苦经历，使杜甫有感而发，从而写下这篇脍炙人口的诗篇。诗人通过自己的遭遇联想到安史之乱尚未平息，大唐兴衰转换，由此感慨万千，彻夜难眠。

8. 文天祥在何种境况下写下“人生自古谁无死，留取丹心照汗青”的千古名句？

《过零丁洋》是宋代政治家、文学家文天祥的诗作。全诗不仅叙述了文天祥自己的一生，还有他对国破家亡的感叹以及视死如归的崇高精神。公元1278年冬，文天祥在抗元战争中被俘于船上。经过零丁洋（今作伶仃洋）时，元军元帅挟文天祥写书招降张世杰等人，均被文天祥所拒。为了表明自己对国家坚定不移的信念和意志，他写下这首《过零丁洋》。

9. 写出《虞美人》的李煜是一个怎样的君主？

《虞美人》是五代十国的南唐后主李煜所作，也是他的绝命之词。当时李煜已被囚禁在汴京三年。相传，李煜在其生日七月七日当天，让乐妓吟唱此词，宋太宗听闻后，勃然大怒，赐其毒酒而死。李煜是南唐末代的君主，即位以后，崇尚佛教，浪费大量钱财，虽施行轻徭薄赋等仁政，却不能持之以恒，使社会矛盾激化。后宋军大举进攻南唐，李煜被俘，死于汴京。李煜精通书法、绘画，诗和文均有一定造诣，其中词的成就最高，对后世词坛有着深远的影响。

10. 李白写下《侠客行》是因为他倾慕侠客吗？

李白的《侠客行》作于唐玄宗天宝三年

（744）。当时唐朝盛行游侠之风，特别是关陇一带“融胡汉为一体，文武不殊途”，李白受关陇风气影响，除喜爱读书之外，还好剑术。相传李白一生都剑不离手。此诗引用信陵君和侯嬴、朱亥的故事来称颂侠客，表达了李白对侠客的倾慕，以及对助人为乐的向往之情。李白大概也希望自己能够像侠客一样，干出一番惊天动地的大事业，拯救危难，然后功成身退。

11.“庄生晓梦迷蝴蝶”涉及什么典故？

《锦瑟》是唐代诗人李商隐晚年所作。他在诗中追忆了自己的青春年华和悲惨遭遇。李商隐天资聪颖，二十几岁便考中进士，但因他人嫉妒被刷下，从此怀才不遇。诗中有庄生梦蝶、杜鹃啼血、沧海珠泪、良玉生烟等典故，其中庄生梦蝶是说庄周做梦变成蝴蝶呢，还是蝴蝶变成了庄周，一时间竟分不清现实和梦境。此后人们常用这句话比喻人生无常，没有什么是永恒不变的。

12. 王维的《鸟鸣涧》蕴含了怎样的哲学思想？

此诗是王维在盛唐开元年间游历江南时所作，描写的是春夜空山幽静的美景。它通过花落、月出、鸟鸣等侧面描写了春山的静。在一定条件下，人们之所以能注意到动，是在静的前提下。以动衬托静，两者相互矛盾又相互依存。这种反衬的手法也蕴含了诗人的佛学思想，体现了诗人内心的禅意和禅趣。

13. 辛弃疾为何能写出“金戈铁马，气吞万里如虎”这样豪迈的诗句？

《永遇乐·京口北固亭怀古》是辛弃疾66岁时所作。当时，他担任镇江知府，率兵抗金北伐，但坚决反对轻敌冒进的做法。他认为应该做好准备，避免重蹈覆辙。可朝堂上正上演激烈的政治斗争，辛弃疾的意见并没有让当权者采纳。于是他来到京口北固亭，登高远眺，想到了孙权的雄韬伟略、刘裕的金戈铁马，非常钦佩可又感叹如今都已找不到英雄们的遗迹了，只有那“斜阳草树，寻常巷陌”。

14.“吾本将心向明月，奈何明月照沟渠”最初是什么意思？

此句出自元代高明的南戏《琵琶记》。它讲述的是东汉时期书生蔡伯喈（蔡邕，蔡文姬之父）背井离乡，进京赴考，因长久不归，造成家庭悲剧，但最终光宗耀祖的故事。此戏曲和宋代科举制度有着密切的联系。当时书生高中后，初入仕途，为寻找靠山，须联姻扩充势力，因此抛弃糟糠之妻时，便与百姓认为报恩的观念不同，大家对此口诛笔伐。而“吾本将心向明月，奈何明月照沟渠”的本意是我好心好意对你，你却毫不领情，表示自己的真心付出没有得到尊重和回报。

15.《春夜喜雨》运用了哪种手法？

《春夜喜雨》是诗人杜甫所作。当时杜甫在经过一段时间的流离转徙后，最终安定在四川成都。在成都草堂居住的一年时间里，杜甫过上了田园生活，耕田养花，与农民交往，对春雨有很深的感触。此诗以喜悦之情描写了春雨来得及时，滋润万物的美景。诗人通过拟人、白描等手法，将无生命的春雨写得富有生机，表达了诗人对春雨的赞美之情。这是一首意境优美、情感真挚的诗作。

16. “即此悔读书，朝朝近浮名”是孟郊的真实想法吗？

《游终南山》是唐代诗人孟郊所作。此诗是一首写景诗，通过游终南山，赞美终南山的挺拔险峻，同时也赞叹山中之人心地善良、正直豪爽。孟郊是一个胸怀壮志之人，但几次落榜后心情郁闷，遂游览终南山。他看见千岩万壑，泉石秀雅，引发心中牢骚，不由得感慨万千。最后两句是他对功名的耿耿于怀和不得志的愤愤之语。

17. “但悲不见九州同”是什么意思？

《示儿》是南宋诗人陆游的绝笔诗，作于嘉定二年（1209）十二月，是他临终前写给孩子们的遗嘱，更是他发出的最后的抗战号召。此诗传达了诗人忧国忧民的爱国情怀，以及对未能实现祖国统一的遗憾。陆游一生致力于抗金事业，虽经历了颇多坎坷，但从未放弃。“但悲不见九州同”的意思是让诗人感到悲痛的是没能亲眼看到祖国统一的时刻。此诗作对后世有着深远的影响，发人深省。

18. 为什么说“欲买桂花同载酒，终不似，少年游”？

这是南宋词人刘过创作的《唐多令·芦叶满汀洲》。整首词借景抒情，基调悲伤，感叹时光流逝、物是人非。刘过年轻时，曾经到安远楼游玩，二十年后重游故地，听闻老友辛弃疾离世，不禁感叹江山依旧，人事已非，如今自己已近暮年，壮志未酬，再也没有少年时的那种豪迈之气了。

19. 为什么说《题都城南庄》具有传奇色彩？

《题都城南庄》是唐代诗人崔护所作，说的是崔护到长安赶考落第后，在长安的郊外遇到一个美丽女子，次年重访此女不遇的事情。此诗的创作时间没有明确记载，但此段故事却颇具传奇色彩，其真实性难以考究。诗中的“去年今日此门中，人面桃花相映红”，描写得十分传神。诗人回忆起去年今日的女子，心中不由得一阵悸动。他曾看到少女光彩照人的面容，虽然没有语言沟通，但少女的身影已经深深印在诗人的心里。此诗后来还衍生出一系列戏剧和影视剧。

20. “竹杖芒鞋轻胜马，谁怕？一蓑烟雨任平生”写出了苏轼什么心情？

《定风波·莫听穿林打叶声》是宋代诗人苏轼的词作。诗人通过野外偶遇风雨而感慨仕途上的不得意。此诗写于宋神宗元丰五年（1082）春。当时苏轼因“乌台诗案”被贬黄州。雨中潇洒行走的举动，表现了诗人虽身处逆境，但不畏挫折、不气馁、泰然处之的旷达胸襟。苏轼在仕途上极为波折，挫折愈大，他的内心愈刚强，声誉愈高。这不是平常人能做到的，只有持续地磨炼才能达到如此高的境界。

21. “人比黄花瘦”，李清照为何这样伤感？

这首《醉花阴·薄雾浓云愁永昼》是宋代女词人李清照的词作，是李清照婚后所作。当时李清照嫁给太学生赵明诚不久后，丈夫便外出求学。正值重阳佳节，因太过思念丈夫，她便作了此词。整首词分上下两阕，上阕写环境的萧瑟和词人内心的孤寂，下阕借清秋菊花写诗人的担忧和憔悴，最后一句以“瘦”暗示相思之苦。

22. 纳兰性德的“何事秋风悲画扇”借用了什么故事？

《木兰花·拟古决绝词柬友》是清代词人纳兰性德所作。此词假借女子为爱情所伤，引用多个典故来表达一种幽怨、凄婉、悲凉的意境。其中“何事秋风悲画扇”引用了汉朝班婕妤被弃的典故。班婕妤因被赵氏姐妹构陷，被汉成帝抛弃在长信宫，在皇太后左右服侍。班婕妤比喻自己就像那团扇一样，夏天的时候离不开，到了秋天就没人理睬了。在此词中，先是美好的回忆，然后一下子又拉回到残酷的现实当中。

23. 白居易的《长恨歌》讲的是什么故事？

《长恨歌》是白居易在元和初年（806）所作的长篇叙述诗。整篇诗作分为三个部分，第一部分写唐玄宗沉溺于与杨玉环的爱情生活，导致了荒政乱国和安史之乱的爆发。第二部分写马嵬坡之变，杨玉环被杀，及此后唐玄宗对杨玉环的思念之情。第三部分写为了见到杨玉环，唐玄宗派人上天入地寻找，以及两人在蓬莱仙境会面的情形。《长恨歌》的主旨便是批评唐玄宗后期不思进取，重色误国，导致持续八年之久的安史之乱，致百姓于水火中，但又同情唐玄宗和杨玉环的爱情悲剧。

24. 杜牧《清明》中的杏花村在哪里？

此诗作于唐武宗会昌六年（846），杜牧时任池州刺史。此诗写的是清明雨中所见的场景。全诗清新淡雅，心境凄凉，历来广为传颂。诗中所说的杏花村，历来有很多不同的说法，有人说是山西汾阳、湖北黄州，或说是南京金陵，也有人说此为诗人杜撰。虽然众说纷纭，但安徽池州西郊，却有一个杏花村，最为可信。杜牧在会昌年间，恰好有出守池州的经历，借用本地的风光写成诗作，为水到渠成之事。

25. 李贺的《雁门太守行》描绘的是一场怎样的战斗？

《雁门太守行》是唐代诗人李贺的诗作。此诗用色彩浓艳的手法来描写悲壮惨烈的战斗，通过奇诡的画面表现了当时的边塞风光和战争的瞬息万变。首句借景写事，渲染了兵临城下的紧张感；第二句从听觉和视觉的角度描写战斗的惨烈和悲壮；第三句写将士们浴血奋战的场面；第四句引用典故来表达将士们誓死效忠国家的决心。全诗慷慨激昂，悲凉且震撼。

26. 龚自珍为什么写下“我劝天公重抖擞，不拘一格降人才”？

这首诗出自《己亥杂诗》，该组诗共三百一十五首，作者是清代的龚自珍。这是一首极具政治气息的诗作。龚自珍面对腐败、残酷的清政府，强烈主张改革，提倡禁烟，但得不到重用，于是在 48 岁时毅然辞官归隐。在路过镇江时，他看见人们在祭拜鬼神，有感而发，《己亥杂诗》就此诞生。当时的清朝处于鸦片战争前夕，全国死气沉沉、毫无生气，腐败气息充斥着朝野上下。龚自珍认为如果要改变这种现象，便不要局限于一种形式来选拔治国的人才。作者以诗歌作为武器，大胆揭露封建社会的黑暗和危机，发出强烈的改革声音。

27. 张若虚凭什么以一首《春江花月夜》“孤篇压全唐”？

《春江花月夜》是唐代诗人张若虚所作的七言歌行。张若虚拟题作诗，与之前的曲调已经完全不同。此诗通过江和月来描写一幅惝恍迷离、幽美邈远的春江月夜图，又写出了游子思妇的离别愁绪和人生感慨，突破了宫体诗的狭小，创造了宁静、深沉的意境。全诗三十六句，每四句换一韵，语言婉转悠扬，被广为吟唱。它被闻一多誉为“诗中的诗，顶峰上的顶峰”，诗中更是有很多被后世诗人所引用或化用的名句。

28. 张九龄在什么境遇下写出了《望月怀远》？

《望月怀远》是唐代诗人张九龄所作，是一篇望月怀思的名篇。全诗描写了对远方亲人的思念之情，语言自然流畅，感情细腻，构思巧妙。公元 733 年，张九龄在朝中任宰相一职，遭奸相李林甫诽谤，在公元 736 年罢任，后被贬至荆州任长史。此诗应是他被贬之后写的。

29. 唐明皇听到孟浩然的“不才明主弃”，气不气？

《岁暮归南山》是唐代诗人孟浩然所作，也是诗人的归隐之作。诗人借此诗发泄了一种埋怨之情。大约在唐开元十六年(728)，40 岁的孟浩然进士落第，心情很烦闷。王维、张九龄当时也为他传扬声誉，但此次的失利，使他大为生气和懊恼，他甚至想直接向皇上上书，又很犹豫，这首诗便是在此复杂的情感下写出来的。后来在襄阳时，孟浩然到王维家中做客，恰逢唐玄宗前来。唐玄宗让孟浩然念其新作，孟浩然吟诵此诗后，唐玄宗说：“卿不求仕，而朕未尝弃卿，奈何诬我？”

30. 柳永的《望海潮 · 东南形胜》写的是哪里的景象？

《望海潮 · 东南形胜》是宋代词人柳永的词作。此词主要写杭州的富庶和自然风光，展现了杭州人民的安定平和的景象。全词分为上下两片，上片写杭州的繁华和美丽，下片写西湖和人们与自然的和谐相处之道。全词二十一句，构思巧妙，以点带面，形容得体，堪称一篇词体的杭城赋。

31. “两情若是久长时，又岂在朝朝暮暮”，秦观的感情经历很丰富吗？

《鹊桥仙 · 纤云弄巧》是宋代词人秦观的词作。全词借牛郎织女的神话故事，歌颂了真挚、纯洁、坚贞的爱情。据说秦观被贬经过长沙时，邂逅了一位艺妓。秦观看其风姿绰约、貌美如花，遂亮出身份，艺妓便殷勤款待。秦观与她缱绻数日，离别之际，这名艺妓表明愿伴其左右。秦观答应她，并说将来北归重逢之日，便是比翼双飞之时。不料，一别数年，秦观竟死于广西藤县。后这名艺妓为其哀恸而死。词末二句，将整首词的思想境界升华到崭新的高度，成为千古佳句。

32. 欧阳修为什么要“戏答元珍”？

《戏答元珍》是北宋文学家欧阳修的诗作，是欧阳修被贬之后所创作的。1036 年，欧阳修降职为峡州夷陵县令，次年，朋友丁元臣(字元珍)写了一首题为《花时久雨》

给他，欧阳修便作此诗作答。题首的“戏”字，声明自己写的是“戏言”，以掩盖了他在政治上的失意。此诗借景抒怀，表现了诗人被贬谪后的寂寞心情和宽慰自己之意。他并未丧失信心，而是在逆境中勇敢面对。

33.“敕勒川，阴山下”写的是哪里？

《敕勒歌》是北朝的乐府民歌，全诗描写了北国壮丽富饶的景色。公元 546 年，东魏高欢率兵十余万攻击西魏，遇到西魏名将韦孝宽的顽强抵抗，被韦孝宽重挫，返回晋阳途中，悲愤成疾，为稳定军心，命斛律金唱《敕勒歌》，以表达对家乡的思念之情。敕勒川是敕勒民族居住处，在今山西、内蒙古一带。阴山是山脉名，在今内蒙古自治区北部。

34. 杜甫因何写出《春望》，当时发生了什么？

《春望》是唐代诗人杜甫的诗作，反映了诗人的爱国情怀。看着昔日的长安变成如今这般凄凉破败，诗人内心感慨国家的兴衰和思家之忧。此诗作于唐至德二年（757年）三月，当时安史叛军进军长安，抢夺财物，焚烧房屋，繁华景象瞬间泯灭。八月时，杜甫把妻子安顿好之后，自己便赶赴灵武，中途被捕并押送长安。当时的杜甫已年过半百，看到昔日景象已荡然无存，触景伤情，遂创作此诗。

35. 苏轼的《水调歌头·明月几时有》是写给苏辙的，他们之间的关系有多好？

《水调歌头·明月几时有》是宋朝文学家苏轼于 1076 年创作的诗作。当时作者在密州的超然亭上，正值中秋佳节，以月兴起，在未见弟弟苏辙七年之久的感情基础上，展开思考和想象，创作的一首词。他把人世间的悲欢离合比喻成月亮的阴晴圆缺，表达出对亲人的思念和美好祝愿，也是在宽慰自己在仕途上的失意。当时苏轼和王安石的政见不同，故请求外放，辗转各地为官。他曾要求到离苏辙较近的地方为官，闲来无事时兄弟俩可聚聚，可这一愿望却无法实现。但兄弟俩之间的书信从未间断，苏轼每到一个任所，便给弟弟寄信赠诗，大部分都以“子由”为题。由此看来苏轼、苏辙的兄弟情谊十分深厚。

36. 曹操的《观沧海》充满了豪气，他在什么情况下写出的这首诗？

《观沧海》是东汉末年诗人曹操的诗作。乌桓是中国古代北方的游牧民族之一，也是曹操的心腹大患。公元 206 年，乌桓攻破幽州，俘虏众多汉民；同年，袁绍的儿子勾结乌桓首领蹋顿，屡次骚扰边境，曹操愤怒至极，决定北上征讨乌桓；八月，曹操大败蹋顿，取得决定性胜利。曹操在得胜回师的路上经过碣石山时创作了《观沧海》。此诗抒发了作者的雄心壮志，以及胸怀天下的进取精神。

37. 王维在去往哪里的途中写下了《使至塞上》？

《使至塞上》是唐代诗人王维所创作的。公元 736 年，吐蕃攻打唐朝附属国小勃律。次年春天，河西节度副大使崔希逸大破吐蕃军。唐玄宗命王维赴边疆慰问将士，在途中王维创作了这首记行诗。此诗描写了边塞的风光与生活，同时王维也暗中表达了自己被朝廷排挤在外内心的孤独和悲伤之情。

38. 李白登上黄鹤楼，为什么“眼前有景道不得”？

黄鹤楼位于湖北武昌黄鹤山上，文人墨客常常来此登楼赏景题诗。唐代诗人崔颢就曾登楼写下题壁诗《黄鹤楼》：“昔人已乘黄鹤去，此地空余黄鹤楼。黄鹤一去不复返，白云千载空悠悠。晴川历历汉阳树，芳草萋萋鹦鹉洲。日暮乡关何处是？烟波江上使人愁。”相传，在崔颢题诗之后，李白与友人登上了黄鹤楼，看见如此多的题墙诗，友人建议李白也题诗一首。李白正准备题诗，抬头一看，看到了崔颢的诗。将这首诗读过之后，李白为崔颢的诗才所叹服，连连称赞，自言道：“眼前有景道不得，崔颢题诗在上头”。《黄鹤楼》这首诗确实是一首气势宏大、感情真挚、出神入化的诗，他将丰富的感情寓于景物之中，营造了一个诗意浓厚的世界。宋代严羽在《沧浪诗话》中称：“唐人七言律诗，当以崔颢《黄鹤楼》为第一。”

39. 陶渊明为什么归隐田园并写下《归园田居》？

《归园田居》是晋宋之际文学家陶渊明的组诗作品，共五首。陶渊明 29 岁入仕，任官 13 年，一直厌恶官场的尔虞我诈，内心十分向往田园生活。在 41 岁这一年，他出任彭泽县令，但仅做了八十天便因“不为五斗米折腰”而辞官回家了，以后再也未入官场。陶渊明天性爱自由，而当时的官场腐败严重，不少官员胡作非为，谄上骄下。正所谓“道不同不相为谋”，陶渊明正直的品格与腐败的官场最终无法融合，这也注定了他最终的抉择——田园。诗人感受到了田园生活的自然淳朴，遂作《归园田居》诗一组。

40.《孔雀东南飞》背后有什么故事？

《孔雀东南飞》是汉代乐府民歌中的长篇叙事诗，常被后人与北朝民歌《木兰诗》合称为“乐府双璧”。此诗讲述了一桩发生在东汉献帝年间的婚姻悲剧：主人公焦仲卿、刘兰芝夫妇相亲相爱，却因被人拆散而殉情自杀，死后化作鸳鸯，永远厮守在一起。这首诗反映了当时封建礼教和制度的残酷无情，同时也讴歌了爱情的真挚和忠贞，表达了人们对恋爱自由的向往和对拥有幸福生活的强烈愿望。

41. 北朝民歌《木兰诗》，木兰为什么要代父从军？

《木兰诗》是一首长篇叙事诗，讲述了一个叫木兰的女子代父从军，建立功勋，班师回朝后不愿做官，只求回家团聚的故事。诗的第一段描写木兰已经决定代父从军。父亲年岁已大，但“阿爷无大儿，木兰无长兄”，怎么能让年老的父亲再次征战沙场呢？可见这次的大点兵给木兰一家人带去了苦恼。万般无奈下，木兰毅然决定代父从军。北魏实行的是府兵制，木兰家很有可能被划为军户，一旦朝廷需要打仗，每户都要出一名男丁应召出征，不可逃逸。所以“军帖”上才“卷卷有爷名”。《木兰诗》高度赞扬了木兰的勇敢善良以及她保家卫国的英雄气概，充分体现了中华民族的传统美德。

42. 为什么说《诗经》是中国古代诗歌的开端？

《诗经》是中国古代诗歌的开端，也是

最早的一部诗歌总集。《诗经》共 311 篇，收集了从西周初年到春秋中叶的诗歌，反映了周朝近 500 年由盛转衰的社会全貌。西汉时期，汉武帝罢黜百家，独尊儒术，《诗经》被儒家尊为“五经”之首，始称《诗经》，并沿用至今。在古代先秦诸子中，有很多人引用《诗经》，如孟子、荀子、墨子等，他们都曾引述过《诗经》中的句子来论述自己的理念。在现代研究中，除了感悟和鉴赏方面的不同，还在深度和广度上都有重大突破。透过作品表面，挖掘其内涵，并从时代思想和文化精神予以观照，可见《诗经》中不仅有社会人文地理，还有高尚的人生哲理，是中华文化之瑰宝。

43. 写下“粉骨碎身浑不怕，要留清白在人间”的于谦是一个怎样的人？

《石灰吟》是明代政治家、文学家于谦创作的。此诗托物言志，表面上是咏石灰，实际是托物寄怀，表现了诗人积极进取的人生态度和正气凛然的性格。于谦从小学习刻苦，有远大志向。相传，有一天他看见一座石灰窑，见一堆青黑色的石灰经过烈火的淬炼，变成了白色的石灰，便有感而发作此诗，同时这也是他日后的人生追求。于谦做官后，为官廉洁正直，深受百姓的爱戴。瓦剌入侵时，明英宗被俘，于谦建议立景帝，并亲自率兵守城，击退瓦剌，可明英宗复辟后却以“谋反罪”杀了这位忠臣。这首诗便是于谦真实的人生写照。

44. “世人笑我太疯癫，我笑世人看不穿”，唐寅的《桃花庵歌》中的原句是这样的吗？

唐寅以“老死花酒间”与“鞠躬车马前”来分别代指两种生活方式，又对富贵和贫贱的生活态度做出鲜明对比，表现自己慵懒潇洒之意和心中的愤世嫉俗。1505 年这一年，距离唐寅在科场被诬陷已有六年之久。他曾中过解元，后受到科场舞弊案牵连，功名被革。经过长时间的生活磨炼，他认为牺牲自由而换取的功名并不能长久，于是终日以卖画度日，拒绝仕进。他有花枝、美酒伴左右，淡泊名利，过着悠闲的生活。诗的原句是“别人笑我忒风癫，我笑他人看不穿”。

45. “千磨万击还坚劲，任尔东西南北风”出自哪首诗？

此句出自清代诗人郑燮（郑板桥）的《竹石》，这是一首咏物诗，表现了竹子顽强、坚韧的品质。作者借物喻人，通过赞美岩竹来表达自己如竹子一样刚正不阿，绝不向恶势力低头的高傲风骨。同时这首诗也带给我们一种勇敢的力量，告诉我们，即使身处困境，也要像岩竹一样战胜困难、无畏无惧、积极乐观。

46. 赵翼写出“李杜诗篇万口传，至今已觉不新鲜”是因为他很狂妄吗？

“李杜诗篇万口传，至今已觉不新鲜”出自清代诗人赵翼的《论诗五首·其二》的首联和颔联，颈联和尾联为“江山代有才人出，各领风骚数百年”。这首诗并不能表明赵翼为人狂妄，不把李白、杜甫放在眼里。而是他认为李白和杜甫的诗歌已经传颂了千余年，其中有些内容已不合时宜，有些陈旧了。他期待着涌现出更多敢于革新的诗人，对诗歌进行全方面创新，不要师古，要创造出符合时代的诗歌，矢志做一名“各领风骚”的诗人。

47.“千里共婵娟”的“婵娟”指的是什么?

“婵娟”指的是月亮，出自苏轼的《水调歌头》，原句是“但愿人长久，千里共婵娟”，意思是说希望互相思念的人能够天长地久，即使远隔千里，也能通过月亮来传递思念。苏轼的《水调歌头》历来备受推崇，词人借月抒怀，探寻人生的意义，极具浪漫色彩。

第八章
传统礼仪篇

1.《周礼》《仪礼》《礼记》是同一本书吗?

《周礼》《仪礼》《礼记》是三部不同的书，均记载了周朝的礼仪，合称“三礼”，入列“儒家十三经”，是我国最早的礼仪学著作。《周礼》由周公旦所著，系统完整地记述了西周初年的礼制、官制、军制、法制、经济制度、文化制度等，涉及国家、社会各方面，其中对礼制的记述最为完善。《仪礼》是对春秋战国时期的各种礼仪制度的汇编，相传由孔子编定。《礼记》即《小戴礼记》，相传为孔子的弟子及再传弟子所作，由西汉戴圣进行编辑。

2. 西周的“五礼”是什么?

西周的“五礼”为吉礼、嘉礼、宾礼、军礼、凶礼，囊括了当时社会生活的具体礼仪规范和行为准则。吉礼，为祭祀之礼，是对祭祀天神、地祇、人鬼时的礼仪规范。嘉礼，是饮宴婚冠、节庆活动等方面的礼仪规范。宾礼，是诸侯及诸侯国使者觐见周天子时的礼仪规范。军礼，是有关军事活动方面的礼仪规范。凶礼，是与凶难、灾祸、丧葬等有关的礼仪规范。

3.《大戴礼记》和《小戴礼记》的作者是什么关系?

《大戴礼记》，又称《大戴礼》，由西汉礼学家戴德编著而成，原文八十五篇，现存三十九篇。《大戴礼》对《仪礼》查缺补漏，内容更加完善。《小戴礼记》，又称《礼记》，十三经之一，由西汉礼学家戴圣（戴德的侄子）编著而成，原文四十七篇，后人将其分成四十九篇，均存于世。它对《仪礼》中孔子弟子及再传弟子的阐发经义进行了汇集整理，后郑玄为其作注，名气大过《大戴礼》，成为儒家经典之一。

4. 为《周礼》作注的郑玄是何许人也?

郑玄，是东汉学识渊博的经学家，他通晓“五经”，为《周礼》《仪礼》《礼记》作注是其一生之中最重要的工作，对后人影响颇深。郑玄之前，《周礼》《仪礼》《礼记》只凭师授而无注解，人们难以根据原文完全弄懂其中的含义。郑玄注释、订正礼经，同时补充了大量经文之外的有关内容，极大地丰富了礼经，对后世具有重大影响，这也是他一生中最大的功绩。

5. 古人穿衣讲究“三紧”，是哪“三紧”？

古人穿衣讲究冠正、衣洁，在正式场合的穿着讲究“三紧”，即帽带紧、腰带紧、鞋带紧，如此会使人显得更加端庄利索，表现出对他人的尊重。《弟子规》中载“冠必正，纽必结。袜与履，俱紧切”，意思是戴帽子要戴正，帽子上的纽扣要系好，袜子和鞋要紧密贴合。

6. “子路正冠而死”，古人为什么特别看重帽子？

《礼记·冠义》载“冠者，礼之始也”。古人认为帽子是一些礼仪活动的基础。古代男子成年要行冠礼，寓意已经成年。成年男子出门要戴帽子，而且要“正冠”，否则会被认为是无礼。孔子的弟子子路将这种礼数看得比生命还重要，他在临死前说“君子死而冠不免”，在屠刀之下戴好帽子、系好帽缨就死。

7. 关于笑，古人有何礼仪？

古人的笑注重含蓄。《礼记·檀弓上》载：“凡人大笑则露齿本，中笑则露齿，微笑则不见齿。”在日常交往中要面带微笑，只有在非公众场合才能毫不顾忌地大笑。当父母生病时，即使遇到再可笑的事情，也只能微笑，绝不可中笑、大笑。作为孩子，在父母面前不可随意嬉笑。在丧礼上，连微笑都不应该。

8. “非礼勿视，非礼勿听，非礼勿言，非礼勿动”出自何处？

“非礼勿视，非礼勿听，非礼勿言，非礼勿动”出自《论语·颜渊》：颜渊问仁。子曰：“克己复礼为仁。一日克己复礼，天下归仁焉。为仁由己，而由人乎哉？”颜渊曰：“请问其目。”子曰：“非礼勿视，非礼勿听，非礼勿言，非礼勿动。”颜渊曰：“回虽不敏，请事斯语矣。”“非礼勿视，非礼勿听，非礼勿言，非礼勿动”的意思是，不符礼仪制度的事物不要看，不符礼仪制度的事物不要听，不符礼仪制度的事物不要说，不符礼仪制度的事物不要做。

9. 举办筵席时要如何布席？

古人举办筵席注重礼仪，那时多为席地而坐，但并不能直接坐在地上。首先，要铺一张大席子，称为“筵”，筵的上边放好小桌子。然后，要铺若干的小席子，供人坐在上面。要注意的是，席子一定要摆正，否则便不合礼数，孔子曾说“席不正，不坐”。布置席位时，要按照方位分为主席、宾席、尊席、正席、偏席等，主宾不能随意乱坐，要按照身份、地位等入座。

10. 坐姿有何讲究？

坐姿分为“经坐”“跽坐”“趺坐”等。经坐，又称危坐，是古人标准的有礼的坐姿，即两腿并膝着地，后臀部紧贴脚后跟，腰板挺直，目光平视。跽坐，又称跪坐，即由坐而跽，上身挺直，双手放膝上，目不斜视。趺坐，即双足交叠，盘腿而坐。此外，还有“箕踞”，即双腿像簸箕一样打开而坐，这是一种不符合礼仪的坐法，在公共场合不可这样坐。

11. 如何站立才符合礼仪？

《礼记·曲礼》中载“立必正方，不倾听”，要求站立要挺拔端正，面向一个方向，不摇头晃脑、左右倾听。《弟子规》中载“勿践阈，勿跛倚”，意思是站立时不要踩践门槛，不要用一条腿支着另一条腿使身体发斜。总之，站立时要正直，不乱晃，不倚靠，应有一种优美挺拔、精神饱满的体态，且要注意站立的地方是否适宜。

12. 走得快不合乎礼仪吗？

关于行走，东汉刘熙《释名》中载“两足进曰行，徐行曰步，疾行曰趋，疾趋曰走”。在不同的场合，关于行走的礼仪不同。在堂上、屋内，走路要缓慢，不能“趋走”，不能飞奔。但如果在尊长、贵宾面前走过时，要快速趋走，以这种小步快走的方式来表达对尊长、贵宾的礼敬。所以，并不是走得快就不符合礼仪，应该根据不同场合来决定行走的快慢。

13. 与人交谈时要注意哪些礼节？

《礼记·少仪》中载“不窥密，不旁狎，不道旧故，不戏色”，意思是与人交流时，要做到不窥探他人的秘密，不与人过分亲热，不揭露别人以前的短处，不嬉笑侮慢。《礼记·少仪》中还要求“言语之美，穆穆皇皇”，说话时要堂堂正正、恭敬温和。此外，还要注意不夸大自己说出的话，要注重诚信，“言必信，行必果”“言忠信，行笃敬”，因此说话时要谨慎。

14. “将命者”是一种什么角色？

《仪礼》中对士人相见时的礼仪进行了规范。士人相见，求见者要提前约见，请以为中间人——“将命者”——从中沟通，切不可贸然闯入他人家中。求见者得到对方的同意之后，要带着“挚”礼亲自登门拜访。两方相见之后，被登门拜访者要对求见者进行回访，将收到的“挚”礼亲自奉还，以表恭敬、谦虚。

15. “三拜九叩”“顶礼膜拜”究竟如何？

三拜九叩是一种大礼，通常是在觐见帝王和进行祭祀时采用。“拜”，即为两手合于胸前，头低到手。“叩”，即为跪在地上不起身，用头叩触地面。“顶礼膜拜”是佛教的最敬礼，“顶礼”，即为跪下双手伏地，用头顶着受礼人的脚；“膜拜”，即为两手加额，跪下叩头。“三拜九叩”“顶礼膜拜”都是最高的敬礼。

16. 揖手礼、拱手礼分别在什么情况下使用？

古代士人见面会行礼，通常分为揖手礼、拱手礼。揖手礼，就是身体直立，两臂合拢向前伸直，右手微曲，左手附其上，两臂自额头下移至胸，同时上身鞠躬，对比自己地位高的人行礼采用这种礼节。如果两人地位差不多，就可以行拱手礼，即身体直立，两臂合拢向前伸直，右手微曲，左手附其上，但身体和胳膊不用动。

17. “我”的谦称有哪些？

表达自己不够贤能，可以谦称自己为鄙人、敝人、愚兄、愚弟、不才等。以辈分高低来谦称自己，可为老粗、老朽、老身、小侄等。以地位卑下来谦称自己，可为在下、小可等。读书人自谦可为弟子、学生、小生、晚生、不肖等。官吏自谦可用下官、小官、卑吏、卑职等。

18. 对外提及自家人应使用哪些称谓？

称自己的父亲可为家父、家严或家君；称自己的母亲可为家母或家慈；称自己的兄弟姐妹可为家兄、舍弟、家姐、舍妹；称自己的妻子可为内人、拙荆、山荆；称自己的儿子可为犬子、豚子、犬儿、小子；称自己的女儿可为小女。

19. 如何称呼外人的家人？

称对方的父亲可为尊父、令父、令尊、尊翁、尊公、尊甫、尊君、乃尊、尊大人；称对方的母亲可为令堂、令慈；称对方的兄弟姐妹可为令兄、令弟、令姊、令妹；称对方的妻子可为令正、令爱、令妻；称对方的儿子可为令郎、令嗣、哲嗣、少君、公子；称对方的女儿可为令爱、令媛；称对方的女婿可为令婿、令坦。

20. 古人的名、字、号有什么讲究？

古人的名是父母所起，成年之日取字，后自号。名为自称，或者由尊长来称呼，不可对同辈或长辈直呼其名。称呼同辈、长辈和应尊重的人，应当称他们的字、号，以表示尊重。《三国志》中记载马超给刘备上书道：“臣门宗二百馀口，为孟德所诛略尽……。”如此可见，即便马超全家被曹操所杀，在这种仇恨下，马超仍不失礼地称曹操的字，未直呼其名。

21. 古人信件末尾通常写些什么？

写一封信时，启语可用“见字如面”“见信佳”等，信尾要有用来表达尊敬、祝福和期待收到回信的语句。比如，可用“谨付寸心，希垂尺素”“临颖依依，不尽欲白”“纸短情长，伏惟珍重”“翘企示复，铭感不已”“楮墨有限，不尽欲言”“敬申寸悃，勿劳赐复”“驰函寓意，伫望示复”“聊布往怀，君其详之”“浅陋之见，伏候卓裁”“拜书以闻，企盼还云”“投笔伤情，临书惘惘”“暂书至此，不复一一”“临表涕零，不知所云”“多劳费心，至纫公谊”“海天在望，不尽依迟”“敬希赐复，顺颂时祺”。

22. 什么是“三朝礼”？

三朝，是指婴儿出生的第三天。在这一天，婴儿要接受外婆家的赠礼，称为“三朝礼”。外婆家要送给婴儿四季衣物、兜蓬、尿布、摇篮等，如果家庭富裕还可送金银项圈、金银手镯。此外，还送彩饼、红蛋等，以示吉利。婴儿家要设置筵席，招待前来贺喜的人。落脐、炙囟、开奶、“洗三”等仪式也在这一天举行。

23. 男子成年要行什么礼？

按照周朝制度，男子二十岁要行冠礼，意味着成年。冠礼并不是在生日这天行礼，而是由父亲请人卜卦确定吉日，并确定主持冠礼的人——“大宾”。到了吉日这天，在家庙中举行仪式，被加冠者穿童子服并跪坐在席上，司仪将被加冠者的头发梳成大人模样，大宾诵读祝词，为其戴缁布冠。之后，被加冠者换上成年衣服，向在场的人致意，此为“初加”。类似仪式还须重复两次，第二次加戴皮弁冠，为“再加”；第三次加戴爵弁，为“三加”。三加冠礼完成之后，表明被加冠者已具备成人、服兵役、参加祭祀的资格。此后，被加冠者拜见母亲，参加筵席。

24. 女子成年要行什么礼？

按照周朝制度，女子约十五岁要行笄礼，意味着成年。此礼通常在订婚之前举办。如果女子尚未有想要订婚的人家，此礼也可延期至二十岁。举办笄礼，首先由女子的母亲出面请人占卜吉日，邀请主持笄礼的女宾，其他流程与行冠礼相似。在行笄礼前的三日要戒宾，前一日要宿宾。

仪式上，初加要加发笄、罗帕、素色襦裙；再加要加发簪、曲裾深衣；三加要加钗冠、大袖长裙礼服、佩绶等饰物。

25. 古代婚姻有“六礼”，都是什么？

婚姻“六礼”，即为纳采、问名、纳吉、纳征、请期、亲迎。纳采，即为“提婚”，男方家派人带着礼物去提亲，如果女方家收下了礼物，代表着同意了这门婚事。问名，即为“请庚”，男方家请媒人到女方家询问女方的名字、出生日期等信息，女方将信息写在庚帖上，男方收到后“合八字”，如果八字相合，则进行下一步流程。纳吉，即通过占卜预测两人婚姻是否和顺，若是吉兆，便向女家道喜。纳征，即为送聘礼，因为聘礼中少不了茶叶，也称“茶礼”。请期，即男方家请人占卜选择成婚的吉日，并告知女方，若女方同意，要送雁为礼。亲迎，就是迎亲的仪式，各地风俗不一。

26. 婚礼仪式上的“撒帐”要撒什么？

“撒帐”是古代婚礼仪式上的一个环节。新婚之夜，新郎和新娘一起坐在新床上，人们将同心金钱、五色彩果抛撒在新人身上，称为“撒帐”。或者是在入洞房之前，人们提前将枣、栗、花生、石榴、糖果、核桃等撒在床上。枣和栗代表着“早立子”，花生意味着“生子生女”，石榴意味着“多子”，糖果意味着“甜蜜美满”，核桃意味着“情比金坚”。

27. 女子结婚后“回门”是婚礼的一部分吗？

“回门”也是婚礼的一部分，是在婚礼的第三天，新郎陪同新娘携带礼物回娘家，新郎拜见岳父岳母，表示感谢；新娘拜见父亲母亲，表达感激之情。长辈设宴招待新人。新娘通常要在家住上一晚，新郎则不能在岳父岳母家居住。宋代称“回门”为“拜门”。清代北方称其为“双回门”，南方称其为“会亲”。“回门”仪式完成后，婚礼才算告一段落。

28. “复者”是做什么的？

《仪礼·士丧礼》载“复者，有司招魂复魄也”。人死后，家人先要为其招魂，称为“复”，专门从事招魂的人被称为“复者”。复者手持死者生前衣物，从屋前爬上屋顶，向北呼唤死者的姓名，呼唤三声之后，认为魂灵已回归，之后将衣物盖在死者身上。

29. 吊唁期间有何讲究？

吊唁，是亲友上门哀悼死者并慰问丧家的礼仪。宾客上门吊唁时，丧家家属跪于灵案西侧答礼。吊唁期间有很多禁忌，比如不可洗脸，妇女要素面，吃素，哭声要不绝，宾客吊唁时也要大哭。在得到报丧信息之后，如果不去吊唁，丧家会与之绝交；如果路途遥远不便前去吊唁，要书信致哀，无书信，丧家也会与之绝交。

30. 婴儿百日时为什么要穿百衲衣？

百衲衣，也称“百岁衣”，是由多种颜色的布料缝制而成，在婴儿诞生百日之时穿着。由于百衲衣像僧人穿的僧衲，因此得名。百衲衣并不是一百种颜色，而是用来制衣的碎布要从其他人家讨得，但并不非得是一百家，原则上越多越好。但这些花布中紫色的布最难讨得，因为“紫”与“子”同音，谁也不愿意将“子”送人。百衲衣有祝福婴儿无病无灾、长命百岁的寓意。

31. 古代开学第一课是什么课？

古代开学第一课是教学生“正衣冠”，因为古人认为应“先正衣冠，后明事理”。入学当日，学童站在一起，先生依次为他们整理好衣冠，之后学童排队由先生带领进入学堂。其原因在于，一是学堂作为传道授业的神圣场所，衣冠不整是对学堂的不尊重，所以要“正衣冠”；二是衣冠整洁代表着知礼懂礼，礼在古代尤为重要，要学礼才能学习其他知识。

32. 什么是“束脩六礼”？

如今在新闻上可以看到有的学生在毕业后会送给老师“束脩六礼”，以示感激之情。实际上，“束脩六礼”要在入学拜师时相送。“束脩六礼”为肉干、芹菜、龙眼干、莲子、红枣、红豆六种礼品。肉干，表示感谢师恩，并有作为学费的意思；芹菜，表示自己一定会勤奋学习的决心；龙眼干，表示希望在老师的帮助之下自己能够目明心亮；莲子，表示老师有高洁的品格；红枣，表示在老师的教导下自己早日高中；红豆，表示对老师的崇高敬意。

33. 什么是开笔礼？

开笔礼是入学仪式的最后一个环节。学童在先生的指导下，写下人生中的第一个字，这个字并不固定，但往往简单，却意义非凡。在开笔礼前还会进行“朱砂开智”“击鼓明智”。“朱砂开智”，即在学童的眉心处点上一颗红“痣”，寓意为学童开启智慧。“击鼓明智”，即通过击鼓声来警示学童，使学童对读书更加重视、更加刻苦。

34. 两千年来几乎从未间断的祭祀之礼是什么？

祭孔是为尊崇与怀念至圣先师孔子而举行的祭典，两千年来几乎从未间断。《礼记·文王世子》载“凡始立学者，必释奠于先圣先师”。孔子死后第二年，鲁哀公将孔子的故宅辟为寿堂，用来祭祀孔子，是为世界上第一座孔庙。1700年间，有12位帝王到过孔庙祭祀孔子，并留下碑文。早先，祭孔分为春秋两次大祭，秋祭最为隆重。后来，人们将祭孔定为农历八月二十七日，即孔子诞辰。

35. 古人为什么不爱理发？

在《礼记》中，孝德被认为是诸德之本。古人云“百善孝为先”，中华民族自古以来就将“孝”看得尤为重要，这也是中国礼仪之邦源远流长的根本之一。《孝经·开宗明义》载“身体发肤，受之父母，不敢毁伤，孝之始也”。孝顺的方式有很多种，不损伤父母给的身体发肤是最基本的，因此古人不愿意理发，认为理发是对父母的不孝顺。

36. 孝敬父母首先要做到哪一点？

孝敬可分为“孝”和“敬”，古人认为孝是建立在敬的基础上的。《论语·为政》中载：“今之孝者，是谓能养。至于犬马，皆能有养。不敬，何以别乎？”曾子曰：“君子之孝也，忠爱以敬，反是乱也。”由此可见，孝的前提是敬，如果不尊敬父母，即使供养父母，也不能称为孝，与牛马供养双亲无异。

37. “文质彬彬”中的“文”和“质”是什么意思？

《论语·雍也》载“质胜文则野，文胜质则史。文质彬彬，然后君子”。孔子认为，质胜于文就会粗野，文胜过质就会轻浮，只有文质彬彬，才能称为君子。那么一位谦虚懂礼、文质彬彬的君子，要做到的“文”和“质”是什么意思呢？“文”就是文化的修养，“质”就是质朴的品质，一个人既要提升文化修养，又不能将质朴的品质丢失，只有保持两者的均衡，才能成为君子。

38. 古人收了礼后为什么要退回去？

古人初登门拜访时候，不能空手拜访，要携带“贽”礼。根据不同身份，男子要携带玉帛之类的贵重礼物或者禽鸟之类的青礼，以彰显其礼；女子要携带榛栗枣脩，以表示虔诚。主人收到客人的礼物后，要进行回礼，将收下的原贽带去退还。只有尊长可以受贽不退，或是纳彩礼、拜师贽见礼等可以不退，其余几乎都要退还。

39. 什么是“拥彗之礼”？

古代士大夫进行拜访，要提前将用竹木制成“谒”投递给要拜见的主人，如果主人接受了“谒”，才可以登门拜访。按照传统礼仪，客人到达之时，主人要安排仆人手持扫帚躬身在门口迎接，表示家中已经打扫干净了，恭迎客人来访。这就是“拥彗之礼”。《汉纪·高祖纪》就有记载：“后上朝太公，太公拥彗迎门，却行欲拜。”

40. “茶不可斟满”是何种礼仪？

“浅茶满酒”“茶满欺人，酒满敬人”并不是中国传统的礼仪。关于“浅茶”一说最早见于陆羽的《茶经》。《茶经》载“茶性俭，不宜广，广则其味黯澹……”，意思是茶叶中可溶于水中的物质不多，不宜用太多的水来泡，否则会使茶的味道变淡。由此可见，“浅茶”一说是从茶艺方面提出的，并非从礼仪的角度提出的。后来，人们将其延展到礼仪层面，认为将茶斟满会有“黯澹”之嫌，是对客人的不尊重。

41. 天子拜访普通民众需要带礼物吗？

天子到普通人家访问，是普通人家的荣幸，当然不需要携带礼物，但有一种特殊情况：如果天子要去九十岁以上的老人家里拜访，依礼需要携带礼物。这是古人“尊老”的体现，天子也不能例外。古人对老人特别尊敬，比如：八十岁的老人可以在朝廷上扶杖；年老的官员可以在宫中乘车轿上朝；汉代时会举行三老五更之礼，皇帝亲自为老人夹菜、敬酒。

42. “鹿鸣宴”因何得名？

鹿鸣宴在唐代时兴起，是地方官员以乡饮酒礼宴请乡试新科举子以及考官、学官的宴饮活动。鹿鸣宴上，“会属僚，设宾主，陈俎豆，备管弦，牲用少牢（羊和猪），歌《鹿鸣》之诗”。正是因为在宴会上“歌《鹿鸣》之诗”，因此被称为“鹿鸣宴”。宋代，为文武两榜状元所设的宴席，也称为“鹿鸣宴”。

43. 为什么将宴饮之礼称为“酬酢之礼”？

古代举办宴饮时，主人以酒敬宾客称为“献”，宾客回敬称为“酢”，主人劝宾客饮酒称为“酬”，因此宴饮之礼称为“酬酢之礼”。如果宾客太多，主人无法一一敬酒，但又不能让宾客自饮自酌，便会在各桌安排一人替主人敬酒。有的富贵人家还会在宴席上邀请伶人献艺，以助酒兴。

44. 书信的提称语该如何写？

称语是书信中提高称谓的语词，用于信的开头称谓之后。对不同的人要用不同的提称语：给父母写信，提称语可用“膝下、膝前、尊前、道鉴”；给师长写信，提称语可用“函丈、坛席、讲座、尊鉴、道席、撰席、史席”；给长辈写信，提称语可用“几前、尊前、尊鉴、赐鉴、尊右、道鉴”；给同辈写信，提称语可用“足下、阁下、台鉴、大鉴、惠鉴”；给晚辈写信，提称语可用“如晤、如面、如握、青览”；给女性写信，提称语可用“慧鉴、妆鉴、芳鉴、淑鉴”。

45. 书信的启禀词该如何写？

启禀词是在信的末尾，衔接于署名之后的敬语。对不同的人要用不同的启禀词：给父母写信，启禀词可用“恭请、福安、叩请、金安、敬叩”；给师长写信，启禀词可用“敬请、教安、敬请、教祺、敬颂”；给长辈写信，启禀词可用“恭请、崇安、敬请、福祉、敬颂”；给平辈写信，启禀词可用“顺祝、时绥、即问、近安、敬祝”；给女性写信，启禀词可用“敬颂、绣安、即祝、壶安、恭请”。

46. “男女授受不亲”这种礼仪源自何处？

“男女授受不亲”这句话最早出自《孟子·离娄上》：“淳于髡曰：‘男女授受不亲，礼与？’孟子曰：‘礼也。’”意思是淳于髡问男女之间施与和接受动作之间不能有身体接触，符合礼仪吗？孟子说，是礼仪。《礼记·曲礼》载：“男女不杂坐，不同施枷，不同巾栉，不亲授。”由此可见，男女有别的观念自古已有，一直延续到西方开化思潮传入中国之前才有所减弱。

47. “结发夫妻”真的要“结发”吗？

汉代苏武在诗中写道：“结发为夫妻，恩爱两不疑。”真的有夫妻结发这种仪式吗？有。古时女子在许嫁之后，要将头发盘起，以示已有婆家；男子在行冠礼时把头发盘成发髻。成婚之时，他们就床而坐，男左女右，共髻束发，新郎为新娘取下扎头发的簪子，然后各自在鬓角处剪下一绺头发，将其缠绕打结，寓意永结同心。

48. 古人为什么不屑穿两只颜色、款式不一的鞋子？

如今有些年轻人会穿颜色、款式不一的鞋子，这种鞋被称为“鸳鸯鞋”，古人对此十分不屑。即使是贫穷的人家，宁可穿草鞋，也不愿意穿“鸳鸯鞋”。因为古人对礼仪十分看重，认为“鸳鸯鞋”不伦不类，有失礼仪，只有穿正脚鞋才符合礼仪，才能走好人间正道。不仅如此，鞋子也是身份等级的象征，古代不同身份的人所穿鞋子的颜色、材料、规制都有明确要求。

第九章

朝廷制度篇

1.“皇帝”这一称号有何来历?

“皇帝”这一称号来自“三皇五帝”。秦王嬴政统一六国后，自认为功德超过“三皇五帝”，于是取“三皇”中的“皇”，“五帝”中的“帝”，合为“皇帝”。自此,“皇帝”一词便成为空前统一的郡县制王朝最高权力和最高政治首脑的称号。皇帝一人统治天下，天下万物均为他所有，亦可决定生杀、富贫等，被赋予了神圣不可侵犯的地位。

2.“禅让制”是怎样的制度?

“禅让”是指领导者生前把首领的位置转让给别人。所谓“禅让”，分为“内禅”和“外禅”。“内禅”是指皇帝将帝位让给同一姓氏的人，“外禅”是指皇帝将帝位让给外姓的人。相传尧死后传位给了舜，舜去世后传位给了禹，这种让位便叫“禅让”。但在中国历史上，从禹传位给儿子启开始，禅让制已经名存实亡，变成了世袭制。

3. 科举制度是从什么时候开始的?

科举制度始创于隋朝，是通过考试来选拔官吏的一种制度。它采用分科取士、士子应举、学子“投牒自进”的方式，所以叫作科举。科举考试不必非得由大臣们推荐，这也是科举考试的一个重要特点。科举考试虽然是隋朝始创的，但是完善于唐朝，兴盛于明清，历时1300年，是很多底层读书人实现理想抱负的一个重要途径，为国家选拔出了众多贤能的人。

4. 秦代采用什么赋税制度?

秦代采用的是赋税、徭役并行的制度，即以田租、口赋和其他杂税为主，并以徭役制度为辅，构建了秦代完整的赋役制度。所谓田租，就是以田亩的多少为准绳的土地税；口赋则是收钱不收粮，也可用谷和布帛折纳；其他杂税包括关市税、商品税和山海池泽之税等。这些税收制度的建立，更好地维护了朝廷的利益。

5. 汉代徭役主要有哪几种类别?

汉代徭役中主要有更役、正役和戍役这三种类别。更役，即每年服徭役一个月，亲自服役的称为“践更”，也可雇人服役，称为“过更”；正役，即服兵役两年，一年在本郡为步兵、水兵或者骑士，另一年在京师屯戍；戍役，是指服正役的人在边郡屯戍一年。另外，汉代还有“居役”，即以徭役抵罚款、抵赎金和抵债的劳役的总称。

6. 明代的鱼鳞册是什么?

明朝在朱元璋的治理下，经济快速发展，在赋税方面也有了转变。鱼鳞册便是他制定的关于土地方面的税收制度。鱼鳞册也叫“鱼鳞图”，因其形状酷似鱼鳞而得名。它是将田地山塘按顺序依次编辑成册，再标明每块土地的编号，拥有者的姓名等，这样就形成了一个完整的土地登记册。它的编制使得征收有了实际的根据，在一定程度上规避了有产无税或无产有税的缺点。

7. 清朝徭役中最有特色的兵役是什么?

清代徭役中最独特的兵役就是以八旗军组成的兵役。所谓八旗军是由努尔哈赤整编，将满族、蒙古族、汉族分别用正黄、正白、正红、正蓝、镶黄、镶白、镶红、镶蓝 8 种颜色的旗作为标志，也称为“满八旗”。八旗军平时为民，战时为军，是军政合一的一种兵制。皇太极即位后，又扩大了兵源，创建了 24 旗，且世代相袭。

8. 圣旨中的“奉天承运，皇帝诏曰”是什么意思?

在古装影视剧里，我们经常能听见圣旨中的“奉天承运，皇帝诏曰”这句话。其实最早使用这句话的皇帝是明太祖朱元璋。朱元璋在南京称帝后，在那里建了一座规模最大的处理朝政的大殿，取名“奉天殿”，而“奉天承运”的“奉天”指的就是奉天殿。这句话用白话文翻译过来就是“遵照上天的命令而承世运之道的皇帝下诏书说”。后来的清朝也延续使用这句话。

9. 清代后宫嫔妃的称谓都有什么?

在清朝，皇帝的后宫有很多嫔妃，她们有不同的称谓和上下等级。清朝的后妃制度一共分为 8 个等级，从高到低分别是：皇后、皇贵妃、贵妃、妃、嫔、贵人、常在、答应。乾隆以后，后妃制度愈来愈完善，妃嫔的数量也有了规定，其中皇贵妃 1 人、贵妃 2 人、妃 4 人、嫔 6 人，其余则无定数。

10. “皇后”这一称号是从哪儿来的?

“皇后”这一称号是由秦始皇制订的。秦始皇统一六国后，改称号为“皇帝”，把皇帝的正妻称为“皇后”。直到汉朝，后妃的制度才逐渐完善。“后”这个字在甲骨文里是左下方一个口字，右上方类似一个树杈，但金文中将甲骨文的“后”字镜像翻转，树杈在左上方。随着文字的演变，逐渐演变成我们现在用的“后”。“后”在上古时代一般指女性首领，所以，“皇后”也引申为帝王的正妻等意。

11. 为什么龙袍要绣九条龙呢?

龙袍是皇帝的朝服，上面绣着龙的图案，因此得名龙袍。在《周易》的影响下，龙袍一般都是绣 9 条龙在衣服上，因为皇帝们都非常崇尚“九五之尊”。《易经·乾卦》中说：“九五，飞龙在天，利见大人。”意思是说这条龙已经飞上了天，到了大展宏图的时候了。也有皇帝例外，其龙袍上多于 9 条龙，他就是明朝的万历皇帝。1958 年出土的万历皇帝的缂丝十二章衮服上共有 12 条龙，被称为“团龙”。

12.“万岁！万岁！万万岁”出自何处？

如今的“万岁”一般都用作祝颂词，有永远存在的含义。可在古代封建社会中，只有皇帝能称为“万岁”。至于“万岁！万岁！万万岁”的来源，是一个与武则天有关的故事。相传武则天称帝后，非常喜欢听别人吹捧她，但她自己又不能表现得太过明显，她便想了一个办法。朝堂上她出了一个题目：“玉女河边敲叭梆，叭梆！叭梆！叭叭梆！”让大臣们作答。大臣们抓耳挠腮也没有想出来。这时有位大臣看出了武则天的心思，说：“金銮殿前呼万岁，万岁！万岁！万万岁！”武则天大为高兴。从此，这句“万岁！万岁！万万岁”便流传于朝堂之上。

13.“江山社稷”中的“稷”是什么？

对于中国古代帝王来说，一个国家的版图和百姓的生计便是江山社稷。江山，即国内的所有江河和山川，多指国家的政权；社，即土，在古代是祭祀土地神的地方；稷，即谷，是一种农作物。古人通常将百谷之长的粮食称为稷，因此帝王将其奉为谷神。在祭祀时，因“社”和“稷”相近，人们便一起祭祀它们，久而久之，逐渐形成“社稷”这样的概念。

14.皇帝的墓为什么叫“陵”？

皇帝是封建社会的九五之尊，是一切的统治者，当统治者死亡时，他们的墓穴自然不能与其他人相同。他们即便死后也要享受至高无上的权力带给他们的荣耀，所以一般皇帝去世时，墓穴的规格和生前所住的皇宫相差不了多少。墓地不仅地域广阔，封土也高如山陵，因此帝王的坟墓被称为“陵”。

15.宦官是太监吗？

当我们在谈论一个朝代末期的时候，经常会出现“宦官专权”的字眼，有的人认为宦官就是太监。但其实不然，两个词在本质上还是有区别的。“宦”是星座的名字，“宦者四星在帝座之西”说的是“宦这四颗星星在帝座的西南侧”，表示服侍帝王的人。在东汉时期，全部使用阉人来当宦官。至于太监，在辽代时只是一个普通的官职，并不需要生理阉割。直至清朝，将宦官统称为太监，两个词也就变成相同的意思了。

16.大理寺相当于现在的什么机构？

大理寺相当于现在的最高人民法院。在古代这是一个重要的官署名，专门负责牢狱案件的审理。在秦汉时期，又叫作廷尉，到北齐的时候，廷尉正式改名为大理寺。到唐朝时，刑法已经很健全了。大理寺可以对各地的司法案件进行复审，复审完毕的案件，要五位寺丞一同画押才能生效，如有不同意见，也要画押才具有法律效应。直至清朝，大理寺更名为大理院，民国时期也还在沿用。民国中期，受到西方文化影响，类似机构更名为最高人民法院。

17.宰相制度的优缺点是什么？

在明朝之前，所有朝代均设有宰相一职，帮助皇帝处理国家事务，减轻皇帝负担，这也是宰相制度的优点之一。还有一个优点便是可以平衡皇权和相权之前的矛盾，协调各方利益，维护国家稳定。但在朱元璋统治时期，宰相的缺点开始逐渐显露出来：一是宰相权力过于集中，容易以权谋私，甚至干预皇帝的判断，不利于国家的发展；二是宰相制度也容易导致部分官员处理事务懒散，依赖宰相，行政效率大大降低。

18. 监狱是谁创造的？

西汉史游《急就章》记载：“皋陶造狱法律存。”《广韵》中也有记载：“狱，皋陶所造。”中国古代的监狱一般都认为是皋陶所创。相传，皋陶是尧、舜、夏禹时期掌管刑法的士师，为人正直，深受百姓爱戴。为了社会和谐，他制定了最早的中国司法体系，并坚持公平公正地对待每个人。皋陶被后世尊为“中国司法始祖”。

19. 什么是“点视制度”？

点视制度，即清点牢狱中的人数，以及定期巡视监狱中的情况。西汉时期就已经采取了每日清点人数的监狱规则，称为“呼囚”。到明清的时候，在点视制度的基础上，又建立了提牢制度，两者相结合，使监狱制度更加完善。此外，如果因忘记点视而产生的失囚、错禁、死囚等事故，牢官和狱卒都要承担相应的责任。

20. 古人如何惩治越狱、劫狱？

在古代，无论是越狱还是劫狱都会受到严厉的惩罚，因为这不仅破坏了监狱制度，也是对刑法的挑战。越狱，一般是指囚犯本人通过暴力手段或者其他方式逃出牢狱的行为。劫狱，是指他人暴力劫走囚犯的行为，性质比越狱恶劣，所以惩罚也是非常严厉的。越狱者判处流刑，如过程中造成人员伤亡，则惩罚更加严重，甚至会被判处死刑。

21. 我们以前说“劳改犯”，古代就有“劳改犯”吗？

我们经常说的“劳改犯”，其实在古代很早时便已经有了，称为“刑徒”。劳役制度是监狱不断发展的结果，早在商朝时，便已经有了萌芽之势，到西周时期，才开始制度化。《周礼》的记载：“以圜土聚教罢民。凡害人者，置之圜土而施职事焉，以明刑耻之。”“施职事”便是强制犯人通过劳动来改造。春秋战国时期，也把传统的肉刑改为役作刑。可见刑罚的改变直接推动了监狱形式的变化。

22. 在古代就有“民不举，官不究”的说法吗？

其实在古代就有“民不举，官不究”的说法。古代将民事纠纷称为“细故”，实行的是“民不举，官不究”的做法，一般只要当事人不向官府提起诉讼，官府就不会介入，只需要当事人以口头或者书面的形式告诉官府就可以。另外，民事纠纷一般都会由基层官府审理，原告需要到被告所在的地方县级官府提起诉讼，如果被告所在的地方县级官府不予受理或不接受异地诉讼，朝廷会给予严重的惩罚。

23. 隋唐实行三省六部制中的三省六部分别负责什么？

三省六部是我国古代最为严谨的一套组织结构体系，它始建于隋朝，唐朝进一步完善和确立，此后历代都进行了改善，便形成了我们所熟知的三省六部制，此制度一直延续到清朝末期。三省是中书省、门下省、尚书省，六部是指尚书省下面的六个部，分别是吏部、户部、礼部、兵部、刑部、工部，每个部又分为四个司，共为二十四司。三省六部主要负责中央政治政策的制定和执行，记录不同时期君主专制政策的调整和修改。三省六部制虽然已经退出历史舞台，但在如今国内外推行的大部制改革中，还是能看到此制度的影子，对中国甚至全世界都有着深远的影响。

24. 三公九卿制，其中的“三公”“九卿”具体是指什么？

三公九卿制早在秦朝便已经存在，秦始皇统一六国之后，不断吸收总结各国的政策，最后设立了三公九卿制。虽然在秦朝三公和九卿的具体称谓无法确定，但是汉承秦制，到了西汉汉武帝时期，三公九卿就有了具体称谓。三公指丞相、太尉和御史大夫；九卿指奉常、郎中令、卫尉、太仆、廷尉、典客、宗正、治粟内史、少府。

25. 元朝为什么要实行行省制？

元朝实行行省制主要是为了加强中央集权、巩固统治以及治理多民族统一发展。此制度的出现为现代中国行政制度提供了一定参照。忽必烈建元后，在全国建立了10个行省，其中山东、山西、河北和内蒙古等地则称为“腹里”，由中书省直辖管理。这些行省具有两重性，有地方最高官府性质，又有中央委派的性质。

26. 明代内阁制是怎样的一种制度？

明朝的内阁制度是中国封建社会政治制度的重要组成部分，而对于明朝来说，是不可忽视的一种管理国家政事的制度。明成祖朱棣时期，为了进一步巩固皇权，他废除了中书省，正式确立了内阁制。内阁成员由皇帝亲自挑选，主要负责起草诏令、参与重要决策等。内阁和宰相不同的是内阁制只有建议权，没有决定权，最终的决策权还是在皇帝手中。

27. 雍正为什么要设立军机处？

雍正设立军机处，缘于一次战争。在雍正七年（1729）时，清朝和准噶尔爆发战争，军情如火，需要快速且保密地呈到皇帝面前。可当时皇帝在养心殿处理事务，要想到达养心殿，就必须要经过内阁。宫廷重地，手续繁多，容易延误军机，而且也容易泄露机密。雍正帝最后决定在隆宗门附近的墙根下建一排平房，作为军机处，距离皇帝的养心殿不足50米，行政效率大大提高。

28. 谏官制度是从什么时候开始的？

相传，早在舜帝的时候便有“纳言”一职。《尚书孔氏传》说：“纳言，喉舌之官，听下言纳于上，受上言宣于下。”纳言一官也就是谏官的雏形。到了周朝开始设立谏官，其可以直接向最高统治者反映百姓事务以及其他重要情况。此制度自秦汉到唐宋时期盛行。辽以后，谏官名存实亡，最后彻底消失在历史的长河中。

29. 宋代的二府三司制是一种怎样的制度？

在宋朝，二府三司制是为了削弱相权，加强中央集权而设置的政治制度。二府，即丞相府和御史府；三司，即太尉、司徒、司空三个部门。他们的权力相互制衡，大权则掌握在皇帝手中。此制度的设立不仅加强了皇权，还更好地管理了国家的军事、民政等方面的事务。更重要的是皇帝可以对地方进行控制，防止地方势力过大，以维护国家统一。

30. 汉代实行内外朝制是利是弊?

内外朝也叫中外朝，是西汉汉武帝创立的。为了不受丞相的牵制，汉武帝挑选了一些亲信在宫廷之内和他进行决策，然后再交给宫廷外的文武百官去执行。久而久之，宫廷之内的人便形成了内朝，而外面的三公九卿就组成了外朝。虽然丞相的权力削弱了，但是出现一个非常大的弊端，那就是内朝的权力越来越大，和皇帝亲近的宦官和外戚成了朝廷的主宰，给皇权带来了新的威胁。

31. 西汉实行郡国并行制，有利于国家统一管理吗?

郡国并行制指的是实行郡县制的同时又有分封制的存在。汉高祖刘邦时期，实行的就是郡国并行制，一方面设郡，另一方面分封同姓诸侯和异性诸侯。其实，这有很大的弊端，各地诸侯国有自己的兵权和财权，容易造成割据势力的出现，由于中央政府不干涉地方事务，更加不利于国家统一管理，为西汉灭亡埋下了祸根。

32. 明代为什么要实行僧官制?

僧官制度是明朝时期明太祖朱元璋为加强中央集权而建立的制度。明朝的僧官制度有一套完整的体系，包括对僧官的设职、职掌等方面。明朝建立之初，也把西藏纳入国家管理之中，可见明朝对收复吐蕃的决心。收复吐蕃后，对于管理方面僧官就有了用武之地。明朝的僧官制度巧妙地化解了宗教和民族之间的矛盾，有效加强了中央集权，宗教的发展也服从了中央管理，对后世有非常大的启示作用。

33. “黥刑”这种刑罚的杀伤力有多大?

黥刑又叫墨刑，是古时候的一种刑罚，即在犯人脸上刺字并抹上墨，使犯人永远无法擦洗掉。这种刑法的杀伤力除了身体上的疼痛外，还会给人带来精神上的羞辱，并对其他人产生震慑性，能够使犯人严格服从管理。到了宋代，人们已经熟练掌握黥面的技术了，便把这一技术用到了军队中，许多将士为表抗金的决心，毅然决定在脸上刺字。后来黥面又演变成黥臂膀和黥手背，成为管理军队的一种手段。

34. 莫言写过一本《檀香刑》，真的有这种刑罚吗?

檀香刑是一种残酷的刑法，莫言在书中描述的此刑的过程也令人寒毛直立。檀香刑指的是将削尖的檀香木用水煮软后，穿入犯人的身体，从肛门进入，在不破内脏的情况下，洞穿到后颈，并要求犯人存活四天。如果施刑人技术好，檀香木最后会从嘴里出来。可见此刑罚的残酷。不过在中国历史上还没有这种刑罚的记录，倒是在欧洲史上有类似的酷刑，不过用的不是檀香木，而是一根木棍。总之，此酷刑的残忍程度真是令人发指。

35. 古代官员犯了罪会被流放，这种惩罚严重吗?

流放在古代是很严重的刑罚，是对身体和心理的双重考验。流放到偏远地区就意味着要和家人、故乡分离，对于重视血缘关系的古人来说，无疑是精神上的严重打击。而且在流放的过程中，还要面临地理环境的不适和毒虫的危害，以及食物的短缺。一些在社会中有地位的人，还要剥削其职位。流放对于这些人来说，相当于被判处死刑，毕竟古代士子将荣誉看得比生命更重要。

36. 从何时起开始有“立太子”这件事？

秦始皇不早立扶苏而导致赵高矫诏传位胡亥，对秦亡有一定程度的影响。汉代统治者吸取这个教训，建立了太子制度，以保证皇权帝位的传承。此后太子制度一直沿袭，长达两千余年。太子制度的基本原则是“立嫡以长不以贤，立子以贵不以长”。但太子制度会导致一些朝堂纷争，比如太子弑父、兄弟相争、搞政治集团等，有伤国本。清朝雍正皇帝创立了密建皇储制度，是对太子制度的一次有效改革。

第十章

职官政事篇

1. 从什么时候起，只有皇帝才能自称“朕”？

《说文解字·舟部》《尔雅·释诂》中均载“朕，我也”，而《史记·秦始皇本纪》载“臣等昧死上尊号……天子自称曰‘朕’”。据史料分析，从秦始皇二十六年（前221）开始，“朕”已定为帝王自称之词。汉代及之后各朝沿袭此种皇帝自称，未做更改。

2. 人们常说“卿大夫”,“卿”和“大夫”有何区别？

西周时期，天子将一些土地分给诸侯治理，诸侯再将一些土地分给卿大夫治理，卿大夫的土地可以世袭。卿大夫是卿和大夫的合称，卿为上大夫，大夫为中大夫、下大夫，卿的级别、地位比大夫要高。秦统一中国之后，卿大夫这一阶层不复存在，分为卿和大夫。卿通常是在中央任职的官员，而大夫多为地方官员。

3. 什么是官，什么是吏？

秦汉之后，官僚制度逐渐完善，官和吏有了明显区别。官有品阶，有流内、流外（一品至九品为流内，九品以下为流外），吏无品阶，是俸禄低微的办事人员。官由中央朝廷直接任命，而吏由地方政府招聘。比如，郡守、郡尉、郡监、县令、县尉均为官，而亭长、主吏掾、县狱掾均为吏。

4. 唐代可以越级诉讼吗？

唐代的诉讼流程分为管辖、起诉、审判、执行。在管辖方面，县为最基层的司法性质管理部门，为第一级管辖机构，只受理处杖刑以下案件；州为二级管辖机构，受理上诉案件；刑部为二级管辖机构，受理徒刑以上案件。原则上，不允许越级诉讼，但对于有重大冤屈的人及其家属，允许越级诉讼，可以向上一级地方政府直至皇帝“直诉”。直诉有“邀车驾”“挝登闻鼓”“上表”等形式。

5. 九卿议刑、三司会审、都堂集议分别是怎么一回事？

在唐代，一般的民事和刑事案件，各级法司可自主独立审判。如果遇到重大疑难的案件，需要进行会审。会审通常分为九卿议刑、三司会审、都堂集议三种形式。九卿议刑，即遇到特别重大的案件时，需要中书、门下四品以上及尚书九卿合议。三司会审，即“三司推事”（上文有介绍，不再赘述）。都堂集议，是最高级别的会审，由皇帝组织重要官员，共同商议重大死刑案件，犯罪主体多为具有特权的官僚贵族。

6. 县令和县长是否一样？

秦汉实行郡县制，县令和县长管理县的行政司法等一切事宜。当时规定，人口万户以上的县，县官称县令，秩六百石至千石；万户以下的称长，秩三百石至五百石。也就是说，管理一万户以上的县称为“县令”，管理一万户以下的县称为“县长”。隋唐时期，统称为“县令”，不再提“县长”这个官职。宋代，县令一职改为“知县”，明清沿袭宋制。

7. 史官记录皇帝的史实，皇帝可以看吗？

中国历代设有史官，一般分为负责记录皇帝言行、政务的起居注史官和专门编纂前代王朝历史的史馆史官。起居注史官所记录的内容，皇帝一般不可阅读。在不同朝代，史官的官职有所不同，有大史、小史、内史、外史、左史、右史、太史令等。史官多具有“秉笔直书”“不掩恶，不虚美”的品格。

8. 刺史的前身是什么？

汉代有刺史一职，负责对地方进行监察，而在秦代却无此官职，当时负责监察地方的官员称为监御史。刺史，就是对监御史的沿袭。汉武帝时期，废诸郡监察御史，将全国分为十五州，在每州设置刺史一职。汉成帝时期，刺史改称州牧，加大了其职权，使其成为地方的行政长官。汉光武帝时期，“罢州牧，置刺史”。隋唐两代，刺史、太守多次换称。宋代，置知州，保留刺史一职，为虚职。

9. 知府和知州谁的级别更大一些？

知府和知州是始于宋代的官职，为知某府事、知某州事，府、州的最高行政长官。通常来说，府的级别要大于州，因此知府比知州的级别要大一些。知府管辖的区域一般比知州大，事务也更繁杂，在司法方面的权力会更大一些。两者之间的相同之处在于，均要贯彻执行上级的政策和指令，推动地方经济发展，保证地方社会安定。

10. 幕僚是官职吗？

幕僚起源于汉代军队。汉代统帅出征时，会招聘一些文职僚属，为自己出主意，帮助自己处理军政事务，称为“开府”“幕府”。汉代之后，除了军队外，各级行政文官衙门也聘用幕僚，后来被纳入国家官僚体系，享有俸禄。幕僚是统称，分为不同的官职，如长史、参军、主簿、记室、录事均属于幕僚。

11. 明清时期的“胥吏之害”是如何产生的？

胥吏是古代各级衙门里充当衙役的人，虽然他们不是官员，但在一方具有很大的权力。官员受中央朝廷调动，往往官变而胥吏不变。久而久之，作为本地人的胥吏势力逐渐扩大、根深蒂固，往往成为一方政权的实际操纵者。由于胥吏没有俸禄，他们通常会滥用权力来欺压百姓、谋取私利，如此便造成了“胥吏之害”。

12. 钦差大臣是一种固定官职吗？

钦差大臣是明清时期一种临时官职，是受皇帝差遣去办理某事的官员。钦差大臣是皇帝的办事代表，其权力和地位显赫。能够担任此官职的人多为皇帝的宠信之臣。钦差大臣这一职位的产生与皇权的过度集中有关。皇帝为了掌握真实情况，处理各种事宜，会频繁派出钦差大臣，这在清朝十分常见。

13. 清代在全国设有多少总督？

总督是清代的官职，是掌管数省的地方大员，为正二品官员。当时在全国共设有十一个总督职位，分别是东三省总督、直隶总督、两江总督、两广总督、闽浙总督、湖广总督、陕甘总督、四川总督和云贵总督，以及负责运输钱粮的漕运总督和负责治理黄河、淮河等河道的河道总督。

14. 清代总督、巡抚、布政使、按察使的职责分别是什么？

总督是管理几省的地方区域最高行政长官，不仅管理一方民政，还管理军政，可以被认为是“封疆大吏”。巡抚是管理一个省的最高长官，巡抚的品级比总督低半级，为从二品，加兵部侍郎，为正二品。布政使，为从二品，负责承宣政令和管理一省财赋，对巡抚的政务得失进行监察，具有密奏权。按察使，为正三品，负责一省的司法工作，布政使无权插手其司法工作。

15. 什么是“道员”？

道员是明清时期的官职，是辅佐布政使的官员。每一省的道员人数不定、职责不定、因事而置，根据布政使的需要，或管理辖区内部分地区，或负责具体某一专门事务，相当于如今某省的公安厅厅长、教育厅厅长等。道员通常为从三品或正四品官员，品阶略高于知府，升一级为按察使或布政使。

16. 朱元璋为什么要设立锦衣卫？

锦衣卫是朱元璋洪武十五年（1382）设立的一个机构，其作用一是作为皇帝的侍卫，与前代的禁卫军作用相同；二是负责政府司法体系之外的司法，可以直接对大臣、武将、百姓进行抓捕、审问；三是为皇帝监察百官。锦衣卫的设立，是朱元璋为了强化皇帝对政权控制的一种手段，有利有弊。

17. 锦衣卫和东厂、西厂的地位孰高孰低？

锦衣卫和东厂、西厂均为明代的特务机构。东厂，全称为“东缉事厂”，由朱棣创立，其厂公由皇帝的亲信宦官担任，既监视文武百官也监视锦衣卫。西厂，全称为“西缉事厂”，由明宪宗朱见深创立，晚于东厂成立，其权力超过东厂，同样负责侦查民臣的言行。到了明武宗朱厚照时期，西厂被取缔。虽然锦衣卫和东厂、西厂都是皇帝的特务机构，但在不同时期，由于锦衣卫和东厂、西厂的首领与皇帝的亲近程度不同，其地位不可同日而语。比如，晚明时期，东厂势力大，锦衣卫指挥使见东厂厂公要下跪叩头。

18. 明代司礼太监的权力有多大？

明代宦官机构中的司礼太监，起初只是负责掌管宫廷礼仪，后来权倾朝野。当时，不设宰相，只设内阁，由内阁大臣在奏折上“票拟”自己的意见，然后呈报皇帝。皇帝阅过奏折之后，会用朱笔“批红”。明代中后期，皇帝懒政，让司礼太监代为“批红”，由此司礼太监获得了极大的权力，可与内阁大臣相抗衡。

19. 大学士有实权吗？

大学士这一官职起源于唐代，有弘文馆大学士、昭文馆大学士、集贤院大学士等，多是一种荣誉性官职，通常由宰相兼任。宋代沿袭唐制。到了明代，朱元璋罢宰相、设内阁，安排翰林学士到殿阁中参与政务，称为“殿阁大学士”或“内阁大学士”，为皇帝的顾问。虽然大学士没有实权，但在明仁宗朱高炽之后，大学士往往兼任尚书、侍郎等重职，握有实权。清代，置三殿三阁大学士，设满人、汉人头目各一人，有实权，相当于宰相。

20. 元朝疆域辽阔，如何进行统治？

元朝早期，蒙古铁骑横扫欧亚，占领了广阔的地域，但由于缺少足够多的蒙古人进行统治，便在统治区设立了由当地人组成的傀儡政权。为了巩固蒙古人的统治，他们在统治区设立了“达鲁花赤”一职，虽然在名义上与当地行政长官平级，但实际权力要大过当地行政长官，为军政的最终裁定者。之后，“达鲁花赤”这一官职一直存在，各级官衙均设置此职，负责监管军务。

21. 北宋的宰相官职不是最高的吗？

《宋史》载，“中书令、侍中、同中书门下平章事，已上为宰相”。北宋中前期，三省长官加“同中书门下平章事”为正宰相，与门下省、中书省总理全国政务，为从一品。参知政事为副宰相，为正二品。其上有正一品的太师、太傅、太保、少师、少傅、少保等。同中书门下平章事始于唐代，北宋初期沿用宰相官衔，到了元丰改制时废宰相。南宋初恢复宰相，乾道时再废宰相。

22. 宋代“两府三司”的最高长官是什么？

“两府三司”中的“两府”，是指掌管政务的中书门下（政事堂，也称东府）和掌管军事的枢密院（西府）;“三司”是盐铁、户部、度支三个官署合并而成，掌管统筹国家财政之事。中书门下的最高长官为同中书门下平章事。枢密院的最高长官为枢密使，枢密副使辅助处理军务，拥有在皇帝授权下的调兵权。“三司”的最高长官为三司使，地位次于中书省，号称“计相”。

23. 集贤相、史馆相、昭文相如何区分？

北宋遵循唐朝、五代旧制，设置集贤院、史馆、昭文馆，用来贮存、修订图书古籍，通常由宰相兼任馆职。以宰相身份兼任集贤殿大学士的，称“集贤相”；以宰相身份兼监修国史的，称“史馆相”；以宰相身份兼昭文馆大学士的，称“昭文相”。集贤相、史馆相、昭文相，由低至高。

24. 观察处置使是什么官职？

观察处置使，也称观察使，是唐代后期的地方军政长官，管辖一道或数州的赋税、民俗等各种事宜，并兼领刺史之职，权力甚大。宋代也设置观察处置使，但已无实权，为虚衔，武官升迁之前的寄禄官。辽、金设置观察使，将其作为政务官，权力不大。元代废除观察使。

25. 节度使是大官吗？

节度使是唐代的地方军政长官，相当于如今的军区司令一职，负责一方的军政。唐玄宗开元年间，设立了碛西、北庭、河西、陇右、朔方、河东、范阳、平卢、剑南、岭南十个节度使，朝廷授予节度使双旌双节，可全权调度。节度使与之后的观察处置使同为负责一方军、政、财等的“封疆大吏”，但节度使的势力比观察使的势力大，有时会不受朝廷管控，形成藩镇割据。

26. 骠骑大将军和大将军有何关系？

各个朝代都设置大将军一职。汉之前，最高军事武官被称为上将军，大将军在其下。西汉时期，大将军作为将军的最高级别，位在三公之上，卿以下皆拜。东汉时期，会在大将军之上冠以称号，如建威大将军、骠骑大将军、中军大将军、镇东大将军等。因此，可以说骠骑大将军也就是大将军。到了唐代，大将军为十六卫长官之一，位居上将军之下。宋代之后，大将军已属空衔，无统兵实权。

27. 最早的侍中、侍郎都做哪些工作？

诸葛亮在《出师表》中写道：“侍中、侍郎郭攸之、费祎、董允等，此皆良实，志虑忠纯，是以先帝简拔以遗陛下……”侍中、侍郎最早在秦汉时期是皇帝身边的侍者，负责管理皇帝的乘车服饰乃至便溺器具等。由于其经常在皇帝身边，会给皇帝出一些主意，后来地位渐重。东汉后期，皇帝会以“侍中”对官员加封，实为一种荣誉。到了隋唐，侍中为门下省长官，与中书令、尚书仆射共同被尊为宰相。

28. 只是隋唐才有中书令这一官职吗？

汉武帝时，开始设置了中书令这一官职，负责帮助皇帝处理宫中的政务，向皇帝递交大臣密奏，是皇帝身边的近臣。魏晋时期，成立中书省，以中书令为其长官，实为宰相。南北朝时，门下省取代了中书省的政务中心地位，门下省侍中实为宰相。隋唐时期，中书省长官中书令与门下省长官侍中、尚书省长官尚书仆射共同执掌宰相之权。

29. 最初的尚书仆射权力大吗？

秦朝设立尚书仆射这一官职，是皇帝身边小臣，权力不大。西汉时期，设立尚书台，尚书令为尚书台的长官，尚书仆射为副职。汉献帝时，设尚书左、右仆射。魏晋南北朝时期，尚书仆射之上有录尚书事、尚书令两职，两职常空缺，尚书仆射主管尚书省诸事。隋朝时，废除尚书事，尚书令常空缺，尚书仆射主事。唐代，李世民曾任尚书令，此后无人敢任此职，尚书仆射成为尚书省的实际长官。

30. 什么是“六尚”和“十三曹”？

“六尚”就是皇帝为自己设立的秘书，让其照顾自己的起居住行等，分为尚衣、尚食、尚冠、尚席、尚浴与尚书。“十三曹”是汉丞相直辖下的十三个办事机构，类似于丞相的大秘书处，主要负责协助丞相处理全国政治、经济、司法等各领域的事宜。

31. 丞相和宰相有何区别？

丞相、宰相虽然只是一字之差，意义却完全不同。丞相是一种官职，秦朝时沿袭秦国旧制，设立了左右丞相。而宰相在宋代以前并非指一种官职，而是对于一些辅佐帝王最高行政职务的通称，宰相可以一人，也可以多人，如隋唐时期的门下三省长官也可被认为是宰相。宋代，将宰相正式设立为官名。

32. 什么是谏官？

谏官是为专门纠正君主过失而设的官

员，谏官的存在在某种程度上弥补了由帝王独断而可能造成的对王朝根本利益的损害，使一些皇帝不得不收敛自己的行为。早在西汉时，封建统治阶级为适应封建专制的需要，设有散骑、谏大夫、专司谏争，东汉时称谏大夫为谏议大夫。唐代是我国古代监察制度的成熟期，唐代的监察官分为台官和谏官，谏议大夫、给事中、起居郎、左右拾遗、左右补阙等均为谏官。

第十一章

风雅艺术篇

1.“天下第一行书”是哪幅书法作品？

王羲之的书法作品《兰亭序》被后人誉为“天下第一行书”。此作品“文而不华，质而不野，不激不厉，温文尔雅”，充分体现了千古“书圣”平和自然、委婉含蓄、遒美健秀的书法风格。全文布局巧妙，匠心独运的结构布局显得自然天成；笔法变幻多端，仅一个“之”字就有十多种写法；文随情动，极尽波澜起伏、抑扬顿挫之美。

2. 颜真卿的《祭侄文稿》背后有怎样的故事？

安史之乱发生后，颜真卿率领平原郡义军讨伐。颜真卿之兄常山太守颜杲卿派三子颜季明与其联系，联合讨贼。颜杲卿击败镇守土门的安禄山党羽李钦凑，派长子颜泉明押送俘虏到长安报捷，途中被太原节度使王承业截留，想要抢功。安禄山听闻河北生变，让史思明攻常山。颜杲卿孤军奋战，寡不敌众。颜季明被斩杀，颜杲卿被押回洛阳后凌迟处死，他一家三十余口全部被杀。颜真卿听闻此事后，心中异常悲痛，在极度悲伤之中写下了《祭侄文稿》。《祭侄文稿》不顾布局是否妥帖、笔迹是否工拙，全凭感情自然和平时功力流露，是书法史上难得的佳作。

3. 苏轼的《黄州寒食帖》传递了怎样的感情？

元丰三年（1080）二月，苏轼因“乌台诗案”，遭政敌诬陷，被贬黄州。在黄州，苏轼过着清贫的生活，与农人一样，以务农为生。元丰五年，苏轼在寒食节这天写下了两首寒食诗，既抒发了郁郁不得志的苦闷心情，也表现了自己的哲思和对底层生活的感慨。《黄州寒食帖》这一书法作品是在苏轼完成两首诗的一年或者几年之后而作，其中饱含了苏轼跳出“黄州之苦闷”看“黄州之记忆”的客观冷静，每一笔均气势恢宏，无一毫荒率之笔。

4.《九成宫醴泉铭》的书风特点是什么？

《九成宫醴泉铭》是唐朝贞观六年（632），由魏征撰文、书法家欧阳询书写而成的楷书作品。这是欧阳询的晚年之作，历来受学者的推崇，被后世誉为“天下第一楷书”。《九成宫醴泉铭》铭文内容叙述了九成宫的来历、唐太宗的政绩以及宫内发现醴泉的经过。《九成宫醴泉铭》不仅有魏碑的遒劲，也有南书的幽雅，刚柔并济，险峻挺拔，笔画方中带圆，给人以温厚含蕴的感觉，且字形修长，用笔方正紧凑，结构严谨，布局精巧，是后人学习的“楷模”。

5.《盗墓笔记》中吴邪书写的瘦金体，你知道它的来历吗？

瘦金体是宋徽宗赵佶所创的一种字体，也是书法史上别具一格、极有个性的书体，在前人的书法作品中从未出现过。宋徽宗初学黄庭坚，后学褚遂良及薛氏兄弟，最后杂糅各家，取其精髓，创造出十分有特点的瘦金体，其运笔灵动快捷、笔迹瘦硬，整体看来不仅瘦中有劲，更是锋芒毕露，如同割金断玉一般。

6.“赵体”指的是哪位书法家的字？

赵孟頫，字子昂，是南宋末到元朝初期的官员、书法家、画家、文学家，宋太祖赵匡胤的十一世孙。赵孟頫博学多才，精通绘画和书法。在书法上，他擅长正书、行书和小楷，书体多为圆润遒丽，把书法的含蓄之美体现得淋漓尽致，他的字被后人称为“赵体”。赵体楷书既保留了唐楷的法度，又不拘于唐楷的一招一式，笔法生动俊俏、自然灵动，被誉为“活的楷书”。

7.为什么称柳公权的字为“柳骨”？

柳公权，字诚悬，唐朝中期官员、书法家、诗人，先后七朝为官，世称“柳少师”。公元865年，柳公权去世，享年88岁。柳公权擅长书法，吸取各家之长，自创独树一帜的“柳体”，与颜真卿的字齐名，后世有“颜筋柳骨”的美誉。他的字风格骨力劲健，均衡瘦劲，点画挺秀，笔法遒劲，追魏碑斩钉截铁之势。柳公权对书法艺术的改革作出了突出的贡献，也为整个楷书的发展奠定了基础。

8.书法中的“斩卷”和“舔笔”是什么意思？

“斩卷”和“舔笔”是古代书写的一种方式。斩卷是指把墨汁无意中滴到了书法作品上，或把纸面弄脏的统称。这来源于过去的科举考试：在考试中，试卷是不允许有任何涂抹之处的，凡是斩卷一律视为废卷。后来，这个术语便用到了书法之中。而“舔笔”是指毛笔长时间不用会干硬结拢，这时候再蘸墨笔头一时化不开，所以为了能及时写字，在蘸墨前会用嘴唇和牙齿咬一下，使笔头尽快散开，称为“舔笔”，也可用舔笔来整理笔形。

9.王希孟创作出《千里江山图》时多大年纪？

《千里江山图》是中国古代青绿山水画的巅峰之作，据说是王希孟在18岁时绘出献给宋徽宗的。蔡京在《千里江山图》的跋文中写道：“政和三年闰四月一日赐，希孟年十八岁，昔在画学为生徒，召入禁中文书库，数以画献，未甚工。上知其性可教，遂诲谕之，亲授其法。不逾半岁，乃以此图进。上嘉之，因以赐臣京，谓‘天下士在作之而已’。”

10.齐白石不同时期画的虾有何不同？

齐白石画的虾为一绝，但他在画虾的路上也在不断改变和精进。他在66岁时画的虾仍为写实的虾，有6节虾身和10只虾足。到了68岁时，他做了重大改变，只画5节虾身和6只虾足，实现了从现实美到艺术美的转变。83岁的齐白石画的虾只有5

只虾足，不再追求虾身的透明，而是以虚实来展现美，且虾须的触动感更加强烈，仿佛呼之欲出一般。他 87 岁时画的虾，仿佛在水中可以游动了，使观者离开现实世界，随着画中的虾在不知不觉间进入了一个美妙和谐的艺术世界中。

11. 徐悲鸿画的马好在哪里？

首先，徐悲鸿对马十分了解，他说自己曾学过马的解剖，熟悉马的骨架、肌肉、组织，且对马的速写不少于千幅。因此，他能画出真实的有灵性的马。他关于马的最有名的画是《奔马图》，高 3.26 米、宽 1.12 米，画中的骏马高昂着头，前蹄抬起，肌肉紧绷，马鬃和马尾随风飘摇。力量感是“马”好的一点，真实灵动是“马”好的另一点，虽然画不出肌肉和骨骼，但是在徐悲鸿的画中，仿佛马的肌肉、骨骼、内脏、鸣叫声等都存在着，每一匹马都是活生生的有着不同性格的马。

12. 为什么称“扬州八怪”，他们很怪吗？

“扬州八怪”，一般公认的是金农、郑燮（郑板桥）、汪士慎、黄慎、李鱓、李方膺、罗聘、高翔这八人。但实际上，“扬州八怪”并不止这八个人，是指清中期扬州地区的一批职业画家，也称“扬州画派”。他们的“怪”不是因为画风奇怪，而是由于他们敢于突破传统的束缚，勇于创新，另辟蹊径，不媚时俗，具有自己独到的艺术创造观点。比如，郑板桥一生只画兰、竹、石，他的《梅竹图轴》看似简单寥寥数笔，却以自然的行笔、流畅的圈线，生动地展示了梅花旺盛的生命力。

13. “八大山人”所画的小动物为什么都爱“翻白眼”？

“八大山人”，原名朱耷，明末清初人士，是明朝皇室后裔。他饱读诗书、酷爱绘画，8 岁能写诗，11 岁能画青绿山水。清军入关后，朱耷全家老少 90 余口多被杀，他远走他乡，遁入空门，自号“八大山人”。作为前朝遗民，他的心中满是对前朝的怀念和对清朝的憎恨，所以在他的画中经常能看到“翻白眼”的小动物，似乎彰显着弱小者对命运的抗争。

14. 为什么徐渭的画中充满着悲伤、不羁和反抗？

徐渭，明代著名的文学家、书画家，他在诗文、书画等方面均自成一家、独具特色，尤其是在绘画方面，造诣极高，是中国“泼墨大写意画派”创始人、“青藤画派”的鼻祖。他的有些画透露着悲伤和不羁，这是由他坎坷的人生造就的。他出身官宦家庭，但后来家道中落，父亲续弦，生父养母对其缺少关爱，使他的童年缺少亲情的呵护。徐渭参加乡试屡屡不中，后被胡宗宪赏识，却受“严嵩案”牵连失去了官运。面对坎坷的境遇，他多次萌发轻生的念头，终未成功，之后他用诗文、书画来抚慰心灵。在他的《墨葡萄图》中，一颗颗破碎的野葡萄横挂枝头、随风飘荡，正如他一生的境遇一样，虽然令人伤悲，但仍坚韧、不羁，彰显着对命运的反抗。

15. 唐寅的仕女图为何被人称道？

唐寅，字伯虎，明代著名画家、书法家、诗人。他的人物画、花鸟画、山水画水平极高，尤其是仕女图多被人称道。有人疑惑他将仕女图画得那么好，是不是因为他太风流，对女人太了解。其实并不是这样，他的仕女图多为身材瘦弱、充满忧愁的女子，与其说他画的是落寞的女子，不如说他画的是"孤独的唐伯虎"。他将自己的命运融入画中，在孤独中等待一个让自己绽放的机会。

16.《富春山居图》的命运多舛吗？

《富春山居图》是一幅创作于 1347 年至 1350 年名画，作者是黄公望。《富春山居图》原画画在六张纸上，合并接裱为一幅大约 7 米的长卷。这幅画命运多舛，先是由明朝书画家沈周、董其昌收藏，后由吴达可及其三代人拥有。吴达可后代吴洪裕临死前烧画，这幅名画断成两截，一半为《剩山图》，后流入民间；一半为《无用师卷》，流入清宫，清亡之后由溥仪带出宫。再后来，《剩山图》被浙江博物馆收藏，《无用师卷》流落到台湾。直到 2011 年，两幅画合璧展示，完整的《富春山居图》才重现世人眼中。

17. 敦煌壁画有何价值？

敦煌壁画的价值体现在历史价值和艺术价值上。历史价值方面，敦煌壁画内容丰富，记录了从五代十国到清代这 1500 多年的历史变迁和民俗风貌，有飞天佛像、山川景物、亭台楼阁等，是对历史的记录。艺术价值方面，不同时期的艺术家在莫高窟石壁上以不同时期的绘画风格，绘制出了富有时代气息的画作，是对千年以来艺术变迁的集中展示；同时，敦煌壁画将民族艺术与印度、伊朗、希腊等国家的艺术形式相融合，是世界性的艺术。

18. 琴和瑟有什么区别？

琴和瑟都是古代的弹奏乐器。琴与瑟的弦数不同，琴有七弦；早期瑟有五十弦，后来的瑟为二十五弦。琴与瑟的弦分布不同，琴的形状为一头大一头小，琴弦从小的一头引出，呈发散状射向另一头；瑟是标准的长方形，瑟弦平行分布。在使用方面，琴被赋予了高雅的意味，通常文人雅士抚琴，在抚琴前要沐浴更衣；而弹瑟的要求相比就不太高，任何人都可以弹瑟，随时随地都可以弹奏。此外，瑟有琴码，一弦一音；琴无琴码，弹奏难度更高，音域更广。

19. 古琴分为几种样式？

琴是中国传统拨弦乐器，主要的样式分为仲尼式、伏羲式、列子式等。仲尼式古琴样式朴实简单，琴体的腰部和头部有两个凹进的线条，此外无任何其他的修饰。伏羲式古琴造型美观浑厚，琴首微圆，颈部有一半月形弯入，腰部两弯。列子式古琴与仲尼式古琴相似，在腰项处各呈方折凹入，为"峻厉之势"，造型典正清和、流畅飘逸。

20. 盛唐古琴"九霄环佩"的背面有谁的字？

古琴"九霄环佩"具有千年历史，是唐开元年间蜀中制琴世家雷氏第一代雷威所制作，琴底龙池上方有篆书"九霄环佩"四字，此琴遂有此名。琴的池左有黄庭坚行书"超迹苍霄，逍遥太极，庭坚"。琴的池右有行书"冷然希太古，诗梦斋珍藏"。琴足上方有苏轼的楷书"霭霭春风细，琅琅环佩音，垂帘新燕语，苍海老龙吟，苏轼记"。此外，还有多个大印："诗梦斋印"一方，"三唐琴榭"篆书椭圆印一方，"楚园藏琴"印一方。

21. 琵琶有什么来历？

琵琶是一种古老的乐器，至今已有两千多年的历史。琵琶原称“批把”，原本是北方少数民族的乐器，在马上弹奏。将琵琶的弦向前拨称为“批”，向后拨称为“把”，因此得名“批把”。秦汉时期，有两种琵琶，一种是直项琵琶，由弦鼗（táo）发展而来，另一种为“阮”，四弦十二柱；南北朝时期，有曲项琵琶，四弦四相无柱；唐代时期，将曲项琵琶的四相和直项琵琶的十二柱结合成四相十柱，此后多以此为滥觞。

22. 编钟兴起于何时？

在周朝，由于青铜冶炼技术越来越精湛，各种青铜乐器也随之兴起。编钟由青铜铸成，将大小各异的扁圆钟按音调高低次序排列，悬在大钟架上，用木槌和长棒敲打铜钟，可以发出不同的乐音。编钟兴起于西周，盛于春秋战国直至秦汉。古人在征战前和宴享、朝聘、祭祀时都要演奏编钟。目前发现的数量最多、保存最好、音律最全的一套编钟是曾侯乙编钟，出土于湖北随县的战国墓葬曾侯乙墓。

23. 笛和箫有何区别？

笛与箫是中国传统民族乐器中的两大竹制吹奏乐器，在新石器时期就已被发明，在中国音乐史上具有重要地位。笛与箫虽然外形相似，但两者有所不同。在演奏方式方面，笛是横吹乐器，箫是纵吹乐器。在结构方面，笛的两端是开放的，吹口位于一端；箫的一端被封闭，吹口位于封闭端稍下的位置。在音色方面，笛的音色明亮且清脆，适合演奏欢快活泼的曲目；箫的音色深沉且柔和，常被用于表现深情的意境。

24. 世界上最早使用自由簧的乐器是什么？

世界上最早使用自由簧的乐器是我国的传统乐器——笙，在商周时期就已盛行。笙，古称卢沙，是吹管乐器中唯一的和声乐器，常被用作笛子、唢呐等管乐器的伴奏乐器。笙，吹吸均可发声，通过吹吸产生的气流来振动簧片发音。笙由17根长短簧管插于铜斗中，不过其中有3根簧管不发音，吹奏时用手按住指孔，其音色清亮，音域宽广。

25. 围棋起源自哪里？

围棋是自古以来颇受人们喜爱的一项棋类运动。关于围棋的起源有几种说法。一种说法记载于战国时期史官编撰的《世本·作篇》，称“尧造围棋，丹朱善之”。唐朝诗人皮日休在《原弈》中称“弈之始作，必起自战国”，是纵横家发明的游戏。明朝陈仁锡在《潜确类书》称“乌曹作博、围棋”，意思是夏桀的臣子乌曹发明了围棋。皮日休的推测可靠性不强，因为在春秋战国时期的文献中已经有关于围棋的记载。不过无论围棋是由谁发明的，围棋作为一项极富智慧的棋类游戏，在历史上一直受到人们的追捧，直到现在。

26. 什么是“六博”？

六博是古代的一种棋类游戏，也称六簙、陆博。《说文解字》载：“簙，局戏也，六箸十二棋也。”这是指六博是一种棋盘上的游戏，双方共有六个骰子，十二枚棋子。对弈时，先投箸，按照箸的点数行棋。根据考古发掘，六博在春秋晚期和战国时期，以及两汉时期流行。东汉之后，六博衰落，玩法已经失传，目前的文献中尚未发现详细记载。

27. 作为国粹的京剧，历史并不悠久吗？

200 多年前，京剧在北京形成、发展，因此得名。虽然金元时期，北京是北方地区的戏曲中心，但当时还没有形成京剧。到了清朝初年，北京地区流行的戏曲仍是昆曲与京腔。当时在徽州，徽商蓄养伶人，称为“徽班”，徽班在昆曲的基础上创造了人们喜闻乐见的一种新剧种。清乾隆 80 岁寿辰之际，全国有名的戏班进京祝寿，徽班也在其中。三庆班、四喜班、和春班、春台班“四大徽班”受到了人们的喜爱，便留在北京唱戏。此后，徽班吸收众家之所长，奠定了京剧形成的基础。清咸丰年间，徽戏、秦腔、汉调合流，吸收昆曲、京腔之长，至此形成了一个全新剧种——京剧。

28. 古代南戏兴盛不起来，与文人不重视有关系吗？

南戏是南宋时期浙江永嘉的一种地方小戏，与北方杂剧相对，虽然当时有很多民间特色，也吸收了唐宋时期的多种音乐形式，但由于缺少文人滋养，一直不温不火，在元代被杂剧压制，也未兴起。随着元末蒙古人的统治被削弱，南戏迎来了发展期。到了明代，朱元璋读到高明编写的南戏剧本《琵琶记》后，甚为称赞，命人在宫中排演。之后，《荆钗记》《刘智远白兔记》《王瑞兰闺怨拜月亭》《杀狗记》在文辞章句上达到了一定的文学水平，引起了文人们的注意，由此南戏快速发展，最后近乎取代了杂剧。

29. 昆曲的发展离不开两个重要的人，他们是谁？

昆曲诞生于 600 多年前苏州的昆山地区，被后人誉为“百戏之母”。昆曲的前身是昆山腔，昆山腔是南戏的一种流变形式。昆山腔最初的流行范围很小，多为清唱，无完整的故事情节，只限于苏州一带。后来，北曲清唱家魏良辅来到了吴中，致力于南曲的发展。开始，他认为南曲唱腔行腔简单、节奏拖沓，便以昆山腔为基础，集合海盐、余姚等腔的优点以及北曲的独特唱法，对昆山腔进行了改革创新，但仍为清唱，未被搬上舞台。后人梁辰鱼认为改革的新昆山腔应在舞台上有一席之地，创作了传奇之作《浣纱记》，将其与新昆山腔融合起来，搬上了舞台，昆曲至此发展成熟。明万历初年，昆曲席卷江浙一带，后被士人传到北京，与弋阳腔并为玉熙宫中大戏，时称“官腔”，迎来了发展高潮。

30. “临川四梦”讲述了怎样的故事？

汤显祖被誉为“东方的莎士比亚”，他的“临川四梦”流传深远。其中的《牡丹亭》讲述了杜丽娘因梦生情、伤情而死，之后人鬼相恋、死而复生，终于与柳梦梅交好的“情”梦；《紫钗记》讲述了霍小玉与书生李益这对情人被卢太尉陷害，豪侠黄衫客从中帮助，消除误会，使其破镜重圆的“侠”梦；《邯郸记》讲述了卢生梦中娶妻，中状元立功勋，后遭陷害被放逐，再返朝当宰相，最终享尽荣华富贵，之后醒来方知是一场梦的“仙”梦；《南柯记》讲述了淳于棼在梦中成了大槐安国驸马，并出任南柯太守，梦醒后皈依佛门的“佛”梦。

31. 明代四大戏曲声腔是什么？

明代戏曲十分繁荣，迎来了发展高峰，当时流行四大戏曲声腔，即海盐腔、弋阳腔、余姚腔、昆山腔。海盐腔起源于浙江海盐，流传颇广，其腔调典雅优美，为皇家贵族所喜爱；余姚腔起源并流行于浙江余姚，其腔调淳朴自然，百姓喜闻乐见；昆山腔，其腔调清丽悠扬，深受民间和宫廷钟爱；弋阳腔，起源于江苏昆山，起源于江西弋阳，其腔调激昂高亢，在民间广为流传。

32. 如何区分玉璧、玉瑗、玉环、玉玦？

新石器时期，人们对玉石进行加工，使其成为艺术品。常见的玉器有玉璧、玉瑗、玉环、玉玦，但这四种玉器外形相似，该如何区分呢？《尔雅·释器》载“肉倍好谓之璧，好倍肉谓之瑗，肉好若一谓之环”。也就是说，环边大于中孔的是玉璧，中孔大于环边的是玉瑗，环边等于中孔的是玉环，环边开口的是玉玦。

33. “玉猪龙”是猪还是龙？

“玉猪龙”在辽宁朝阳红山文化遗址中被发掘出来，呈“C”形，类玉玦，头部像猪，整体似龙，不仅是一种礼器，也是一种红山先民的图腾物。新石器时期，红山先民将猪这种动物置于重要地位，而龙是自古以来人们所崇拜的一种神话动物，将两者融合，表达了先民对自然的敬畏、对美好生活的向往。也有一些人称玉猪龙为“玉熊龙”，但主流说法仍为“玉猪龙”。

34. 青铜器上的“饕餮纹”有什么含义？

在二里头夏文化中的青铜器上，刻有龙、虎、牛、羊、鹿、鸟、凤等图纹样式，也有饕餮、肥遗、龙、夔、虬等神话动物和目纹、鳞纹、重环纹、窃曲纹等纹饰，被称为“兽面纹”，宋代的金石学家将其称为“饕餮纹”。饕餮纹，一是使青铜器更加美观；二是赋予不同的青铜器不同的意义，使其具有庄严、凝重、神秘的意味，这是对自然的崇拜和敬畏的一种重要表现。

第十二章

教育科技篇

1. 庠生、廪生、太学生、贡生有何区别?

古代学校称为“庠”，庠生就是在学校学习的学生。明清时期，“庠生”是科举制度中府、州、县学生员的别称；通过县级“童试”者，为秀才，也称“邑庠生”。廪生，是明清时期由公家给以膳食的生员，这些人是府学、州学、县学的生员是经过岁、科两试，排名靠前者，有一定的数量。太学生，是在太学里就读的学生。太学，也叫国学、国子监，是设立于京城的最高学府。贡生，是指经考选升入京师国子监读书的府、州、县生员（秀才）。

2. 秀才、举人、贡士、进士有何区别?

古代的科举考试大体分为四级，即童试、乡试、会试、殿试。童试，由当地的县级、府级、州级政府举办，童生通过这三级考试后，被称为“秀才”，也称“生员”。秀才中的优秀者有机会到国子监学习的，被称为“贡生”。贡生和秀才都要参加乡试，属于省级考试，通常三年举办一次，通过乡试的人被称为“举人”。举人可以参加由礼部组织的考试——会试，这属于国家级的考试，通过会试的人被称为“贡士”，会试第一名被称为“会元”。贡士需要参加由皇帝主持或以皇帝之名、他人主持的考试——殿试，考试后，这些贡生的成绩分为三个等次：一甲、二甲、三甲。一甲前三名分别为状元、榜眼、探花，赐所有一甲的人进士及第；二甲第一名被称为“传胪”，赐所有二甲的人进士出身；赐所有三甲的人同进士出身。

3. 科举考试考什么?

科举考试分为不同科目，有明经科、进士科、明法科、明书科、明算科等。明经科、进士科主要考儒家经典；明法科、明书科、明算科等在考儒家经典的同时，还要考专业知识。考试的方式，各朝代有所不同，唐至宋初有口试、帖经、墨义、策问、诗赋五种方式，宋以后主要是经义。

4. 科举考试中的帖经、墨义、口试、策问、诗赋是什么?

帖经，是考查学生对儒家经典掌握的熟练程度，主试者将经书任取一页，留一行，其余遮盖，用纸贴住这行字其中的三字，让考生填写遮挡部分，各科均须试帖经。墨义，主试者从经书中选出若干问题，让考生就书中原文笔答。口试，就是口头回答与墨义相近的问题。策问，是主试者从治国、社会、政治等各方面提出问题，由考生做出书面回答，可以考察应试者的思想水平。诗赋，是当代科举考试的重要内容，可以考察应试者的综合能力。

5. 什么是经义？

北宋神宗之后，废除了简单机械式的帖经和墨义，用经义来代替。经义，就是主试者以“五经”中的文句为题，考生以做文章的方式解析经书中的句子的义理。这既可以考查考生对儒家经典的熟悉程度，也能考查考生的思辨能力，比传统的帖经和墨义更加先进。但到了元代，考题只能出自四书，答案必须结合朱熹的《四书章句集注》，不允许考生肆意发挥，这很大程度上限制了考生的思辨能力和创新思维。

6. 八股文为什么广受诟病？

经义考试发展到明代中叶之后，不仅对考生作答的内容进行限制，也对考生行文的形式进行限制，要求每篇文章必须由破题、承题、起讲、入手、起股、中股、后股、束股八部分组成，且每篇有严格的字数要求，这就是“八股文”，也称“时文”“制义”“制艺”。八股文只注重章法与格调，完全束缚了士子的思想。明末清初“三大儒”之一的顾亭林认为，八股之害相当于焚书坑儒。

7. 古代书院是如何产生、发展的？

书院始于唐代，当时有官办书院和民办书院。书院藏有各种书籍，有整理勘校史料、交流学术文化的作用。此时书院数量较少，不超过百家。两宋时期，随着活字印刷术的发明，书籍刊印的数量快速增长，加之统治者重视书院建设，书院大规模涌现，多达700家。元代时，书院数量减少，不到300家。明代时，书院迎来黄金发展期，数量达到约2000家，从发达地区向偏远地区扩散。到了清代，书院如同如今的学校一样，发挥着重要的教学功能，十分普及，总数达到4000家以上。

8. 古代的学校有什么样的名称？

最早的学校在4000多年前就已存在，叫作“庠”，分为“大庠”“小庠”。夏朝时，按不同等级，学校被称为“学”“东序”“西序”“校”。商朝时，命名为“学”“右学”“左学”“序”。汉代，官方最高学府为太学，后改为国子学、国子监；民间的书馆为“蒙学”。到了明代，人们通常在“书院”“书堂”“私塾”读书学习。

9. 什么是稷下学宫？

稷下学宫是战国时期设在齐国都城临淄的稷门之下的高等学府，延续了130多年，对当时文化教育的发展、繁荣起到了极大的促进作用。稷下学宫实际上是一个学术机构，为天下学者提供了一个交流展示的平台。诸子百家的学者几乎都到过稷下学宫进行学术交流。稷下学者不参政却问政，关心国家社会发展，保持着一颗追求自由和真理的心。

10. 白鹿洞书院的前身是什么？

白鹿洞书院位于江西省九江市庐山五老峰南麓后屏山，被誉为“海内书院第一”“天下书院之首”。唐代贞元间，李渤、李涉兄弟在此隐居读书，当时还不是书院和书馆。南唐升元年间被定为书馆。宋代初年，正式建立书院，由精通经术的教师任教。朱熹曾在此讲学，后来诸多大儒也来此讲学，书院名气大增，享誉国内外。

11. 孔子杏坛讲学的功绩是什么？

《庄子·渔父篇》载：“孔子游乎缁帷之林，休坐乎杏坛之上，弟子读书，孔子弦歌鼓琴。”杏坛是孔子讲学的地方，位于如今的山东曲阜孔庙。孔子讲学以前，学校多是官方所办，多为贵族子弟所服务。孔子在杏林讲学，广收弟子、有教无类，开创了私人讲学的先河，使普通民众也能有接受教育的机会。这是孔子杏坛讲学的最大功绩。

12. 古代也有专科学校吗？

无论是“庠”，还是“书院”、州学、国子监等，均以教授儒家经典为主要授课内容。但除了这些学校，也有一些专科学校。东汉时，建有“鸿都门学”，是一所文艺专科学校。后来，关于传授律学、医学、武学、阴阳学、算学、书学、画学、玄学、音乐、工艺等学科知识的学校不断创立，形成了与儒学学校互补的教育格局。

13. 古代的博士与如今的博士一样吗？

古代的博士是学官，负责教育的官员。秦始皇时有博士七十人，将在六艺、诸子、诗赋、术数、方伎、占梦等方面有学识的人录为博士。西汉有五经博士、六经博士，他们普遍作为皇家的儒学顾问；东汉时期，博士的顾问属性减弱，以授经学和议典礼为主要工作内容。此后，各朝代都设有博士这一职位，仍以传授知识为主要职责。

14. 古时的教师有多少种称谓？

春秋时期，师、师父是老师的统称；师保，是贵族子弟的老师；先生是“老人教学者”。汉朝时，宗师是掌管宗室子弟训导的官员。老师、学博、学正、学录、学政、学官、教习、教谕、教授、助教、监学、司业、祭酒、讲郎、太保均是教师的称谓，所负责的教学内容和所教授的学生有所不同。

15. 孔子为什么注重平民教育？

孔子认为“性相近也，习相远也”，无论是贵族还是平民，每个人在本性上差不多，只是受后天的影响，才出现很大差距。要使人具备仁义礼智信，仅仅依靠人的自身成长是不够的，需要进行教育。他提倡“学而优则仕”，如果平民中有具备贤能的人，也可以参与改良政治。孔子希望每个人都能发挥出自己的才智，所以他广收弟子，不论出身，有教无类。据《史记·仲尼弟子列传》记载，孔子的直传弟子有 77 人，其中绝大部分都出身贫贱。

16. 荀子的教育观是什么？

荀子持性恶论，他认为人的本性与辞让、忠信、礼义等优秀的道德品质是相悖的，只能通过后天环境改变，要用礼法来约束和改造人性，所以人需要接受教育，这就是荀子的教育观。他认为教育的目的是培养士子、君子，使其最终成为圣人，“故学者，固学为圣人也，非特学为无方之民也”。

17. 老子有关教育思想的主要观点是什么？

一是文化堕落论。老子认为所有人类创造的文化都是与“道”相背而驰的，教育如果以传授文化知识为任务，则是使人堕落的手段。二是人性“复归”论。老子认为，从“无知无欲”到“有知有欲”是对人的本性的背离，教育加速了这种背离，他希望人类要回归“无知无欲”的状态，如此人类和社会才能发展。三是“绝圣弃智”论。基于以上两种观念，如果要复归本性，人必须取消教育，毁灭文化，绝圣弃智。

18. 董仲舒为什么要“罢黜百家，独尊儒术”？

董仲舒信崇“天人感应”，认为“天”是主宰一切的有意志的神，帝王只是“受命于天”，因此帝王要独揽大权而不能将权力进行分割，所以要大一统。而大一统的基础就是统一思想。他认为儒家重视君主礼仪、父子名分，是统治国家的优良思想，因此他建议汉武帝“诸不在六艺之科，孔子之术者，皆绝其道，勿使并进。邪辟之说灭息，然后统纪可一而法度可明，民知所从矣”，提出以儒家学说来统一思想、使人向善。

19. 王充是否认可“生而知之”？

东汉思想家王充否认“生而知之”的观点，而是强调“学以求知”。他认为婴儿“本无争夺之心”，长大之后受到了“利色”的影响而有了“争夺之心”；婴儿本“无推让之心”，但在成长过程中受到好的影响，会产生“推让之心”，因此人要接受好的教育。在教育方面，他指责“好褒古而毁今”“尊古卑今”的观念，提倡要求真务实，探究经书义理之中的奥秘，结合实际对儒学思想进行创新发展。

20. 颜之推是否主张“胎教”？

颜之推在《颜氏家训》中说“教妇初来，教儿婴孩”，并不是主张胎教，而是主张先要对妇人进行教育，因为只有接受过教育的母亲才能给孩子施加正确的影响。颜之推还主张儿童教育。他认为儿童在小时候，品行还未养成，通过接受严格的教育，儿童长大后才能具有优秀品格，否则就会“少成若天性，习惯如自然”。他还认为儿童精神力集中，长大后精神涣散，因此要在小时候接受教育，补充认为如果一个人没有在儿童时期接受教育，在长大之后一定要进行弥补。他提倡语言教育、从严教育、家风教育等。

21. 关于“明心”和“博览”的顺序，陆九渊和朱熹有何分歧？

说出“宇宙便是吾心，吾心即是宇宙”的陆九渊是主观唯心主义的代表人物，他认为心和理都是天赋，不受外界影响而改变，永恒不变，而学习的目的就在于“穷此理，尽此心”。陆九渊和朱熹在“先博览群书再明晰内心”的话题上存在分歧，陆九渊主张先发明人的本心而后使之博览，而朱熹主张先博览而后归之于约。由此可以看出，陆九渊是主观唯心主义者，朱熹是客观唯心主义者。

22. 朱熹的理念对宋代之后的影响有多大？

朱熹是宋代理学的集大成者，完成了大量有关儒学集注的工作，使儒学理学化。他刊刻《大学章句》《中庸章句》《论语集注》《孟子集注》，解释儒家经典，流传数百年，其著作和集注是宋代及之后的官方教科书。他提倡“存天理，灭人欲”，要人成为一个自觉恪守纲常伦理道德和封建等级制度的“醇儒”。总的来说，朱熹的观念是维护统治阶级利益的，“灭人欲”使人不能得到全面发展。尤其是后代将他的理论作为官方哲学，甚至在科举考试中要求士子要遵循他的集注进行作答，这在很大程度上束缚了无数士子的思想。可以说，无论朱熹的影响是好是坏，他的影响绝对是大的。

23. 王守仁的教育思想如何？

王守仁是明代著名的思想家，是“心学”的创立者，后人常称其“阳明先生”。他认为“心即理”，提出“知行合一”的观点，将教育的根本视为“致良知”。他强调学习“贵得之心”，与其他人“点化”，不如自己“解化”。他不赞同朱熹通过学习来“穷理”的观点，而认为读书要“考之于心”，反对盲从典籍，注重独立思考。对于儿童教育，他主张要考虑儿童的心理特点，因材施教，通过设置合理的教育方式，激发儿童的学习兴趣，使其“乐于读书”。

24. 蔡伦发明了造纸术还是改进了造纸术？

蔡伦，东汉桂阳郡人，制成了“蔡侯纸”。其实，西汉早期就出现了麻纤维纸片，这在出土的西汉墓葬中可以证实。但是在蔡伦造纸之前，多使用植物纤维为原料造纸。蔡伦将造纸的原材料扩大，破布、渔网、树皮、麻头等都能用来造纸，最重要的是用树皮也可造纸，这降低了原料的成本、扩大了原料的来源，同时他改造完善工艺，通过挫、捣、抄、烘等工艺，使纸的质量、产量有了很大提升。

25. 指南针不指正南吗？

沈括在《梦溪笔谈》中指出指南针不指正南，而是指略微偏东一些。这是由于存在地磁偏角。时人不知地磁偏角的存在，有些人认为是五行相生相克造成的。直到明代，律学家、历学家朱载堉利用元代郭守敬发明的测定南北方向的仪器，测出地磁偏角为南偏东 4° 48'，并指出地磁偏角会因地理位置的不同而变化，计算出了回归年的长度值。

26.《九章算术》的内容是什么？

数学是科技的基础。《九章算术》是我国古代一部十分重要的数学专著，由张苍、耿寿昌先后删补而成，成书时间不详，公元 1 世纪左右。《九章算术》对战国、秦、汉时期的数学成就进行了总结提升，以提出问题、进行解答、得出答案的形式对数学原理进行剖析，共涉及 246 个与生产生活相关的问题。第一章为“方田”，解决如何计算田亩的问题；第二章“粟米”，解决如何将谷物进行折算的问题；第三章“衰分”，解决关于比例的问题；第四章“少广”，论述如何通过已知的面积和体积来求边长；第五章“商功”，解决如何计算土石体积的问题；第六章“均输”，探讨如何合理摊派赋税；第七章“盈不足”，即双设法问题；第八章“方程”，探究如何解一次方程组；第九章“勾股”，即为勾股定理。

27. 古代人用什么工具进行计算？

远古时期，人们利用草茎、小木棍来记数。之后，发展为筹算，即用作为算筹的小木棍来进行加减，横着放一根木棍表示“一”，放五根木棍表示“五”，计数“六”时，将五根横着放的木棍换成竖着放的木棍，然后在竖着放的木棍下边加一根横着放的木棍，以此类推，每五根横着放的木棍变为一根竖着放的木棍。春秋末年，筹算已经十分普遍。在筹算的基础上，人们发明了算盘，虽然不明确切的时间，但至少在东汉时期已有早期算盘的雏形，之后算盘发展优化，在几千年间一直为常用的计算工具。

28. 古时圆周率是如何一步步被认识的?

在古时，人们已经知道圆的周长和直径的比例存在一个固定的数值，成书约公元1世纪的《周髀算经》中有“圆三径一”的说法，将这个数值定为“3”，此数值称为“古率”。三国时期的数学家刘徽认为古率并不精准，他采用割圆术，将这个数值推算到“3.14”，此数值称为“徽率”。南北朝时期的南徐州人祖冲之将这个数值推算到“3.1415926”左右。《隋书·律历志》中如是记载:“宋末，南徐州从事祖冲之更开密法。以圆径一亿为丈，圆周盈数三丈一尺四寸一分五厘九毫二秒七忽，朒数三丈一尺四寸一分五厘九毫二秒六忽，正数在盈朒二限之间。”但由于祖冲之的数学著作《缀术》佚失，他采用的究竟是什么方法已不得而知。

29. 古时就有卡尺吗?

公元9年，王莽建立新朝，进行了历史上规模最大的一次度量衡改革，制作了一批度量衡标准器，同时，也发明了第一把卡尺，后称“新莽铜卡尺”。新莽铜卡尺与游标卡尺类似，分固定尺与活动尺，固定尺上刻有40个间距为1分的刻度，活动尺上刻有5个间距为1寸的刻度，能精准地测量器物的内外径、槽深等。

30. 古人如何认识反射镜成像?

在商代，人们已认识并利用反射镜，将铜片打磨制成铜镜，且对凹透镜和凸透镜有了初步认识。《墨经》记载了凹透镜的三种成像方式和凸透镜的一种成像方式。宋代时，沈括解释了凹面镜成倒像的原理，提出当物体位于焦距处时不成像；研究了凸面镜曲率与成像的关系，认为曲率越小则像越大，当曲率为零时像与物体本身大小相等。

31. 最早进行小孔成像实验是什么时候?

战国后期，墨翟及其弟子写出了《墨经》，其中记载了小孔成像的实验。《墨经·经说下》记载:“光之人煦若射。下者之人也高，高者之人也下。足敝下光，故成景于上；首敝上光，故成景于下。在远近有端，与于光，故景障内也。”意思是，光线照在人的身上就像射出的箭一样笔直。射到下面就反射到高处，射到高处就反射到下面，所以成倒影。用脚遮住下面的光，成影在上；用头遮住上面的光，成影在下。在物的远处或近处有一小孔，物体为光的直线所射，反映于壁上，因此人影倒立于屏内。这个实验是人们在早期光学研究中揭示光的直线传播性的最重要的证据之一。

32. 什么是景符?

景符是一种利用小孔成像原理辅助测量日影的工具，由元代郭守敬发明。古时，人们根据日影来确定节气，通常采用立表测影的方法，表越高测量越精准。元代之前，表通常为8尺，郭守敬将其提高到了40尺。但是由于尘埃造成阳光漫射，影子上端会出现模糊范围，无法准确测量日影。为此，郭守敬在铜片的中央开一个小孔，放置在可以调节角度的斜架子上，此为景符。在测量时，使太阳、表的横梁和小孔处于一条直线位置上，就会根据小孔成像原理出现一个光斑，光斑中间有一条横线，为太阳中心的影长。

33. 古人如何利用杠杆原理？

天平和杆秤是古人利用杠杆原理制作的衡器。天平，是等臂杠杆，杆秤是不等臂杠杆，均是利用支点左右两边力乘以力矩相等的原理。古人还根据杠杆原理制作出一种灌溉或扬水用的机械——桔槔。桔槔的构造是将一根横杆在中间架起，一端用另一根直杆系住取水的桶，另一端绑上重物。取水时，向下拽直杆，桶内会充满水，另一端的重物被提高。向上提拉装满水的桶时，由于另一端重物下压，用小力就可将桶提起。

34. 古人如何测量空气湿度？

古时，人们会利用木炭、羽毛来测量空气湿度，即把易吸水的木炭放在天平的一侧，将同等重量的羽毛放在天平的另一侧。木炭吸收空气中的水分后，会使天平朝木炭侧倾斜，通过观察倾斜的程度便可判断空气湿度。但这种方法不太精准。清代的比利时传教士南怀仁将国外的鹿筋湿度计传到中国，后来黄履庄在此基础上，研究制作了一种带有可以左右旋转指针的“验燥湿器”，但其结构和原理未流传下来。

35. 古人用什么仪器观测天文？

浑天仪，是浑仪和浑象的总称，由许多同心圆环组成，可以观测天体球面坐标、演示天象。据说最早的浑天仪是由西汉时期的落下闳、耿寿昌所发明。东汉时期，张衡对耿寿昌的浑天仪进行了改造，发明了一种更加精准、更加全面的浑天仪——漏水转浑天仪。漏水转浑天仪在一个直径4尺多的铜球上刻好二十八宿、各星官，以及黄赤道、南北极、恒显圈、恒隐圈等，成一浑象，将浑象与漏壶相结合，以漏壶流水控制浑象，使其与天球同步转动，以显示星空的周日视运动。

36. 什么是“水密隔舱”？

我国造船历史悠久，公元2世纪就发明和使用了船尾舵，比西方早1000多年。我国造船的工艺不断发展，隋唐时期已经拥有了成熟的造船技术。尤其是在唐朝发明了一种工艺，看似不起眼，却对行船的安全性起到了至关重要的作用，这就是“水密隔舱”。船只在海上航行时，哪怕只撞开了一个口子，也容易导致沉船。于是，人们用隔舱板把船舱分隔成互不相通的一个个舱区。如果一个舱区进水，只要将隔舱板下的过水孔堵住，水就无法流入其他的舱区，进而船只就不会沉没。

37. 古人如何认识潮汐？

潮汐，是由于月球和太阳的引潮力作用，使海洋水面发生的周期性涨落现象。古人很早就对潮汐有了科学认识，并能计算出潮汐周期。比如，由唐代潮汐学家窦叔蒙撰写的我国现存最早的潮汐学著作——《海涛志》中，就计算出了与现在相差不大的潮汐周期，为12小时25分14.02秒。宋代张君房制出《张君房潮时图》，对潮汐表进行了细致划分，并计算出潮时每日推迟时间。此后，潮汐表不断被更新完善。

38. 古人如何勘测煤炭赋存？

煤炭在古代可作为燃料、可加工为饰品，是重要的生产生活材料，早早就被发现并利用。那么，古人是如何勘测煤炭的呢？第一种方法是观察，如果发现裸露的矿苗，就能发现大量煤炭；如果发现地表颜色发黑，有可能存在煤炭；如果发现页岩、红石岭，往往也会有煤层。此外，还可通过煤炭伴生矿物来寻找煤炭，如瓷土、白矾、黄铁等均为煤炭的伴生矿物。

39. 古人怎样利用石油？

据记载，古人最早发现石油是在西汉。从汉唐到明清，人们发现的石油越来越多，对其利用的方式也不断多元化。唐宋以前，石油主要作为照明之用，但也有些作为燃料在战争中用于火攻。宋代时，由于石油的开采量增加，广泛应用于战争，如“火车”“火罐”等武器。此外，石油还被制作成化痰、治癣的药物，用于绘画、写字的墨水等。

40. 什么是“炒钢”技术？

东汉《太平经》写道，用铁矿石冶炼出来的生铁，不能直接锻造成钢，需要将其炒成熟铁之后，才能锻造成钢。炒钢，即把生铁加热到熔化或半熔化状态后，不断进行搅拌和鼓风，利用空气中的氧气与生铁中的碳发生化学反应，生成二氧化碳排出，当铁的碳含量降低到一定程度后，生铁成为熟铁，才可以进行锻造，如此生产出来的钢强度大、韧性好。由于在坩埚中搅拌生铁的动作像“炒”，所以称这个过程为“炒钢”。

41. 古人有哪些黄金装饰技术？

鎏金技术，始于战国时期，即将金汞合金涂抹在铜器或银器表面，加热之后附着在铜银器表面不易脱落；错金技术，始于春秋时期，即在金属器物表面预铸凹槽式纹样，将锻制好的金制品剪成纹样尺寸，镶嵌于凹槽内并压牢；包金技术，始于商代，即用黏结性涂料将金箔包裹在器物表面，或者用钉子将金箔钉在器物表面；贴金技术，商晚期已经出现，包括锤打成箔、回火加热、锤打定形、剪裁轮廓、镂孔消气、折皱变形、土漆钻合、捶打修整、蹭拭磨光等工序。

42. 我国的最高学历是什么？

我国最高的学历是研究生，研究生包含硕士研究生和博士研究生。我国学历从低到高依次排序是：小学、初中、高中、专科、本科、研究生。其中高等学校颁发的学历证书应进行学历注册，而学历注册又分为毕业证书和结业证书。

第十三章 山川地理篇

1.“三山五岳”中的“三山”是哪些山?

“三山五岳”中的“三山”通常是指黄山、庐山、雁荡山。黄山位于安徽省黄山市，被誉为“天下第一奇山”，其奇松、怪石、云海、温泉被称为“黄山四奇”。庐山位于江西省九江市，毗邻鄱阳湖，被誉为“匡庐奇秀甲天下”。雁荡山位于浙江省温州市，多奇峰怪石、飞瀑流泉，南归秋雁多在此停留，因此得名，被誉为“寰中绝胜”“海上名山”。

2.“五岳”分别位于什么地方?

“五岳”是指东岳泰山、西岳华山、南岳衡山、北岳恒山、中岳嵩山。泰山位于山东泰安，其山势磅礴巍峨，为历代帝王封禅之地，孔子称“登泰山而小天下”。华山位于陕西省华阴市，山势高险峻峭，唐代之时开辟了一条上山路，人称“自古华山一条路”。衡山位于湖南省衡阳市，茂林修竹、景色秀美，有“寿岳”之称，“寿比南山”一词出于此。恒山位于山西浑源县，山高谷深，著名的悬空寺藏于此山中，被誉为“人天北柱”“绝塞名山”。嵩山位于河南省，横跨郑州、洛阳等市，峻幽秀美，有七十二峰，《诗经》称“崧高维岳，骏极于天”。

3.与“五岳”相对的“五镇”是什么?

“五镇”是相对于“五岳”的五大镇山，为东镇沂山、南镇会稽山、西镇吴山、北镇医巫闾山、中镇霍山。沂山位于山东临朐县，是沂蒙山主脉之一，为“五镇之首”，是观赏东海日出的绝佳之地。会稽山位于浙江绍兴市，松竹交翠，相传大禹丧于此处，有禹陵、禹庙等遗址。吴山位于陕西省宝鸡市与陇县交会处，风光秀美，共有十七峰。医巫闾山位于辽宁省锦州市北镇县（市），苍松翠柏，壮美瑰丽，主峰为望海山。霍山位于山西省霍县，巍峨隆峻，古代冀州之镇山。明代之前，“五岳”已被封为“帝”，明代时期也将“五镇”封为“帝”，《明史》载:“今依古定制，并去前代所封名号……五镇称东镇沂山之神，南镇会稽山之神，中镇霍山之神，西镇吴山之神，北镇医巫闾山之神。”

4.“五湖四海”是指哪些湖和海?

“五湖四海”作为一个成语，指全国各地，也指世界各地。古代文献中的五湖四海指特定的湖和海。《周礼·夏官·职方氏》

载“其浸五湖”，《论语》载“四海之内，皆兄弟也”。唐代诗人吕岩《绝句》一诗中写道：“斗笠为帆扇作舟，五湖四海任遨游。”通常来说，“五湖”是指中国传统世界观中围绕在世界周围的洞庭湖、太湖、鄱阳湖、巢湖、洪泽湖；“四海”是指东海、南海、西海、北海。

5.“四渎”是什么意思？

“四渎”最初代表四颗星，《晋书·天文志》载：“东井南垣之东四星曰四渎。”古人认为其与四条大河对应，将“四渎”当作四条大河，“江、河、淮、济之精也”，即为长江、黄河、淮河、济水。东渎为淮河，南渎为长江，西渎为黄河，北渎为济水。古代帝王不仅祭拜名山，也祭拜大川，以求风调雨顺、国泰民安。《礼记·祭法》载：“天子祭天下名山大川，五岳视三公，四渎视诸侯。”

6. 中国佛教四大名山是什么？

五台山、普陀山、峨眉山、九华山是中国佛教四大名山，分别是文殊师利菩萨、观世音菩萨、普贤菩萨、地藏菩萨的道场。五台山位于山西五台县，东汉时期天竺高僧摄摩腾、竺法兰将佛教传入五台山，之后建造寺庙、弘扬佛法，经过历代发展，成为世界上著名的佛教文化中心之一。普陀山位于浙江舟山市，有“海天佛国”“南海圣境”之称，相传唐代有僧人见到观音菩萨在此显圣，后来历代在此修建寺庵，僧侣到此修行，成为著名的佛教圣地。峨眉山位于四川峨眉市，相传为晋朝慧持法师从庐山来到四川，在此修建普贤寺，供奉普贤菩萨，弘扬佛法，此后佛教在此兴起。九华山位于安徽池州市，相传地藏菩萨渡海来到九华山，见九华山风景秀丽，便在此修行，在他圆寂后，人们建塔纪念，此后佛教在此发扬。

7. 中国道教四大名山是什么？

中国道教四大名山分别为武当山、青城山、龙虎山、齐云山。武当山位于湖北十堰市，自春秋至汉朝，一直有人到武当山修行，东汉末年至魏晋南北朝时期，道教作为宗教形成，加之当时社会动乱不堪，武当山上修炼之人的数量越来越多。青城山位于四川都江堰市，有“青城天下幽”的誉称，先秦时期就被认为是仙山，东汉顺帝初年，张道陵在鹤鸣山创立五斗米道（天师道）后，来到青城山结茅传道，至此此山名声更巨。龙虎山位于江西鹰潭市，相传张道陵在此修炼过三十余年，多方信徒来此求道。齐云山位于安徽休宁县，最初有唐代道士龚栖霞来此修行，南宋道士余道元在此修建佑圣真武祠，吸引了崇尚道教的人来此修行，明代时最为繁盛。

8. 古称分天下为九州，是哪九州？

《尚书·禹贡》载：“禹别九州，随山浚川，任土作贡。”相传，大禹治水时将天下分为九州，分别是冀州、兖州、青州、徐州、扬州、荆州、豫州、梁州、雍州。冀州，是现在的河北，为“九州之首”，《尔雅·释地》载“两河间曰冀”（两河即黄河、辽河）；古兖州，位于如今的山东省济宁市兖州区；青州，位于山东半岛中部，是如今的山东省潍坊市、青州市；古徐州，位于淮河以北、泰山以南、黄海以西，包括如今的江苏北部、安徽北部和山东南部；古扬州，位于江苏、安徽的淮水以南及部分浙江和江西；荆州，北达河南境内，南抵广东韶关、广西桂林，东到湖北与江西交界之处，西至贵州境内；古豫州，河南大部分地区，东接山东、安徽，北邻河北、山西，南壤湖北；古凉州，位于如今的甘肃境内；古雍州，为如今的陕西省中北部及靠近甘肃、宁夏、青海的部分地区。

9. 福建第一名山是什么山?

福建第一名山是武夷山，位于福建省武夷山市南郊，是三教名山。武夷山不仅风景秀美，而且具有深厚的历史文化底蕴。朱熹、蔡元定等鸿儒在此兴建学院，至今有书院遗址 35 处；僧道在此修行，存有宫观寺庙遗址 60 余处；世界上最早的悬棺遗址在此发现；万众喜爱、闻名遐迩的大红袍茶在此生长千年；道教的洞天福地是武夷山的胜景。

10. 梵净山在古时有多少名字?

梵净山是除五台山、普陀山、峨眉山、九华山外的中国第五大佛教名山，位于贵州省铜仁市的印江县、江口县、松桃县交界之处。梵净山最早在汉朝时被叫作“三山谷”，唐代时称“辰山”，宋代初年称“思邛山”，明代时称“梵净山”“九龙山”“饭甑山”“大佛山”等，清代时称“月镜山”“卓山”。佛教于宋代初年传入梵净山，被认为是弥勒菩萨的道场。

11. 中华“龙脉之祖”是什么山?

昆仑山，被称为中华“龙脉之祖”、中国第一神山、万祖之山、昆仑丘等，在中华民族发展史上具有显著地位。在上古神话中时常出现昆仑山、女娲炼石补天、西王母蟠桃盛宴等神话传说，赋予了昆仑山神秘色彩，使其逐渐成为中华民族重要的发祥地之一。古代文献中对昆仑山也有诸多记载。比如:《山海经》中记载，昆仑山是“人面虎身，有文有尾”的西王母的居所;《淮南子》中记载，昆仑山中有不死树和长满珠玉的琅玕树;《史记》中记载，昆仑山中产玉石，“天子案古图书”;《穆天子传》中记载，周穆王西征巡狩，来到位于昆仑山的西王母国度，与西王母一同宴饮吟诗。

12.《望天门山》中的“天门山”是湖南张家界的天门山吗?

李白第一次出蜀，在行舟过程中远望天门山，有感而发，写下了著名的《望天门山》:“天门中断楚江开，碧水东流至此回。两岸青山相对出，孤帆一片日边来。”这里的天门山是位于安徽省和县与芜湖市长江两岸的山，江北的山叫作西梁山，江南的山叫作东梁山（博望山），两山相对，好似天门一般，因此被李白称为“天门山”。如今常说的天门山，是位于湖南张家界的天门山，又称玉屏山，三国时期吴王孙休对其赐名“天门山”。

13. 愚公移的王屋山是道教名山吗?

愚公移山移的是王屋山和太行山，其中的王屋山位于河南省济源市，太行山以东，是道教名山，为道教十大洞天之首、道教全真派的圣地。王屋山相传是黄帝轩辕祭天的地方，时称“天坛”，后人因其“山有三重，其状如屋”，故称“王屋山”。王屋山的天坛阁有三清殿，供奉着道教玉清元始天尊、上清灵宝天尊、太清道德天尊。相传，南北朝之前就有道士在此炼丹修行。唐代时期，在此大修宫观，此后宋金元三朝，道教继续发展，但到了明清时期逐渐衰落，山中少见道士，大部宫观圮废。

14. 三清山因何得名？

三清山位于江西省上饶市与德兴市交界处，有玉京峰、玉虚峰、玉华峰三座峰，形似道教玉清、上清、太清三清尊神在山巅列坐，因而得名。三清山是道教名山，晋朝时期，葛洪到三清山炼丹、立说，是三清山道教的源头。唐代时期，道教兴盛，三清山建立了第一座道教建筑——老子宫。到了北宋时期，陆陆续续建成了葛仙观、福庆观、灵济庙、风雷塔等道教建筑。明初，朱元璋推崇道教，三清山道教迎来了鼎盛时期，各种道教建筑迅速建起，形成了建筑群，大多数建筑保留至今。

15. 中国“东南第一山”是什么山？

中国“东南第一山”是位于浙江省温州市的雁荡山。雁荡山山奇水秀，南归大雁在此歇息、游荡，故得名，又名雁岩、雁山。雁荡山有佛教古刹，是佛教圣地、文化名山，最早是南朝梁昭明太子在雁荡山芙蓉峰下建寺造塔，唐代西域高僧诺讵那率弟子来此礼佛弘法，佛教在此逐渐发展。到了宋代，雁荡山的寺院庙宇继续修建，形成了十八寺、十院、十六亭的格局，吸引了众多高僧来此念经诵佛。

16.《醉翁亭记》中的琅琊山在哪里？

欧阳修的《醉翁亭记》开篇写道：“环滁皆山也。其西南诸峰，林壑尤美，望之蔚然而深秀者，琅琊也。”文中的“琅琊”，即为安徽省滁州市西南部的琅琊山。琅琊山风景秀丽、苍翠葳蕤、植物丰茂，有数百种天生的中药材，被称为“皖东明珠”“天然药圃”。古时历代文人如顾况、韦应物、王禹偁、欧阳修、曾巩、王安石、辛弃疾、文徵明、王守仁等文人雅士都曾到过琅琊山并留下诗文，其中欧阳修的《醉翁亭记》最为人熟知。

17. 为什么庐山被称为“人文圣山”？

庐山位于江西省九江市，千百年来无数文人骚客在此游览，留下诸多诗文。比如，李白写道：“日照香炉生紫烟，遥看瀑布挂前川。飞流直下三千尺，疑是银河落九天。”“庐山东南五老峰，青天削出金芙蓉。九江秀色可揽结，吾将此地巢云松。”苏轼写道：“横看成岭侧成峰，远近高低各不同。不识庐山真面目，只缘身在此山中。”白居易写道：“人间四月芳菲尽，山寺桃花始盛开。长恨春归无觅处，不知转入此中来。”

18. 黄河的源头是什么地方？

黄河是中国第二大河，其源头是位于青海高原巴颜喀拉山北麓约古宗列盆地，流经青海、四川、甘肃、宁夏、内蒙古、陕西、山西、河南、山东 9 个省区，在山东省东营市注入渤海。黄河是母亲河，中华文明在黄河流域诞生。早在 10 万年前，就有人类在黄河流域活动，形成了仰韶文化、马家窑文化、大汶口文化、龙山文化等诸多古文化。中华民族始祖黄帝、炎帝及其部族曾在此长期生活。从夏朝开始，到之后的 3000 多年里，历代在黄河流域建都。可以说，黄河滋养着中华民族生生不息，见证着中华民族几千年来的光辉历史。

19. 亚洲第一长河是哪条河？

长江，全长 6300 多千米，是亚洲第一长河，其源头是昆仑山至唐古拉山之间的大片地域，其主要支流有雅砻江、岷江、沱江、嘉陵江、乌江、清江、汉江、湘江等。在

300万年前至100万年前的旧石器时代，长江流域就有早期人类生存的痕迹，巫山人、元谋人等早期智人，以及长阳人、资阳人等晚期智人均生活在长江流域。在长江流域，诞生了河姆渡文化、马家浜文化和良渚文化等。可以说，长江是人类的摇篮，是人类百万年来的记忆源头。

20. 嘉陵江在陕西境内不叫“嘉陵江”吗?

嘉陵江是长江水系中流域面积最大的支流，全长1345千米，流域总面积约16万平方千米，是我国唯一的一条南北走向的河流。源头有二：一为发源于四川省若尔盖县的白龙江，二为发源于秦岭西南的故道水和西汉水。西汉水、故道水分别自西北、东北流至嘉陵道，到陕西省略阳县两河口以下时才称为“嘉陵江”,《水经注》中载“汉水南入嘉陵道而为嘉陵水”。嘉陵江通航始于夏朝，相传秦始皇陵中的水银便是通过嘉陵江运至骊山的。由于嘉陵江是沟通南北的河流，历代航运十分繁荣。

21. 湘江的名字是怎么来的?

湘江是湖南省内最大的河流，发源于广西壮族自治区兴安县海洋山附近的峰岭上(《湘水考》载“湘水，源出广西桂林府兴安县海阳山，山居灵川、兴安之界上……”),古时被称为湘水，有古诗云“湘水几千里，平流少激渊。数家分市井，列石起峰峦”。湘江之所以称为“湘江”“湘水”，相传是因为八仙之一的韩湘子曾游居在羊角汉仙岩，后来在此修炼成仙，后人将此地称为“湘乡”，将流经羊角汉仙岩的河流称为“湘水”。

22. 屈原在汨罗江的何处投河自尽?

公元前278年，楚国郢都被秦将白起率军攻陷，屈原心中悲愤，感觉救国无望，在痛心绝望中投入汨罗江。据说，屈原投河自尽处位于汨罗江注入洞庭湖口上游3里左右位置，名为河泊潭。在河泊潭岸边，有石碑记载屈原一事。后来，人们为了纪念屈原，在五月初五端午节这天，会向江水里投放粽子、赛龙舟。汨罗江位于湖南东北部，全长253.2千米，分南北两支，南支称“汨水”，北支为“罗水”，在汨罗市屈谭汇合为“汨罗江”，是湖南省的主要水系之一。

23. 中国最长的高原河流是哪一条?

位于西藏自治区境内的雅鲁藏布江是中国最长的高原河流、坡降最陡的大河，也是世界上海拔最高的江河之一，拥有世界第一大峡谷（最深、最长）——雅鲁藏布大峡谷。雅鲁藏布江，在藏语中最早称为“央恰布藏布”，意为最高顶峰上流下来的江水，又因流经山南雅砻（“雅鲁”和“雅砻”同义），后被称为“雅鲁藏布”。“藏布”在藏语中即为“河流”的意思。

24. 澜沧江与湄公河有什么关系?

澜沧江是东南亚最大的国际河流，发源于青海省唐古拉山，主干流总长度2139千米，流经青海、西藏和云南三省，在西双版纳出境流入老挝、缅甸、泰国、柬埔寨、越南，最后汇入中国南海。澜沧江在藏语中称“拉楚”，意为“獐子河”。澜沧江与湄公河实际上是一条河，在中国境内被称为“澜沧江”，出了国境之后被称为“湄公河”。

25. 辽河在古代也叫“辽河”吗？

辽河发源于河北省平泉市的光头山，全长1345千米，流经河北、内蒙古、吉林、辽宁，最终注入渤海。如今的辽河在汉朝时称为“大辽水”，《水经注》载：“大辽水出塞外卫白平山。东南，入塞，过辽东襄平县。”五代、宋代之后，称为“辽河”，《太平寰宇记》载：“柳城，东至辽河，西至大海三百四十里。”在清代有句骊河、巨流河之称。

26. “气蒸云梦泽，波撼岳阳城”中的“云梦泽”是指哪里？

孟浩然的诗句“气蒸云梦泽，波撼岳阳城”出自《望临洞庭湖赠张丞相》一诗，描绘出了洞庭湖的美景。洞庭湖，在古时称为“云梦”“九江”“重湖”，后因湖中有洞庭山而在春秋时期得名“洞庭湖”。洞庭湖具有丰富的人文历史。相传，秦始皇巡狩天下路过洞庭湖君山，下令刻碑封山，现存此“封山印”；楚庄王在洞庭湖擂鼓平叛，如今在城陵矶有擂鼓台遗址；三国时期东吴将领鲁肃在岳阳楼阅兵；范仲淹写有《岳阳楼记》这一千古名篇。

27. 中国第一大咸水湖是什么湖，有何传说？

青海湖是中国第一大咸水湖，也是世界上海拔最高的湖泊之一。青海湖古称“西海”，也称“仙海”“鲜水海”“卑禾羌海”；北魏以后，始称“青海”。相传，西王母是3000多年前生活在青海湖一带的古羌人部落的女首领，她宴请乘八骏之辇来看望她的周穆王于瑶池，而这瑶池就是美丽的青海湖。西王母是青海湖的主神，替王母“殷勤探看”穆王行踪之三青鸟，就是生活在鸟岛之上的万千候鸟。

28.《滕王阁序》中“响穷彭蠡之滨”的“彭蠡”是指哪里？

彭蠡，是指鄱阳湖。《尚书·禹贡》《汉书》都有关于鄱阳湖的记载，其中《尚书·禹贡》中称其为“彭蠡”,《汉书》中称其为“彭泽”。鄱阳湖是中国第一大淡水湖、中国第二大湖，位于江西省北部。古时鄱阳湖的面积比现在要大，形状类似葫芦，后来由于泥沙淤积和人工围垦等，鄱阳湖的面积不断缩小，如今形状像一只天鹅。鄱阳湖有诸多名胜古迹，湖底有汉高祖年间建县的古鄡阳城址；鄱阳湖东岸老爷庙是朱元璋在此打败陈友谅后册封的一座庙；望湖亭、忠臣庙，也是朱元璋和陈友谅大战后的遗迹。

29. 为什么有人将太湖称为“海的儿子”？

太湖是中国五大淡水湖之一，北临无锡，南濒湖州，西靠常州，东抵苏州。最初的太湖与阳澄湖、淀山湖等湖泊一样，是与海相通的大海湾，是一个“潟湖”（海岸带与外海相分离的局部水域）。随着长江、钱塘江的泥沙不断堆积，扬子江、钱塘江向东延伸，进而使太湖等潟湖被环抱于内，成为内海，加之从山上流下的淡水不断注入太湖，冲淡了其中的海水，逐渐使其成为淡水湖。由于太湖中的水最初是海水，所以有人将其称为“海的儿子”。

30. “西湖”的名称始于唐代吗？

西湖位于浙江省杭州市西部，最早被称为“武林水”，之后又有钱水、钱塘湖、明圣湖、金牛湖、石涵湖、上湖、潋滟湖等多种称谓，其中“钱塘湖”之称多为人知。而“西湖”一名最早见于白居易的《西湖晚归回望孤山寺赠诸客》《杭州回舫》两首诗中。《杭州回舫》写道：“自别钱塘山水后，不多饮酒懒吟诗。欲将此意凭回棹，报与西湖风月知。”北宋以后，诗文名家多用“西湖”一称，其他称谓逐渐淡化，此名称一直沿用至今。

31. 西藏三大圣湖是什么？

西藏三大圣湖是指羊卓雍措、纳木措和玛旁雍措。羊卓雍措位于山南市的浪卡子县，在藏语中意为“上面牧场的碧玉之湖”被当地人认为是“神女散落的绿松石耳坠”，被誉为世界上最美丽的水；纳木错位于西藏中部，是中国第三大咸水湖，在藏语中意为“富裕的天湖”，相传是胜乐金刚的道场，为著名的藏传佛教圣地；玛旁雍措位于西藏普兰县，在藏语中意为“无能胜湖”，雍仲本教认为其是龙神的宫殿。

32. 哪些朝代在西安建都？

西安是十三朝古都，这十三朝分别是：西周、秦、西汉、东汉、新莽、西晋、前赵、前秦、后秦、西魏、北周、隋、唐。“西安”的名字始于明代，此前有很多名字。秦代时，称“内史”；西汉、新莽、东汉时，称“京兆尹”；魏、西晋、十六国、北朝、隋代时，称“京兆郡”；唐、五代、宋金时，称“京兆府”；元朝时，称“奉元路”；明清时，称“西安府”。具体到都城，西周时称“镐京”；东汉初年，刘邦在镐京旧址上营建长安城；新莽时期，建都长安，更名为常安；之后，在明代之前的历朝历代都称其为“长安”。

33. 嵇康作《广陵散》一曲，广陵是现在的哪里？

广陵位于江苏省扬州市，为扬州的古称。广陵建成始于楚怀王时期。公元前319年，楚怀王在邗城基础上修建了广陵城。汉朝时，称其为“广陵”“江都”。三国时期，因广陵近山临海，适合发展盐铁业，经济迅速发展。广陵也是重要的军事战略重地，古代兵家必争之地。南北朝时期，战乱摧毁了广陵的人口和经济，广陵一度成为荒芜之城。隋唐时期，广陵改称扬州，经济逐渐发展，到了宋代再度成为全国重要的经济文化中心。元明时期，社会发展进步，扬州的经济再次进入鼎盛时期，但清军入关之后，攻陷了扬州城，屠城十日，扬州城死伤数10万人。

34. “姑苏城外寒山寺”的“姑苏”在哪里？

“姑苏”是苏州的古称，是中国现存最古老的城市。公元前514年，吴王阖闾命令伍子胥在此筑城建都，其规模几千年来无太大变化，即为如今的苏州护城河环绕的区域。秦王嬴政时期，将其改为“吴县”,“吴县”“吴州”一直沿用到隋代，隋文帝将其改名为“苏州”。京杭大运河开通之后，苏州成为重要的工商业城市，各路商贾云集于此，促进了苏州的繁荣发展。此后，在朝代更迭、战乱重建等历史情形下，苏州一直未颓废，保持着生生不息的活力。

35. 建城3100多年，未曾改名的城市是哪一个？

邯郸，最早见于古本《竹书纪年》，有商纣在邯郸建“离宫别馆”的记载。西周时期，邯郸属于卫国；春秋时期，邯郸为晋国之地；战国时期，邯郸为赵国的都城。秦始皇统一天下后，设三十六郡，邯郸就是邯郸郡的首府。西汉时期，邯郸繁荣昌盛，“富冠海内，天下名都”。之后的数千年间，虽然风云变幻、改朝换代，但邯郸的名称一直未变，沿用至今。

36. 洛阳的名字有何来历？

洛阳是一座具有丰厚历史文化底蕴的城市，因位于洛水之北，水北为阳，故称“洛阳”。上古传说中也多有提及此地，其文明史有5000多年、城市史有4000多年，商、西周、东周、东汉、曹魏、西晋、北魏、隋、唐等13个王朝都曾在洛阳建都。古时，洛阳也称为“洛邑”，“周公辅政，迁九鼎于洛邑”“平王东迁，高祖都洛”，历来被认为是天下的中心，西周初期时是全国交通的中心原点；东汉时期，建立了以洛阳为起点的“丝绸之路”，是历朝历代最重要的政治、经济、文化中心之一。

37. 甲骨文是在哪里被发现的？

甲骨文出土于河南省安阳市。安阳是中国八大古都之一，古称相、殷、邺、相州、彰德等。相传早在三皇五帝时期，颛顼就在此处建都。约公元前1300年，盘庚迁殷，在安阳建立了都城，传了八代十二王，历时278年。因此，安阳存有大量的殷墟文化证据。在这里，出土了15万多片甲骨文、上万件青铜器、50多座宫殿遗址等。可以说，安阳是殷墟文化的唯一承载者。此后，除了商，曹魏、后赵、冉魏、前燕、东魏、北齐等也均在安阳建都，故安阳后有“七朝古都”之称。

38. 郑州是古都吗？

郑州是中国八大古都之一，古称新郑，相传5000多年前轩辕黄帝曾定都于新郑；夏商两朝，均有君王在此建都。春秋时期，郑国都城为新郑；韩国灭掉郑国后，迁都新郑。西汉时期，新郑属于河南郡，是当时重要的冶铁城市。北宋在汴京建都后，将郑州作为西辅；明代建立后，郑州划归开封府。作为具有悠久历史的郑州，当前仍保有轩辕黄帝故里、商城遗址、北宋皇陵等遗址、遗迹10000余处。

39. 北京、南京、西安在古代的名字是什么？

北京旧称为北平，最早源于战国时期，在明洪武元年，易名为北平府，取“北方和平”之意；南京旧称金陵，公元前333年，楚威王在石头城建筑金陵邑，“金陵”二字便源于此；西安古称长安，素有“天府之国”的美誉，唐朝也在长安创造了辉煌的“大唐盛世”，同时它也是最早的“东方世界之都”。

40. 广东、湖南、山东、贵州的原名是什么？

广东因位于中国南岭山脉的南边，古称岭南；湖南的原名叫潇湘，潇指的是湖南境内的潇水河，湘指的是横贯湖南的湘江，故此得名；山东的原名叫齐鲁，因山东在古代时分别是齐国和鲁国的所在地，所以叫齐鲁大地；贵州的原名叫夜郎，古时候有个国家叫夜郎国，是中国西南地区第一个少数民族建立的政权，位于今天的贵州省境内。

41. 临沂、沈阳、淇县、扬州的原名是什么？

临沂的原名叫琅琊，最早可以追溯到秦朝，到了东汉时期，又被升为琅琊国，也就是今天的山东省临沂市；沈阳原名叫奉天，是清代至民国北洋政府对辽宁省的旧称，省会奉天府，后南京国民党政府把奉天改为沈阳；淇县原名叫朝歌，是殷商故都和西周卫国国都，取“喜迎朝阳，高奏凯歌”之意，故得此名；扬州原名叫广陵，因楚怀王在邗城建筑广陵城，“广陵”之名始于此。

42. 我国的第一山、第一泉是什么？

我国的第一山是泰山，古称岱山，位于山东省中部，是五岳之首，有“天下第一山”的美誉，也是古代皇帝封禅的重要场所。而第一泉则是趵突泉。乾隆皇帝南巡时用趵突泉的水泡茶，觉得清香四溢，味醇甘美，故册封其为“天下第一泉”。

43. 新疆、内蒙古、西藏、宁夏、河南的原名是什么？

新疆的原名叫西域，光绪帝时期，清政府正式在新疆设省，取“故土归新”之意，改西域为新疆；内蒙古的原名叫塞北，古代以长城为界，边塞以北的地区为塞北，清代塞北地区主要分布在内蒙古；西藏的原名叫吐蕃；宁夏的原名叫西夏；河南的原名叫中原。

44. 幽州、金陵、临安、豫章是指哪里？

幽州指的是北京，幽州曾以幽州突骑闻名古史，历代对幽州的划分范围都不同，但核心区域没有变化，那就是今天的北京市；金陵指的是南京，是六朝古都；临安指的是杭州，南宋高宗为躲避战祸而逃到了江南，升杭州为临安府，为南宋的首都；豫章指的是南昌，在隋开皇九年（589），隋文帝杨坚罢豫章郡置洪州，后南昌县改为豫章县。

45. 湖南、湖北的“湖”指的是哪个湖？

洞庭湖。长江穿过三峡之后，受到沿岸山势所阻，蜿蜒辗转，最终汇集到地势较低的区域，形成了众多湖泊，洞庭湖就是其中之一。洞庭湖是长江流域重要的调蓄湖泊，使长江无数次化险为夷，周围地区才得以安全度汛。湖南省绝大部分都在洞庭湖以南，所以称为“湖南”，湖北则是洞庭湖以北。

46. 山东、山西的“山”指的是哪座山？

太行山。其实在古代，每个朝代对地区的划分界限是不同的，在战国时期，秦逐步向中原扩张，那时候以函谷关为界，函谷关以东的地区称为山东，以西的地区称为山西。到了东汉，都城迁到了洛阳，又以太行山为界区分山东和山西。如今，我们依然延续以太行山为界的说法。

47. 广东、广西的“广”指的是什么地方？

两广中的“广”指的是广信。广信是两汉时期的交州首府，被誉为“岭南古都”。宋太祖赵匡胤攻打南汉，成功把岭南纳入中央版图。就这样，在北宋灭掉北汉之后重新统一了中国大部分地区，岭南也被纳入宋的行政规划。当时岭南被分为两路，以东称为广东路，以西称为广西路，简称广东和广西。

48. 河南、河北的“河”在古代是指哪条河？

河南、河北的“河”，在古代指的是黄河。历史上说的河南、河北指的不是行政区域，而是地理区域，以黄河为界，黄河以南为河南，黄河以北为河北。到了明清时，河南、河北的行政区域与现在的接近，直至新中国成立之后，对两省辖区进行了调整，河北也就远离了黄河。

49. 我国唯一以近代伟人命名的城市是哪个？

中山市。中山市的命名是以近现代领导人孙中山先生命名的，中山市也是他的故乡。中山市原名为“香山”，到了宋朝时期，设立了香山县。1925 年，为了纪念孙中山先生，改“香山”为“中山”。孙中山先生领导了辛亥革命，提出了三民主义思想，为实现国家统一和民族复兴不懈奋斗，被誉为“国父”“亚洲民主之父”“现代中国之父”。

50. 我国唯一没有山的城市是哪个？

江苏盐城。盐城全境都是平原地貌，在黄河不断冲刷下，这里已经形成了全亚洲大陆边缘最大的海岸型湿地。盐城也是第一个以“盐”命名的城市，因海水蒸发留下了大量的盐，因此得名。盐城曾是吴国的属地，后经不断发展，逐渐成为江苏省的重要城市之一。

51. 古时的岭南在哪里？

苏轼在《定风波》中写道：“试问岭南应不好，却道：此心安处是吾乡。”古时的岭南在哪里？究竟好不好？古时南方之地有“五岭”，即今广西、广东与湖南、江西交界处的越城岭、都庞岭、萌渚岭、骑田岭、大庾岭这五座大山，它们连成一片山脉，被称为“南岭”。岭南就在“南岭”以南，也就是如今的广东、广西、海南等地。古时的岭南，当时被当作是“穷山恶水”的瘴疠之地、流放之地。历史上，被贬谪岭南的名人很多，例如韩愈、柳宗元、欧阳修、苏轼等。

52. 中国的四大古都是哪里？

西安、南京、洛阳和北京并称“中国四大古都”。西安古称长安，历史上有十多个王朝在这里建都，时间长达千年以上，有大唐盛世之美名的唐朝便是在西安建都。南京古称金陵，明太祖朱元璋曾在南京称帝，建立明朝。洛阳古称洛邑，中国第一个王朝夏朝便在洛阳建立，此后 13 个朝代在此建都，有“十三朝古都”之称。北京古称燕都，金朝的时候，北京首次成为首都，后到明清时期，北京开始彻底取代长安、洛阳等古都，成为中国政治中心，延续至今。

53. 长江有多长？黄河有多长？长城有多长？京杭大运河有多长？珠穆朗玛峰有多高？吐鲁番盆地有多低？

中国幅员辽阔，地大物博，有很多气势磅礴的景观，其中长江约长 6300 千米，是中国第一大河；黄河约长 5464 千米，是中国第二大河，因是中华文明最主要的发源地，人们也称它为“母亲河”；京杭大运河全长约 1794 千米，是世界上里程最长、工程最大的古代运河；珠穆朗玛峰高 8848.86 米，是喜马拉雅山脉的主峰，位于中国和尼泊尔的边界上；吐鲁番盆地是中国地势最低的地方，最低海拔 −154.31 米，大部分地面海拔不超过500米。

54. 我国的第一关是哪里？

我国第一关是山海关。山海关又称榆关、渝关、临闾关，位于河北省秦皇岛市山海关区东大街1号。1381年，明太祖朱元璋下令在此建关，因依附山海，故得名“山海关”。山海关素有“天下第一关”的美誉。它有四座主要城门，还有多种防御型建筑，是东北、华北咽喉的军事重镇。

55. 我国唯一一个以花命名的城市是哪个？

我国唯一一个以花命名的城市是四川省攀枝花市。攀枝花原名叫上、下坝村，因村口有一株古老而高大的攀枝花树，遂叫攀枝花村，后又升级为渡口市，1987年1月23日，经国务院批准，正式更名为攀枝花市。攀枝花市位于中国西南川滇结合部，全市总面积约7400平方千米，享有“花是一座城，城是一朵花”的美誉，也是四川唯一的亚热带水果生产基地，盛产杧果、枇杷、莲雾、石榴、草莓、樱桃等特色水果。

56. 我国最热的地方是哪里？我国最冷的地方是哪里？

我国最热的地方是新疆吐鲁番，有2000多平方千米低于海平面100米以下，因难以与外界空气交换，所以异常炎热，年平均气温在30℃以上，绝对最高温度47.6℃。我国最寒冷的地方是内蒙古根河市，年平均气温-5.3℃，历史记载最低气温达到零下-58℃。

57. 我国的“东方之珠”是指哪里？

香港。香港位于中国南部，与澳门隔海相望，是世界上人口密度最高的地区之一。1997年7月1日起，中国政府对香港恢复行使主权，对其实行“一国两制”的基本国策，香港特别行政区就此成立。

58. 被称为“八路军故乡”的地方是哪里？

被誉为“八路军故乡”的是山西武乡。武乡位于太行山西麓，是著名的革命老区，在抗日战争期间，武乡是共产党重要机关驻扎的地方，朱德、彭德怀、邓小平等老一辈革命家在这里指挥了大大小小百余场战役。这里被誉为“八路军的故乡，子弟兵的摇篮”。

59. 被誉为“世界水利文化鼻祖”的是哪里？

都江堰。都江堰位于四川省成都市都江堰市城西，在成都平原西部的岷江上。它是当今世界上年代久远、唯一保留、以无坝引水的为特征的宏大水利工程。秦昭王后期，蜀郡太守李冰总结出了前人的治水经验，开始修建都江堰。几千年来，都江堰依然惠及着蜀地的子孙。

60. “黄山四绝”指的是哪四绝？

“黄山四绝”是指安徽黄山的四种独特景观，即奇松、怪石、云海、温泉。黄山奇松，虬枝奇干，千姿百态，独立挺拔，针粗叶短，冠平如盖，尖削似剑，生长在石头缝中，或独立山巅，或倒悬绝壁之上；怪石，形态千奇百怪，形象逼真，从“横看成岭侧成峰，远近高低各不同”诗句中可见一斑；云海，团团层层，壮观瑰丽，变幻无穷，一年四季皆可观赏；温泉，又名朱砂泉，位于紫云峰下，水质纯净，出水不断，水温常年在42℃左右，既可沐浴也可饮用。

61. 中国哪座大学是曾经的皇家园林？其前身是什么？

北京大学是曾经的皇家园林，其前身是京师大学堂。北京大学的未名湖周围曾经是明朝的勺园，但在明末清初的时候毁于战火。到了乾隆时期，这座在战火中毁坏的园子经过修葺，变成了春熙院，乾隆把它赏给了大学士和珅。

62. “塞罕坝”一直以来都很荒凉吗？

塞罕坝，位于河北省围场县境内。20世纪60年代初，面对着这片“天苍苍，野茫茫，风吹沙起好荒凉”的沙地荒原，一场跨越半个世纪的“让沙漠成绿洲”的绿色奇迹在这里开始。1962年，塞罕坝机械林场正式组建。一批批建设者在这片荒原上植树造林，通过不懈的艰苦努力，塞罕坝的森林覆盖率由建场初期的11.4%提高到80%，林木总蓄积量达到1012万立方米，创下了不朽的“绿色奇迹”。其实，早在辽金时期，塞罕坝并不荒凉，曾被称为“千里松林”。到了清朝后期，由于清朝国力衰退、日本侵略者掠夺性的采伐、连年不断的山火和日益增多的农牧活动，塞罕坝上的森林快速消失，土地开始变得贫瘠。无数无私奉献的建设者们用自己的双手让塞罕坝重新焕发了历史的颜色。

第十四章 农业工商篇

1. 夏朝时人们用于耕种的耒、耜是什么样子?

夏朝的民众主要分布在黄河流域的中原地带，以农业为主，同时手工业、纺织业、畜牧业、医药业也有所发展。夏朝使用的农具依然是较为原始的木石工具和部分骨器、蚌器。农耕工具有耒、耜等。耒，是一种翻土农具，前端是弯曲有双尖的棒子，类似木叉，是犁的前身。《韩非子·五蠹》“因释其耒而守株”中的“耒”就是这种农具。耜，是在耒柄的前端绑一块石质的尖头，作用也为翻土。韦昭注《国语·周语中》“民无悬耜，野无奥草”一句称“入土曰耜，耜柄曰耒”。

2. 夏朝的手工业处于什么水平?

夏朝时，人们除了能琢磨石器外，也能烧制陶器和冶炼制造青铜器。在石器制造方面，以钻孔石铲和石刀为主，也能制作琢磨精致的石器佩饰。在烧制陶器方面，采用快轮制造技术（将陶土放置在陶轮上，快速旋转陶轮，用产生的离心力拉土制坯。在龙山时期发展成熟，能使陶器薄厚均匀、胎壁变薄，且加大陶器制作效率），能烧制出泥质灰陶、夹砂陶、黑陶、棕陶、白陶，以泥质灰陶、夹砂陶居多，白陶较少。在青铜器制造方面，“禹铸九鼎”“启在昆仑铸鼎”证明夏朝具有青铜冶炼制作技术。

3. 商代农民主要种植什么作物?

商代农业逐渐发达，驯化了很多野生作物，如今所说的稻、黍、稷、麦、菽“五谷”，在商代几乎都可以种植了。由于当时的农民有了储存人畜粪便的意识和施农肥的做法，可以使用青铜器农具（木器、石器、骨器、蚌器农具依然为主要农具），农业生产效率提升，农作物产量较高。此外，在河北邢台曹演庄遗址发掘中发现了商代麻籽，在河北藁城台西遗址发掘中出土了桃、李等30多颗植物种仁，这些表明商代也可种植桑麻、果树等作物。

4. 周公为什么对违禁的工匠网开一面?

周公曾告诉康叔:“对违禁饮酒的人要杀无赦，但对违禁的工匠却可以不杀。”西周工奴统称“百工”，是具有各种技艺的工匠，大多数是从商代接管过来的。这些工匠的技艺多为世代传承，具有较高的水平，是西周工业生产的重要力量，因此统治者对他们尤为重视并加以保护。

5. 西周时期人们开始住瓦房了吗？

西周早期的遗址中，出现了陶瓦，陶瓦上有陶钉或陶环，正背面有明显分别，多用于屋脊和屋面。到了西周中晚期，陶瓦的产量大幅提升，整个屋顶都可以使用陶瓦了；同时，陶瓦的种类更加多样，有板瓦、筒瓦、大板瓦、半瓦当，且规格不一；此外，陶瓦上还有精美的回曲纹、绳纹等花纹，更具美感。陶瓦的出现，推动了建筑业的发展，人们从茅草屋时代逐渐走向了瓦房时代。

6. 毛公鼎铭刻了什么内容？

青铜器发展到西周，工艺越加复杂，在青铜器上铭刻文字成为平常之事。由毛公制作的毛公鼎就是铭刻金文的代表性青铜器。毛公鼎上铭刻的金文共32行、497字，记载了周文王、周武王的丰功伟绩，还有对现实的感叹，以及周宣王册命毛公之事——教导毛公要勤政爱民、修身养德，并赐给毛公一些器物。毛公鼎的铭文语句精妙、内容完整、寓意深奥，堪为西周散文的佳作。

7. 中国最早的人工冶铁始于什么时候？

中国最早的人工冶铁和铁器制造始于春秋早期，证据为甘肃灵台的一座春秋早期墓葬中出土的铜柄铁剑，它标志着人类文明从青铜器时代迈入了铁器时代。铁的资源储量比铜丰富，冶炼工艺更为简单，那么为什么在时间上冶铁技术比冶铜技术更晚出现？原因在于冶铁所需的温度更高，铜的熔点为1083℃，而铁的熔点为1535℃，因此冶铁比冶铜更难。由冶炼制作而成的铁器在韧性方面比青铜器更优，加之铁的赋存多，铁器应用更为广泛，在战国时期逐渐普及，到了汉朝时已经完全替代了青铜器。

8. 春秋时期的土地是私有吗？

从夏到西周时期，国家实行以国有为名的井田制，农民为贵族劳作，实际上就是贵族的奴隶。到了春秋时期，土地私有制开始萌芽，有周王或诸侯赐田、贵族之间转化土地归属关系、贵族之间相互争抢土地、开荒地占为己有等土地私有化做法。要注意的是，这种私有制是相对于周王朝的私有制，对于大多数农民来说只不过是变更了服务的主人，因此这种私有制被称为封建地主私有制。由于私田的大量出现和土地私有制的确立，统治者不得不改变赋税制度。公元前594年，鲁宣公实行赋税改革，实行“初税亩”，即以土地面积为单位征收地税，表明承认了土地私有制的合法性。

9. 金属货币是何时出现的？

早期人们以贝壳作为货币进行商品交换，井田制的瓦解和土地私有制的确立，促进了商业的发展，于是在春秋时期出现了金属货币。目前发现最早的金属货币为“空首布”，也称“铲布”，出土于春秋早期和中期的遗址中。从春秋末到战国初，晋、周一带通行铲形币，齐和燕的钱币以刀币为主，皆为铜币。同时，黄金、白银也作为货币开始流通。随着商业的发展，也出现了一些大商人，如郑国大商人弦高、道商鼻祖范蠡等。

10. 什么是贡、助、彻？

《孟子·滕文公上》载：“夏后氏五十而贡，殷人七十而助，周人百亩而彻，其实皆什一也。”贡、助、彻均为租税制度。贡，是民众向统治阶级缴纳的贡物，如五谷、六畜等，起源于原始公社末期。实行井田制时，有“公田”和“私田”之分，民众耕种“私田”则需要进贡，而“助”就是农民为统治者无偿耕种“公田”。彻，具有贡和助的特点。西周时期，彻和助并行，“国中用彻，野地行助”（统治者居住地为国，被统治者居住地为野），在国中，不分“公田”和“私田”，只要民众耕种土地，就要向统治者缴税，即为“彻”，实际上国中均为“公田”。

11. 春秋战国时期就能建造战舰了吗？

春秋时期，楚、吴、越、齐四国都有“舟师”，其中吴国的“舟师”较为强大。吴国战船的类型分为“三翼”，《太平御览》载“大翼一艘广一丈六尺，长十二丈”，“容战士二十六人，棹五十人，舳舻三人，操长钩矛斧者四，吏、仆、射、长各一人，凡九十一人”；此外，还有供吴王乘坐的旗舰战船“艅艎”，体型更为庞大。到了战国时期，造船业发展加快，可以制造规模更大的战舰，“水陆攻战铜鉴”和“百花潭铜壶”上刻有双层战舰图形，反映了当时战舰的发达。

12. 什么是“蚁鼻钱”？

蚁鼻钱，又称鬼脸钱、蚆壳、骷髅牌、瓜子金、拉拉子等，是一种小钱，战国时期楚国的常用货币。蚁鼻钱的外形如贝类，为椭圆形，正面突起，背面磨平，刻有文字（咒、紊、金、君、行、忻、匋、贝、三等几十种面文），重量很轻，通常在6克以下，多在2.5克至3.5克之间。早期楚国经济文化较为落后、疆域较小，随着楚国的疆土扩张，蚁鼻钱的流通范围逐渐扩大，在长江中下游一带形成了独立的货币体系。

13. 工官、铁官、盐官是什么官职？

工官、铁官、盐官是秦设置的官职。工官，负责管理手工业，为县一级的官职。县以上负责手工业的官署有工室、邦司空、大官、左府、右府等。铁官，主管铁业，于商鞅变法时设立，负责将冶铁业的全部收入归为国有。盐官，主管盐政，盐与铁同为国家的重要经济命脉，商鞅变法之前盐业可由民间商人经营，变法之后设置盐官，实行盐业官营的制度。

14. 什么是屯田制？

屯田制是一种命令士兵和无田农民垦种荒地的政策，分为军屯、民屯等类型。屯田制最早由汉文帝创立。公元前169年，汉文帝命令罪犯、奴婢和募民戍边屯田。之后，汉武帝调派戍卒到西域屯田戍边，开启了军屯。到了曹魏时期，曹操将屯田制扩大到民屯（民屯的耕种者为屯田客），屯田制逐渐发展成为体系。全国的屯田统一由大司农掌管，每屯有屯田客50人，设司马管理。当时规定，屯田士兵“持官牛者，官得六分，士得四分；自持私牛者，与官中分”。对屯田客的要求也大概如此。屯田士兵一边垦种一边戍边防御，屯田士兵的家属有服兵役的义务。屯田客只垦种纳租，不服徭役。

15. 西晋实行占田课田制，农民能否承受？

西晋时期，司马昭将屯田官改为郡县官，将屯田农户身份转换成普通农民身份，使公田变为私田，推行占田课田制。占田课田制分为占田和课田。占田，规定每户每人应耕种的田亩数量，按照规定数量进行征收租税，不管实际耕种亩数。比如，屯田制要求屯田客要耕种50亩公田，公田变为私田后，加收50亩租税，以此作为公田转成私田的补偿，农民按照100亩纳租。由于农民有了私田，如果不遇荒年，可以承受赋税。课田，要求农民加种田亩，按户加课，新垦田为按丁加课，农民也可承受。

16. 均田制是从什么时候开始的？

均田制是一种始于北魏、终于唐代的土地分配制度。南北朝时期，持续动乱导致大量土地无人耕种。北魏孝文帝时期，颁布实施均田令，规定男女皆可授田，奴婢和耕牛也可授田。具体规定：15岁以上的男子授露田40亩、桑田20亩，妇人授露田20亩。田加倍或加两倍授给，以备休耕，满70年返还官府。桑田为世业，无须返还官府，但必须种植桑树、榆树、枣树。奴婢授田与普通农民一样；每头耕牛授田30亩。特别规定所授之田不许买卖。北魏的均田制，使农民有自己的田地可种，是当时农民的福音。

17. 隋代的对外贸易发达吗？

西汉时期，张骞开辟了以长安为起点，经甘肃、新疆，到中亚、西亚，联结地中海各国的陆上通道，被称为陆上“丝绸之路”，活跃了国际之间的贸易交往。到了隋代，分海、陆两路实行对外贸易，陆上贸易较为发达。隋代的陆上对外贸易通道有天山北路、天山南路北道、天山南路南道三条，远达欧洲东部；海路贸易可达南洋、日本。隋代的贸易规模虽不如唐代，但对于刚实现统一、统治时期不久的王朝，其对外贸易能做到如此，实属不易。

18. 唐德宗颁布的“两税法”是利是弊？

唐代初年实行的均田制，到唐德宗年间崩溃瓦解。当时，封建地主阶级与农民之间的矛盾愈加激烈，国家税收不及地方税收，为缓解这种情况，唐德宗听从宰相杨炎的建议实行“两税法”。“两税法”，即按照当时的居住地将民众编入户籍，每户按资产交纳户税，按亩交纳地税，取消租庸调制和其他一切的杂税杂役，分为夏秋两季征税，并规定贵族、官僚、商人都须缴税。这改变了自古以来按人丁征税的传统模式，减轻了农民的负担，同时极大地增加了政府财政收入。据记载，“两税法”颁布后，到建中元年（780）年末，唐王朝税收达1300多万贯，比之前唐王朝的全部财赋收入总和仍多出百万贯，唐王朝的全部财赋收入达到3000余万贯。然而，“两税法”实行不到30年，由于朝廷管控不力，官吏私下巧设名目、横征暴敛，私自增设“间架税”“除陌税”等杂税，加重了农民的负担，“两税法”的弊病很快显现。

19. 唐代农业生产力的发展离不开哪一样农具？

唐代之前，农民耕地通常采用直辕犁。到了唐代，农民在实践中发明了一种更加先进的农具——曲辕犁。曲辕犁将直辕犁的直辕、长辕改为曲辕、短辕，并加装了可自由转动的犁盘，如此一来，犁架更小，更轻便灵活，便于转弯、调头，节省了人力和畜力。同时，使用曲辕犁，可以调整犁铧入土的深浅，具有自由碎土、松土和起垄作亩的功能，大大提高了耕地的速度和效率，对农业生产具有重大的积极意义。

20. 什么是“大索貌阅”？

隋文帝杨坚统治时期，存在“户口多漏”、诈伪老小以避赋役的现象，严重影响了国家的税收。杨坚听从民部侍郎裴蕴的建议，实行“大索貌阅”。“大索貌阅”，即由州县官吏按照户籍登记的年纪、体貌对农户进行核对。“大索”旨在搜查隐匿人口，“貌阅”旨在核查以诈老、诈小来避税的行为。唐朝承隋制，并将其进一步制度化，将“大索貌阅”作为县令的职责之一。在具体实行中，不仅要“貌阅”民众的真实年纪与所报年纪是否相同，还要“貌阅”是否存在“三疾”（丧失部分劳动力者为残疾，丧失全部劳动力者为废疾，丧失全部劳动力且丧失生活自理能力者为笃疾），对“三疾”者部分免除或全部免除赋税徭役，并提供“侍丁”待遇。

21. 什么是市舶司和榷场？

市舶司和榷场是北宋时期设立的对外贸易场所。公元999年，宋真宗诏示在杭州、明州设置市舶司，以方便外商经营、加强官方对贸易的管理。市舶司的主要官员有市舶使和市舶判官，负责收购海外舶来的货物，接待各国贡使，招徕外商，对外商经营进行监管，管理本国商船及海外贸易征税等。榷场，是北宋在与辽、西夏、金、元等接境地区设置的互贸市场，商人需要在榷场内进行贸易，需要缴纳商税和牙钱。

22. 北宋的“两税”都征收些什么？

北宋承唐制收“两税”，仍为夏秋两季征收。夏税主要征收丝、棉、丝织品、大麦、小麦、钱币等，秋税主要征收稻、粟、豆类、草等。但由于南北方作物生长有差异，南方的夏税多折合为钱币。北宋除了征收“两税”外，还增收其他杂税，如农具钱、桥道钱、盐钱、军需钱、牛皮钱、甲料丝、鞋钱、身丁钱等。

23. 世界上最早的纸币是什么？

北宋时期，出现了世界上最早的纸币——交子。交子本是存款凭证，当时很多商人不便携带巨款出门，将现金存放在可以保管现金的“交子铺子”，“交子铺子”给存款者一张填好存款金额的纸张作为凭证，即为“交子”。后来，交子的使用越发广泛，得到了官府的认可。1023年，宋仁宗设立益州交子务，以本钱36万贯为准备金，第一次发行了126万贯可以流通的“官交子”，世界上最早的纸币由此诞生。

24. 元代的工匠永远不能改业吗？

元朝统一中国之后，由于本民族缺工少匠，将金国和宋朝的工匠集中起来，在各地设立官营“匠局”，让这些工匠做工。这些工匠主要有两个来源，一是蒙古人在征战中俘虏的工匠，二是从民间征集的手工工匠和普通民众。蒙古人将这些工匠另编户籍，称为“匠户”，要求匠户世代相袭、不能改业，也不能脱离“匠局”。当时的匠户，好似奴隶一般。

25. 古代大花纹织物怎么织造？

在明代，有一种手工提花织机，用于织造大花纹织物。手工提花织机构造复杂，长一丈六尺，中间有衢盘，能调整经线位置；有衢脚，能使经线复位。衢脚由1800根竹棍构成，也称“纹针”。手工提花织机上部有突起的花楼，是靠人力按花纹样子控制经线起落的部件。织机的尾部有经轴卷丝，中部有两根用于绷紧经线的助木，还有楼门、涩木、老鸦翅、铁铃、眠木牛、称庄等多种部件。手工提花织机由两人配合操作，一人司织，一人司提花。

26. 明代哪些地方冶铁规模较大?

冶铁发展到明代，无论是产量还是工艺都有很大的提升，不仅能冶炼生铁、熟铁，还能冶炼钢铁。遵化是明代官营冶铁规模最大、投产时间最长的地方。1509 年，遵化冶铁产量达 70 余万斤，1529 年之后生铁、熟铁年产量达 40 余万斤。在佛山，大多数居民以冶铁为业，属于民营冶铁，种类涉及铸锅、铸铁灶等民用生活品，农用器具，以及军工产品。

27. 明代皇帝私人也能开店?

《国朝典汇》载“八年四月，诏开设皇店”;《明武宗实录》载“太监于经等……诱上以财利，创开各处皇店”。由此可见，明代时有“皇店”的存在。“皇店”是以皇帝私人名义开设的店铺，主要分布在北方商业发达、交通便利的城市和地区，有花酒铺、茶酒店、货栈等各类各样的店铺，由皇帝委派专人进行经营，以盈利为目的。

28. 明清时期徽商主要经营什么产业?

明清时期，我国商品经济快速发展，促生了一批批商人和区域性商业集团。徽商就是明清商人集团中最重要的一支，因居于徽州而得名。徽商的经营版图主要集中在长江流域，山东、河南、陕西、河北、辽东、广东、福建等地，以及一些边疆海岛、少数民族地区和海外地区，是当时重要的资本集团。徽商经营种类广泛，有粮食、茶叶、木材、典当、棉布、丝织品、陶瓷等，主要产业是盐业，将江淮和浙海食盐垄断。很多徽商也涉足金融业，富比王侯，资产数以千万计。

29. 晋商的经营之道是什么?

晋商是指山西商人，最早可追溯到周朝的晋唐时期，在明代崛起，在乾隆、嘉庆、道光时期发展至鼎盛。清代中叶，晋商由经营商业向金融业转型，山西票号几乎独占全国的汇兑业务，成为实力强劲的商业金融资本集团。晋商的规模之大、持续时间之久、涉足产业之丰，离不开他们的经营之道。第一，晋商以地域和血缘关系为纽带，将山西商人凝聚在一起，形成合力。第二，晋商重视教育，“学而优则贾”，用传统道德理念约束经商行为，讲究诚信。第三，晋商寻求政治上的靠山，以求庇护自己的产业。

30. 陕西商帮经营的重要产业是什么?

陕西产盐，陕西商帮最早由盐业起家。明代前期，陕西商帮与山西商帮联合，合成“西商”，一同与徽商抢占市场份额，进行对抗，逐渐在盐业上占据了优势，积累了大量财富。后来，陕西商帮与山西商帮因利益冲突而分道扬镳，陕西盐商去往四川独立发展，涉及布业、茶业和皮货业等诸多行业，以厚利为首要，追求利益最大化。正是依靠这种经营理念，陕西商帮得以发展壮大。

31. 清代实行的押租制效果如何?

押租制是清代政府向农民索取地租抵押金的一种租佃制度，主要内容是这样的：凡以田出租，先取押租银两，其银无息；正租（中国旧时佃户按租约规定交纳的地租，形式有谷租、钱租、力租等）谷照常征收，押少租重、押重租轻；退佃之日，押租钱照数退还佃户；地主不退押租钱文，不能随便换佃。押租制一方面保障了农民有地可种，佃农只要交纳押金，就可以获得对土地使用的自主支配与经营；另一方面，随着各地条件不同，有的押租额往往超过正租额几倍。有些农民为了有地可种，不得已借高利贷交纳押金，进而陷入困难处境。押租制，实际上是增加地租剥削的一种手段。

第十五章
军事战争篇

1. 夏王朝是如何走向穷途末路的？

夏朝的最后一位君主桀“不务德而武伤百姓，百姓弗堪”，以至于诸侯四起反夏。在黄河下游的商部落首领汤“修德”，因而“诸侯皆归商”。为推翻夏桀的残暴统治，商汤内安百姓、外结诸侯，在公元前1600年左右兴兵伐桀，首战战于蒲州（今山西运城），后追夏桀至成耳（今山东汶上），转战南巢（今安徽巢湖）。后来，夏桀在南巢病死。商汤一路西进，率兵攻破夏都斟鄩（今河南伊洛平原地区），夏朝臣民归顺。至此，夏王朝走向了终结，商王朝建立。

2. 商代哪位君主最爱征战？

商汤开国之后，经过一段稳定时期，仲丁时代开始发生子弟纷争，称为“九世之乱”。盘庚继位后，稳定天下，进入“殷墟时代”。再经过小辛、小乙两代统治后，迎来商代巅峰时期——武丁时代。武丁将内政处理好后，开启了大规模征战之路，成为商代征战最多的君主。他创立军队“师”的编制，分右、中、左三师，先后攻打周边各国，发动攻甫之战、攻沚之战、攻周之战、攻巴方之战、攻下方之战、攻宙方之战、攻缶之战、攻亘方之战、攻荆楚之战、攻虎方之战、攻洋方之战、攻羌方之战、攻北羌之战等，极大地扩张了商王朝的疆土。为了控制被征服的地区，他把妻、子、功臣等分封在一些地方，成为分封制的滥觞。

3. 商人想过复国吗？

商纣自焚而死后，周王朝成立，将商纣之子武庚封于殷地，称邶国（今河南汤阴南）。武庚心中怀有复国的想法，无奈时机一直不成熟。在苦等之下，武庚终于等来了周朝内部发生动荡的有利时机——周成王继位，周文王四子周公旦摄政——于是联合文王三子管叔鲜、五子蔡叔度反周。周公旦面对叛乱，果断出兵，杀武庚、管叔鲜，将蔡叔度流放，灭附属小国，平定了叛乱，稳定了周王朝，史称“周公灭武庚之战”。

4. 被蔑称为“犬戎”的西夷与周王朝开战了吗？

西周时期，犬戎是一支活动在陕、甘一带的游牧民族，屡次与西周王朝发生摩擦。周文王、周穆王、周懿王、周厉王、周宣王都曾对犬戎发动过战争。但犬戎十分顽强，没有被西周王朝所灭。西周末期，周幽王宠爱褒姒，废嫡立庶，幽王王后的父亲申侯联合缯国、西夷犬戎攻打周幽王。在这场战争中，周幽王被犬戎攻杀，褒姒被掳，犬戎占领了西周都城丰、镐，西周王朝就此覆灭。

5. 打仗也要讲究仁义的是哪位君主？

春秋时期，郑文公到楚国行朝礼，宋襄公因此不满，想要讨伐郑国。宋出兵伐郑，楚派兵救援。楚与宋相约于泓水开战。到了约定的时间，宋襄公挂出写有“仁义”的大旗。楚军缓慢渡河，宋襄公的臣子公孙固认为楚军轻敌，可以在楚军渡河一半时突袭，重创楚军。宋襄公坚守仁义，不肯在敌军还未渡过河之前突袭。楚军渡河之后还未列阵，公孙固再次请求宋襄公乘其不备出击，宋襄公认为没有对方还未列阵就攻击的道理，便没有答应。等楚军列好阵后，宋襄公身先士卒杀入阵地，被对方重伤（次年伤重而死），后被宋兵救走，最终宋军战败。这就是泓水之战。

6. 长平之战中赵国有多惨？

战国时期，秦国位于赵国西侧，中间隔着韩国。约周赧王五十五年（前260），秦国奉行“远交近攻”的战略，吞并韩国，但韩国上党地区拒不降秦。上党郡守希望得到赵国的帮助，将十七座城池作为谢礼赠送给赵国。赵孝成王考虑再三，接受了十七座城池，这个行为引起了秦国的不满，于是发兵攻打赵国。战争开始时，赵国名将廉颇以逸待劳、以守为攻，虽败了几次，但损失不大。秦国丞相范雎使用离间计，廉颇卸任，赵括到长平上任。赵括只会纸上谈兵，急于求成，在敌强我弱的情况下主动进攻。秦昭王得知廉颇卸任，起用大将白起。白起将赵军围困，赵军多次突围不成，20万人缴械投降。白起恐赵军生是非，留下年纪尚小的240名士兵，让其回国，其余全部活埋。这就是长平之战，赵国惨败，战死和被活埋者达45万人，从此再也无力与秦国抗衡。

7. 修筑万里长城的执行者是哪位将军？

秦统一六国之后，北方的匈奴时常侵扰，嬴政派蒙恬率大军北伐匈奴，取高阙，攻占内蒙古境内的阳山、北假，匈奴向北败逃。虽然匈奴战败，但属于游牧民族的匈奴，一直以来都会在战败后卷土重来。蒙恬在嬴政的命令下，征集大量民工在燕、赵、秦旧长城的基础上，修建西起临洮（今甘肃岷县）、东到辽东的万里长城，对巩固边防发挥了重要作用，也为人类文明留下了世界级遗产。

8. 刘邦、项羽谁先进入的咸阳？

公元前209年，项羽和叔父项梁在吴中（今江苏苏州）起兵反秦，刘邦在沛县（今江苏沛县）反秦。项梁、项羽为楚国后人，实力强大。刘邦最初跟随着项梁反秦，后独立反秦。刘邦、项羽曾在盱眙约定，先入咸阳者为天下之主。项羽进攻咸阳的路线多遇秦军主力，刘邦的路线较为容易，因此刘邦早项羽两个月进入咸阳，后又还军霸上。项羽攻入咸阳后，杀子婴，自称西楚霸王，立楚王为天子，封刘邦为汉王，后又杀楚王，自立为天子。各地由于分封不均，起兵反叛项羽。

9. 巨鹿之战中，项羽是最高统帅吗？

公元前207年，秦王朝派兵镇压各地

起义军，大将章邯击败陈胜、吴广起义军，杀楚国项梁，后认为楚国兵弱先行灭赵。赵王歇弃都邯郸，退往巨鹿。章邯命王离率兵20万人围困巨鹿，自己率兵20万人围点打援。赵王向各路起义军求援，楚怀王决定出兵营救，任命宋义为上将、项羽为次将、范增为末将，率兵5万人救赵，派刘邦率军乘虚经函谷关入关中，伺机攻咸阳。宋义想保存实力，在安阳（今山东曹县）扎寨，不肯向前，且大摆筵席、夜夜笙歌。项羽杀宋义夺兵权，发兵攻打秦军。项羽切断章邯与王离两部的粮草通道，破釜沉舟，攻打王离部队，章邯援军也被楚军打败。楚军取得九战九胜的战绩，一举歼灭了秦军的主力，为刘邦入关创造了条件。

10. 决定刘邦取得最终胜利的是哪一战？

公元前207年至前202年，刘邦、项羽争天下，发生了陈仓之战、彭城之战、成皋之战、安邑之战、井陉之战、潍水之战、垓下之战等著名战役。成皋之战后，刘邦、项羽议和，以鸿沟为界，东边属于楚，西边属于汉，项羽率军东归，刘邦也准备退兵。张良建议，趁项羽兵马疲惫、元气损伤之时，乘胜追击，一举消灭项羽。刘邦同意了张良的建议，笼络韩信、彭越、英布，策反楚国大司马周殷。公元前202年，刘邦、韩信等人率领30万人追击项羽，在垓下将项羽的10万楚军围困。韩信指挥汉军十面埋伏，截杀突围的楚军，并让汉军唱起楚地之歌。项羽听到四面都传来了楚歌，认为楚地尽失，别虞姬，率800骑兵突围，被追到乌江，自刎而亡。此战便是垓下之战，楚亡，汉胜。次年，刘邦建立汉朝，天下统一。

11. 汉初为什么会发生“吴楚七国之乱”？

刘邦与项羽争天下时，迫于形势，立异姓诸侯为王，称帝后，实行郡国制，后削异姓诸侯王，要求只能立同姓为诸侯王。刘邦死后，吕后立吕姓为诸侯王，引起刘姓诸侯王不满而诛吕。在这个过程中，刘姓诸侯王的势力不断扩大。汉景帝执政后，与御史大夫晁错计划削藩，吴王刘濞担心势力被削弱，加之因景帝当太子时在弈棋过程中杀了自己的儿子而怀恨在心。公元前154年，刘濞与胶西王刘昂约定以“清君侧”的名义起兵反汉，楚王刘戊、赵王刘遂、济南王刘辟光、淄川王刘贤、胶东王刘雄渠一同参与，这就是历史上的“吴楚七国之乱”。汉景帝发兵平乱，历时两个月，叛乱被平息，七王皆死。

12. 黄巾起义带头人张角为什么会得到众人的拥戴？

东汉末年，外戚专政，宦官专权，边境战争不断，徭役赋税严苛，土地兼并严重，民众难以为生、苦不堪言。巨鹿人张角凭借自身的医术并结合《太平要术》中的内容救助百姓，宣扬“苍天已死，黄天当立，岁在甲子，天下大吉”，得到了民众的广泛认可和拥戴。张角随后创立太平道这种宗教，笼络人心，信众一度达到数十万人。他将信众组织成军队，头裹黄巾，于公元184年发动大规模起义，史称“黄巾起义”。汉灵帝下令平乱，经过九个月的时间，起义被平息。

13. 奠定曹操统一北方基础的是哪一场战役？

东汉末年，军阀割据。建安时期，袁绍坐拥冀、青、幽、并四州，成为北方最为强大的诸侯。此时曹操的实力也在不断增强，但与袁绍相比依旧较弱。袁绍为了加强自身实力、统一天下，与曹操之间的战争在所难免。公元200年，袁绍进军黎阳，企图与曹操的主力部队决战。袁绍先进攻白马门，曹操声东击西佯攻袁绍大本营，以张辽、关羽为先锋，亲率大军解白马门之围，结果颜良被斩，袁绍首战告败。之后，曹操占据官渡、封丘、浚仪，与袁绍相持对峙，在许攸的计谋下，率兵奇袭乌巢，并夺下袁绍大本营，以两万兵力击破袁绍十万大军。此次战役被称为“官渡之战”，是以少胜多的典型战例，为曹操统一北方奠定了基础。

14. 失荆州之后，哪场战役又给蜀汉造成了重大损失？

公元219年，孙权取荆州，杀死关羽，与蜀汉结下了仇恨。公元221年，刘备攻打孙权。孙权求和，刘备不理，于是孙权向魏称臣，联魏抗刘。战事开始时，刘备攻势强劲，孙权避其锋芒，后退防御。公元222年，蜀军进入夷陵地区，屯兵长江两岸，深入吴境二三百公里，遇吴军阻碍，两军进入相持状态。这年六月，天气炎热，蜀军进入山林之中避暑，但由于战线过长、山道难行，出现了兵力分散、补给不足的问题。孙权手下大将陆逊抓住时机转守为攻，采用火攻蜀军连营的方法大败山林中的蜀军，并快速发动大规模反攻，使蜀军全线崩溃。四万蜀军尽没，刘备逃至白帝城。夷陵之战后，刘备心中悲愤，大病不起，次年病故于白帝城。

15. 魏、蜀、吴三国最后一个被灭的是哪个国家？

随着曹操、刘备、孙权等人去世，三国之间的纷争已传递给了下一代。公元260年，魏帝曹髦遇弑，曹奂称帝。此时的蜀国，刘禅早已继承帝位，由诸葛亮之子诸葛瞻辅佐，有大将姜维、廖化等人。公元263年，魏国派钟会、邓艾、诸葛绪三路大军进攻蜀国。姜维、廖化依险而守，但未成功。当年十一月，邓艾兵临成都城下，刘禅投降，蜀国灭亡。公元265年，司马昭病逝，其子司马炎在魏的基础上建立晋。公元279年冬，司马炎发动水陆六路大军进攻吴国，不到半年时间，连克吴国主要据点，兵临建安，吴主孙皓迎降，吴国灭亡。

16. 历史上最为严重的皇族内乱是哪一场？

西晋司马炎通过“禅代”取得皇位，为了避免重蹈曹魏覆辙，他大封同宗子弟为王，共封了27个诸侯王，并扩大其权力，构筑由藩王保护帝室的皇族势力。司马炎在位时期，各藩王与朝廷相安无事。然而司马炎选错了接班人。司马炎之子司马衷生性愚钝，作为第一顺位继承人，登上了皇位，众王不服。在太后贾南风的策划下，公元291年，楚王司马玮进京杀宰相杨骏。三个月后，贾南风认为司马玮权力过大，将其诛杀。这是“八王之乱”的第一阶段。之后，各藩王时有动乱。公元299年到306年，汝南王司马亮、楚王司马玮、赵王司马伦、齐王司马冏、长沙王司马乂、成都王司马颖、河间王司马颙、东海王司马越参与大规模动乱，诸王相互攻伐。晋怀帝司马炽继位后，平息了动乱。然而，十余年的动乱，严重动摇了国家根基，朝廷已无力治理国家。

17. 汉民族曾经几乎亡族吗?

“八王之乱”使西晋国力衰弱，北方游牧民族趁此时机，陆续侵入中原，建立了大大小小数十个政权，影响力较大和持续时间较久的有十六国，严重破坏了本就不堪的西晋政权和经济。东晋建立之时，中原地区几乎全部落入外族手中。这段时间一般以公元316年西晋灭亡为开始，以公元439年鲜卑北魏统一北方为结束。这100多年的战乱，导致汉民族几近亡族。

18. 南北朝的战乱是如何止歇的?

公元580年，北周宣帝去世，北周权臣杨坚废静帝，自立为帝，创立隋朝。攘外必先安内，杨坚安定内部之后，按照“先击突厥，再灭南陈”的战略部署，在公元583年，下“清边制胜”诏令，派出20万大军兵分多路迎击突厥，先后在今内蒙古、甘肃、宁夏、辽宁等地击退多路突厥势力。次年，各突厥部落投降，北部祸患基本消除。从公元590年元月开始对陈朝发动战争，历时三个多月，灭掉陈朝，结束了270多年的分裂动荡，实现了全国统一。

19. 唐朝的建立源于太原吗?

公元615年，李渊领命镇压山西农民起义，留守太原。之后，李渊借着剿匪的名义，暗中收编农民起义军，壮大自己的实力。公元617年，刘武周起兵，开仓放粮，赈济灾民，并投靠突厥。李渊认为此时正是招兵买马的好时候，便伪造隋炀帝的敕书，在太原、西河、雁门、马邑等郡招兵。同年七月，李渊在太原举行誓师大会，宣称隋炀帝昏庸无道，要废掉隋炀帝，立代王杨侑为帝，之后举兵起义。不到半年时间，李渊率20万大军攻入长安。次年，李渊接受隋恭帝杨侑禅让称帝，建立唐朝，随后逐步消灭各方势力，实现了全国统一。

20. 唐代由盛而衰的转折点是什么?

唐代经贞观之治、开元之治后，国力达到顶峰，社会空前繁荣。在唐玄宗李隆基执政的末年，唐将安禄山与史思明发动了叛乱，史称“安史之乱”。公元756年，安史叛军攻入长安，唐玄宗出逃，在马嵬坡前遭到士兵哗变。唐玄宗不得已杀了杨国忠和杨贵妃，逃亡成都。叛乱足足持续了七年零两个月，期间安禄山被其子安庆绪所杀夺权，史思明为其子史朝义所杀夺权。公元763年，史朝义自杀，安史之乱宣告结束。此后，藩镇割据局面形成，唐朝国力大伤，由盛转衰。

21. 黄巢起义为什么被认为在唐末农民起义中影响最深远?

黄巢起义是由黄巢领导的民变，从公元878年开始至884年结束，历时最久，采用流动打法，起义军足迹遍及山东、河南、安徽、浙江、江西、福建、广东、广西、湖南、湖北、陕西等地。黄巢曾攻入长安，后在唐将李克用、王重荣的攻击下撤出长安。最后，在唐军的追击下，黄巢被其外甥斩杀并献出其首级邀功，黄巢起义宣告失败。黄巢起义持续时间长，给社会带来了巨大的动荡，使唐朝国力大幅衰减。

22. 契丹灭了哪个国家后建立了辽朝?

五代十国时期，北方契丹民族崛起，实力不断发展壮大。后晋出帝石重贵即位后，不顾契丹强盛，拒绝称臣，多次挑衅。公元943年，中原饥荒，后晋困顿，契丹主耶律德光入侵后晋，败去。次年，再度入侵，后晋兵败退守相州。公元946年，耶律德光引诱石重贵出兵，石重贵中计北伐，主帅杜重威消极避战，最后投敌，后晋军主力丧失。同年十二月，耶律德光长兵直入，攻进晋都，石重贵投降，后晋亡。次年初，契丹建国，号“大辽”。

23. 李煜的南唐实力很强，是如何亡国的?

赵匡胤陈桥兵变后，建立宋朝，用了不到一年的时间便稳定了内部。面对北有契丹、南有割据政权的局面，赵匡胤要实现稳定，必须发动统一战争。按照“先南后北，南攻北守”的战略思想，赵匡胤先后消灭南平、武平、后蜀、南汉。南唐在割据政权中实力最强，赵匡胤于公元974年渡江作战，受到南唐反击。次年，赵匡胤全线进攻，对南唐水寨实施火攻，南唐军损失数万人。同年六月赵匡胤再消灭南唐军2万人。十月，李煜巩固江宁城防，命朱令赟率重兵迎击。朱令赟采用火攻，不料遇风向转变，自身损失惨重，致使江宁孤城援绝。宋军加紧攻势，从三面展开攻击。十一月二十七日，江宁城破，李煜降，南唐灭。

24. 好水川之战中宋军战败是因为韩琦指挥不当吗?

1041年，西夏景宗李元昊举兵10万攻击宋朝。当时，韩琦主持泾原路，范仲淹主持鄜延路。韩琦听闻李元昊来犯，立即部署各项迎战事宜，命令环庆路副都部署任福率兵前去迎战，阻击西夏铁骑。按照韩琦的部署，任福要赶到羊牧隆城，绕道西夏军之后伺机突击，如果形势不利，据险设伏，不可贪战。任福在途中听说西夏军与镇戎军西路都巡检常鼎在张义堡交战，于是赶去增援。任福援军到达之后，西夏军佯败，任福不顾韩琦“不可贪战”的嘱咐，率队轻装追击，到达好水川时，遭到了西夏军的埋伏，宋军死伤众多、损失惨重。

25. 出河店一战，完颜阿骨打如何稳定军心?

辽代末代皇帝耶律延禧时期，辽朝实力每况愈下。1114年，被辽朝欺侮甚久的女真部落首领完颜阿骨打起兵反辽。完颜阿骨打最先攻破宁江州，打通了入辽的通道。耶律延禧派出7000兵力，号称十万大军，准备在松花江北岸消灭完颜阿骨打。完颜阿骨打领兵3700人，面对敌强我弱的形势，他打算先发制人。而女真人听说辽军有十万人，心中胆怯，军心不稳。完颜阿骨打用萨满教梦卜之说稳定军心，他称在梦中得到神的暗示，倘若连夜突袭必能大胜，否则会面临灭顶之灾。女真士兵听了此话后，迅速赶往出河店，杀了个辽军措手不及，大败辽军。出河店一战为女真提振了军威。次年，完颜阿骨打称帝，建立金朝。

26. 签订澶渊之盟前，宋辽两方开战了吗?

后晋开国皇帝石敬瑭将燕云十六州拱手让给辽朝后，中原便失去了抵御契丹铁蹄的天然屏障。宋太祖赵匡胤曾试图夺回燕云十六州，未获成功，以致后来辽军时不时侵犯宋朝领土。1004年，萧太后和耶律隆绪御驾亲征、挥兵南下，攻陷数城，抵达澶州城北。战事紧急，宋真宗赵恒听从寇准的建议，亲自去往前线指挥抗辽。澶州兵将见皇帝亲临前线，士气大振，在战斗中射杀了辽军主将萧挞凛，致使辽军士气受挫。萧太后恐过于深入宋境而腹背受敌，提出议和。宋真宗同意议和，双方签下了澶渊之盟，之后百余年间再未发生过大规模战争。

27. 宋江起义的始末是怎么样的?

北宋末年，宋王朝内忧外患，百姓课税繁重，生活艰难。1119 年，宋江等 36 人占据梁山泊，招募义军，聚众起义。他们在山东境内，连下十余郡，杀富济贫，起义声势逐渐浩大。宋徽宗赵佶见其羽翼日丰，颁旨招安，宋江不同意。于是，赵佶命令知歙州曾孝蕴镇压起义军。宋江不与其正面对战，打游击战，流动到江苏一带，后来被张叔夜伏击虏获，起义被平息。

28. 北宋在攻燕之战中是真的胜利了吗?

随着金朝的崛起，宋朝面临着两大强国的威胁。宋徽宗赵佶时期，重用蔡京、童贯，内忧外患进一步加剧。1120 年，赵佶听从蔡京的建议，联金灭辽，结为“海上之盟”。宋金约定，金攻辽中京，宋攻辽燕京，成功之后，燕云十六州归宋，澶渊之盟给辽的岁币转给金。辽军抵挡不住金军的进攻，但不畏惧宋军。1122 年，宋两次发动攻燕之战，均战败。后来金军攻入燕京，辽灭。金未兑现承诺，只将燕京及所属六州交给宋，并索要这些地方的赋税。宋在攻燕之战中损失惨重，最后只得到了几座空城。

29. 金两次攻北宋，北宋的结局如何?

与宋有交好之意的完颜阿骨打去世之后，金对宋加紧了侵略。1125 年，完颜宗望、完颜宗翰奏请金太宗完颜晟攻宋。半年时间，金军就围困了汴京。此时宋徽宗已让位给宋钦宗赵桓，太常少卿李纲等人主战，金人见围城无果便撤军，宋朝躲过一劫。不久，金军再次攻宋，再围汴京。经过大小战斗后，金军突入汴京城内，烧杀抢掠，徽、钦二帝及大臣、嫔妃等 3000 余人被俘。北宋灭亡。

30. 岳飞一共北伐几次?

岳飞一生四度北伐，让宋人看到了光复宋王朝的希望。绍兴四年（1134），第一次北伐，收复伪齐政权掌握的襄阳六郡，南宋首次收复大片领土。绍兴六年（1136）七月，第二次北伐，岳飞声东击西，收复了商州和虢州，与襄阳六郡相连形成稳定战略大后方。同年十一月，金军与齐伪军反扑，岳飞主动北上迎击，第三次北伐，击退联军。给兴十年（1140），第四次北伐，岳飞率军挺进中原，完颜兀术想要投降议和，岳飞不理，要“直捣黄龙府”。岳家军全线进攻，将汴京团团围住，双方在汴京城外交锋，金军溃败，金兀术放弃汴京向北逃窜。之后，高宗命令岳飞班师回朝。绍兴十二年（1142），岳飞因“莫须有”的罪名被处死。

31. 蒙古三次西征打到了哪里?

1206 年，蒙古建国，铁木真即大汗位，号成吉思汗。1219 年，第一次西征，为了报复杀掉蒙古使者的花剌子模国，蒙古军铁蹄踏过里海、黑海以北、伊拉克、伊朗、印度，于 1225 年东归。1230 年，继任大汗位的窝阔台再灭重建的花剌子模国。1235 年，第二次西征，铁木真之孙拔都和速不台西征欧洲钦察、斡罗斯、匈牙利、波兰等国，于 1236 年占领莫斯科，于 1241 年打败罗马帝国联军。同年，窝阔台去世，西征军东归。

1251年，蒙哥即位。1253年，第三次西征，派兵西征里海南部木剌夷国，忽必烈此时灭大理国。1257年，进攻阿拔斯王朝，次年一月占领大马士革。1259年，蒙古军攻击埃及，怯的不花轻敌战败，蒙古军死伤惨重，第三次西征结束。

32. 文天祥反攻江西成功了吗？

景炎元年（1276）二月，宋投降元。五月，陈宜中、文天祥等人拥立赵昰在福州继帝位。七月，文天祥募兵。次年三月，文天祥在梅州训练军队，五月反攻江西，六月取得雩都大捷。七月，文天祥将吉州八县收复过半，湖南、安徽也出现了多股起义力量。此时，元军大力攻击文天祥，文天祥没有料到元军援军突然赶来，撤退到吉安境内，被元军击溃。景炎三年（1278），在潮阳与邹凤、刘子俊会师，遭到元军攻击，被迫转移，在广东海丰被元军俘虏。

33. 蒙古攻打过日本吗？

蒙古不仅有骑兵，也有当时世界上最大规模的海上舰队。1274年，忽必烈让高丽制造了900艘战舰，3万多人的军队从宁波启航，跨海出征日本。到达日本后，进行了一番激战，准备返回时，遇到台风，远征军死伤过万，以失败告终。此次战役被日本称为“文永之役”。1281年，忽必烈再次远征，分两路进攻，战舰超过4000艘，军队人数超20万。登陆后，与日军展开交战，后遇台风，也未能歼灭日军，之后日本总反攻，元军几乎全军覆没。这次战役被日本称为“弘安之役 ”。两次征日失败后，忽必烈准备第三次征日，却在1294年去世。

34. 朱元璋灭元用了多久？

元末时期，各地发生农民起义，元廷内部也十分混乱。在南方，朱元璋统一了江南。1367年，朱元璋命令徐达和常遇春率领25万大军北伐元朝，不到半年，就越过黄河占领了山东多地。次年正月，朱元璋称帝，建立明朝。四月，几乎完全占领了中原地区。七月，占领通州，元顺帝逃往首都。八月，明军占领大都，北伐胜利，元朝灭亡。曾经强大的元朝在内部腐朽的情况下，被明军以摧枯拉朽之势毁灭。

35. 朱元璋为什么北征沙漠？

1368年，元顺帝撤出大都后，滞留边塞，不时举兵南侵，意图复辟元朝。朱元璋为了肃清蒙古残余势力，稳固明朝根基，在1370年向沙漠挺进，给予蒙古残部沉重打击。从1372年至1396年，朱元璋又先后发动了七次北征沙漠战争，除了第二次北征沙漠失败外，其余全部获胜。至此，北方蒙古势力几乎全部被摧毁，明朝北边的边患得以解决，为国内稳定发展奠定了基础。

36. 明英宗执意御驾亲征的结果是什么？

明正统年间，北方瓦剌部势力逐渐强大。1449年，瓦剌部也先起兵犯关。明英宗近臣王振怂恿明英宗亲征瓦剌。兵部侍郎于谦反对英宗御驾亲征，恐出现危情，但英宗执意率军亲征。七月中旬，英宗让弟弟朱祁钰监国，他率50万大军准备出击瓦剌，刚过大同，前线传来败讯，英宗只好率军退到土木堡。不料瓦剌军早有埋伏，明军被重创，英宗被俘。这就是“土木之变”。

37. 如果不是于谦力战，北京守得住吗？

明英宗被俘后，有些臣子提出迁都南京。于谦认为北京是根本，不能放弃。但瓦剌军进攻北京是迟早的事，于谦于是着手加强北京防御力量。由于明军主力在土木堡一战中损失惨重，于谦只好征调外省兵马守北京，让他们从通州取粮入京，同时加强居庸关和紫荆关的防务。正统十四年（1449）十月十一日，也先率领所有精锐抵达北京城下。于谦命令大军开出九门之外迎战。十二日，也先主力列阵西直门外，挟持英宗到德胜门外的土城，迫明军献城。当夜，于谦派两路军队痛击瓦剌军。次日，瓦剌军攻德胜门，于谦派神机营伏击。连续三日，瓦剌军攻击各门失败，十五日，挟持英宗撤退。瓦剌大汗脱脱不花与也先不合，听闻也先战败，提出议和。北京保卫战取得胜利。

38. 戚继光抗击倭寇的主要战役有哪些？

明代末年，倭寇对中国虎视眈眈，时常侵犯。抗倭名将戚继光在东南沿海抗倭，十余年间，进行多次大小战争，有效解决了倭患。1557 年—1558 年，打赢了岑港之战，建立了“戚家军”。1561 年，倭寇大举进攻，经台州之战，戚继光手刃倭寇首领。1562 年，打福建之战，闽广一带的倭寇死伤殆尽。1563 年，打兴化之战，杀敌五千多人。1564 年—1565 年，打仙游之战，取得胜利。

39. 山海关之战对于清朝的意义是什么？

1643 年，皇太极驾崩，年幼的清世祖福临继位，由多尔衮和济尔哈朗辅政。当时的明朝因为多年镇压农民起义，已经疲惫不堪，国家危在旦夕。多尔衮看准时机，准备入关。1644 年，给大顺李自成发信称要共同灭明，李自成未理会。四月十一日，李自成攻进北京，灭明。于是多尔衮联合明总兵吴三桂，由灭明改为灭大顺。四月二十一日，联军与大顺军在山海关集结备战，次日决战开打。经过几番激战，李自成溃败。多尔衮取得了山海关之战的胜利，为清入主中原，征服南明政府、大顺、大西等政权，为实现全国统一下好了“先手棋”。

40. 清军攻打台湾是与谁作战？

郑成功收复台湾之后，在台湾恢复社会、发展民生，并将其作为抗清基地。1662 年，郑成功去世，郑氏集团发生内部纷争。清廷趁此时机向台湾进攻。1663 年，清军攻金门、厦门，未能成功，便招抚，也未成。1683 年，康熙派施琅强攻台湾。施琅统帅水师 2 万多人、战船 300 多艘，进攻澎湖。郑军损失 1.2 万兵力，舰船几乎全毁；清军仅伤亡 2000 多人，舰船无损。经过澎湖之战，郑军失败投降。台湾被清廷收复。

41. 左宗棠收复新疆，谁总来插手？

1867 年，浩罕汗国军官阿古柏联合地方分裂势力占领新疆南部，陕甘回民起义军残部白彦虎逃亡新疆与阿古柏共同反清。1876 年 4 月，左宗棠指挥收复新疆战争，同年 10 月打到乌鲁木齐，收复北疆。此时，英国插手“调停”，左宗棠揭露“调停”背后的真实原因，坚持收复全疆。1877 年，左宗棠率军攻下达坂城、吐鲁番和托克逊，歼敌万余人，阿古柏自杀，新疆即将收复。此时，英国又来“调停”，要求让阿古柏政权保留几城，左宗棠严词拒绝。同年 8 月，左宗棠收复了除伊犁外的新疆所有地区，在准备攻击伊犁之时，被召回朝，未能完成统一全疆事业。

42. 我国最早的兵法书是哪一部？

我国最早的兵法书是《孙子兵法》，由孙武撰写。孙武，字长卿，春秋末期齐国人。《孙子兵法》历来被奉为兵家经典，已有 2500 多年历史。当年孙武辗转来到吴国时，恰逢公子光政变，伍子胥看重其才能，便推荐给吴王阖闾，于是获得重用。如今，《孙子兵法》已走向世界，在世界军事史上也有着重要地位。

第十六章

节日习俗篇

1. 除夕夜，为什么要守岁？

除夕之夜，辞旧迎新，有个重要的习俗就是守岁，俗称“熬年”。在除夕夜，一家人团团圆圆，吃着年夜饭，守岁也从吃年夜饭开始。年夜饭在掌灯时分入席，大家慢慢地吃饭，边吃边聊，一直吃到深夜，聊到深夜。年夜饭过后，点燃高烛来守岁，子女为长辈守岁添福，据说坐得越久，长辈的福寿就越多。年长者守岁，是“辞旧岁”，表达对流逝岁月的惜别之情，以及对新年的美好期盼。

2. 最早的春联什么样？

最早的春联就是“千门万户曈曈日，总把新桃换旧符”中的“桃符”，人们在桃木板表面写上“神荼”“郁垒”二神的名字，一左一右挂在门前，以袪灾避祸。后来，人们在桃符上不写“神荼”“郁垒”，而是写上带有吉祥如意的对仗句。明代时，人们不再在桃符上写对联，而是在红纸上写，称为“春联”。

3. 古代说的“元旦”是现在的“元旦”吗？

我们如今说的“春节”是农历新年的开始，在古代有不同的叫法。先秦时期被称为“上日”“元日”“改岁”“献岁”，两汉时期被称为“三朝”“岁旦”“正旦”“正日”，魏晋南北朝时期被称为“元辰”“元日”“元首”“岁朝”，唐宋元明时期被称为“元旦”“岁日”“新正”“新元”，清代时期被称为“元旦”“元日”。近代辛亥革命胜利后，南京政府为了顺应农时和便于统计，在民间使用夏历，也就是现在的阴历，在政府机关、社会团体中试行公历，公历的第一天，即1月1日被称为元旦。

4. 正月十五日为什么又被称为“上元节”？

正月十五日被称为“上元节”与道教有关。道教派别五斗米道尊崇天官、地官、水官三神，认为天官赐福、地官赦罪、水官解厄，以上元、中元、下元配天官、地官、水官。他们认为天官生于正月十五日，地官生于七月十五日，水官生于十月十五日。于是，将正月十五日称为“上元节”。

5. 人们常说的“龙抬头”是什么节？

“龙抬头”是农历二月初二，也称为“中和节”“春龙节”“青龙节”。在唐德宗之前，二月初二这天并不是节日，二月里也没有节日。德宗之臣李泌上书说“废正月晦，以二月初二为中和节，以示务本”，于是德宗将二月初二定为“中和节”。二月初二这天，像一条巨龙的东宫七宿中的第一宿出现在地平线上，好似一条龙要抬起头，于是被称为“龙抬头”，寓意春归大地，龙出虫伏，人们要开始农事生产。这一天，人们有剃头、祭祀、敬文昌神、吃面条、吃猪头等习俗。

6. 古人在上巳节做些什么？

在先秦时期就有“上巳”的称谓，《周礼·春官·宗伯》中说：“女巫掌岁时祓除、衅浴。”郑玄注：“岁时祓除，如今三月上巳如水上之类。”上巳，最初是三月的第一个巳日，汉代时被定为官方节日，魏晋时期将上巳节的时间定为三月初三。上巳节这天，沐浴是最重要的习俗，有祛除灾祸的寓意；人们还祭祀主管婚姻和生育的神高禖，以祈求生育。此外，郊外游春、临水设宴、男女相会、插柳赏花、射雁司蚕也是人们的常见活动。如今，上巳节、寒食节已经并入清明节。

7. 为何除夕撞钟要撞 108 下？

有一种说法是撞钟要撞 108 下是因为 12 个月、24 个节气、72 候这些数字相加正好是 108，代表一年四季。还有一种说法是撞钟要撞 108 下源于佛教的传统。108 声钟鸣能断绝人类所有的 108 种烦恼，六根各有三种感受，即苦、乐、舍，共 18 种，同时六根对事物的态度分为好、恶、平三种，共 18 种，合计 36 种。再加上这些感受和态度可以配以过去、现在和未来，合为 108 种。还有一种解释认为，这 108 种状态代表了 108 尊佛的功德。

8. “七十三，八十四，阎王不叫自己去”的说法从何而来？

这种说法与孔子和孟子有关。孔子去世时 73 岁，孟子去世时 84 岁。古人对孔孟尊崇，将他们的死亡年龄当作一道“坎”，害怕追随他们而去，久而久之，人们便将此语流传开去。而老年人一旦有了心理暗示，情绪就会受到影响，进而影响身体健康。所以，不必把“七十三，八十四，阎王不叫自己去”当回事，只有内心愉悦，才能更好地生活。

9. 藏族最隆重的节日是什么？

雪顿节是藏族最隆重、最热闹的节日，通常每年自藏历六月三十日开始，持续约一周。在藏语中，“雪”是酸奶的意思，“顿”是吃的意思，雪顿节就是吃酸奶子的节日。早先，西藏佛教格鲁派规定僧人在每年四月至六月万物生长期间不可外出，以免践踏杀生，直到六月底才可解禁。开禁之日，僧人外出，民众用酸奶慰问僧人，并表演藏戏，“雪顿节”由此而来。五世达赖时期，雪顿节开始第一天在哲蚌寺进行藏戏会演，次日到布达拉宫会演。罗布林卡建成后，转到罗布林卡进行藏戏会演。如今，雪顿节不仅没有凋落，而且越来越精彩有活力。

10. 为期三天的彝族“火把节”都做些什么？

火把节是彝族的传统节日，也是白族、纳西族、基诺族、拉祜族的重要节日。不同民族的火把节时间不一，彝族的火把节在农历六月二十四日开始举行，为期三天。第一天的活动内容是祭火：人们搭建祭台，用燧石取火，由彝族民间祭司毕摩诵经祭火，之后每人从毕摩手中接过火把，去往田间地头。第二天的活动内容为玩火：人们聚集在祭台圣火下，唱歌跳舞，举行各式各样的活动，男女互诉衷肠。第三天的活动内容是送火：人们手持火把随意游走，最后将所有火把汇聚一处，点燃盛大篝火，围着篝火欢快地唱歌跳舞。

11. 古代女性为什么有七夕乞巧情结?

上古时期是母权社会，后来发展为父权社会。中国众多传统节日，几乎都是围绕男性而开展的，只有农历七月初七的七夕节，是女性主宰的节日。七夕节，女性通过祭祀、占卜、祈求、穿线等来表现自己的心灵手巧，增强自己的存在感和荣誉感。《西京杂记》《开元天宝遗事》中都有记载，在七夕这天，宫女、嫔妃等女性进行乞巧穿针活动。在民间，女性同样乞巧穿针，以展示自己的才能。

12. 被称为“鬼节”的中元节可怕吗?

农历七月十五本是道教尊崇的地官诞辰之日，被人们称为“中元节”。在民间，中元节以祭祀为主题，与清明节一样，都是为了缅怀先人。中元节这天，人们拜祭祖先、放河灯、烧纸钱、做茄饼，以此表达对先人的缅怀和哀思。

13. 月饼从何而来?

唐高祖李渊手下有位大将叫李靖，英勇善战，征讨匈奴，取得胜利。高祖异常欣喜，在农历八月十五中秋节这天大摆筵席庆功。宴席上，有一种饼受到了大家的欢迎。这种饼由吐鲁番人进贡。高祖看着手中的饼与月亮相似，说道“应将胡饼邀蟾蜍”。此后，这种胡饼流传到了民间，人们每逢中秋节就会吃饼赏月，后来这种胡饼又改称“月饼”。

14. 古人在重阳节都做些什么?

农历九月初九重阳节，古人祭祀、祈福、辟邪、避疫、求康。在作为我国四大祭祖传统节日之一的重阳节，通常古代的天子祭祀天地，百姓祭祀祖先。登高也是重阳节的一个重要习俗，古人认为重阳节这天“清气上扬，浊气下沉”，为了躲避浊气，于是登高辟邪。同时，古人认为登到高处可以与神灵离得更近，可求神灵庇护。此外，人们还会辞青、宴饮、赏菊、食菊、佩茱萸、插茱萸。

15. 腊八节为什么要喝腊八粥?

农历十二月初八的腊八节也是重要的祭祀节日。正值年终岁末，人们通常在腊八节这天煮上一锅含有各种谷米的“腊八粥”，以感恩在天地、祖先的庇佑下全年风调雨顺、丰衣足食，并举行祭祀活动。人们把腊八粥熬好之后，先敬神祭祖，然后在中午之前赠送给亲友，最后全家人一起食用。腊八粥不必全部喝完，要剩一点，有“年年有余”的寓意。

16. 马褂是从什么时候开始普及的?

马褂是清代的服饰，最初流行于兵士之间，称为“胜褂”，穿着这种褂子在骑马打仗时比较方便。康熙末年，这种褂子在全国普及，不论官人还是庶人都可以穿着，成为一种常服。这种褂子需要与长袍搭配穿着，褂子在内，长袍在外，后来又改称“马褂”。马褂多为圆领，对襟、大襟、琵琶襟、人字襟，长袖、短袖、大袖、窄袖，平袖口，领边、袖边多有镶绲。

17. 百褶裙有多少年的历史?

西汉成帝之时，宫中就开始流行带褶皱的裙子，称为“留仙裙”，是为百褶裙的前身。到了明代，已经有了“百褶裙”之称。百褶裙常用青面做成，褶多至20余道，腹下有五彩桃花。古代少数民族女子尤其喜欢穿百褶裙，它是彝族、苗族、侗族女子常穿的服装。苗族女子将百褶裙上绣上精美的图案，无论平时还是节日、居家还是外出都会穿着。

18. 什么是圆锁礼?

在河北、河南、山西、山东、陕西和内蒙古部分地区，当家中的孩子到了12岁的时候要大摆筵席、举行仪式，称为“圆锁礼”。当地人认为孩子在12岁之前魂魄不全，于是用面做成生肖锁锁命。十二生肖锁过之后，需要开锁，即圆锁。以前的圆锁仪式是，首先在祖先的牌位前摆上供品，上香祭祖；然后长辈对孩子进行训示，由舅舅打开挂在孩子脖子上的用十二层红布包裹的锁；开锁结束之后，全家人设宴庆祝圆锁成功。

19. 为什么本命年要穿红色衣物?

汉族传统认为本命年犯太岁，容易遭到祸患，将本命年也称为“坎儿年”。每到本命年，人们就会扎一条红腰带，小孩还要穿红背心、红裤衩、红袜子。这是因为红色代表喜庆、吉祥，中国人自古以来就尚红，凡是遇到喜庆的事情都要有红。因此，本命年穿红是为了以喜冲祸、趋吉避凶、消灾免祸。

20. 过年时长辈为什么要给晚辈压岁钱?

长辈给晚辈压岁钱的习俗早在汉朝就已有，当时叫作“压胜钱”“大压胜钱”。这种钱不是当时流通的货币，是一种铸造成钱币的伪造品，正面铸有吉祥语，背面铸有龙凤、龟蛇、双鱼、斗剑、星斗等图案。长辈给压岁钱是为了让晚辈辟邪用。古人迷信，认为灾祸是由看不见的鬼怪所造成的，而鬼怪也贪财，只要贿赂了鬼怪，灾祸自然就不会产生。

21. 过年为什么要吃饺子?

南北朝时期就出现了“饺子”这种美食，深受大众的喜爱。虽然饺子制作起来不复杂，但对于平时只吃粗茶淡饭的普通民众来说，饺子是一种珍贵的美食，所以只有到逢年过节时才舍得吃。虽然有的说法是，过年吃饺子在守岁时包，子时辞岁时吃，在迎新辞旧之际有“更岁交子”之意，但这只是人们的美好托词，最重要的原因就是“饺子很珍贵”。此外，饺子形状如同元宝，在过年的时候吃，有招财进宝之意。

22. 新婚之时为什么要喝交杯酒?

在先秦时期，新婚之时，新郎和新娘要“合卺”，也就是将匏瓜剖成两个瓢，每个瓢中装上酒，新郎和新娘将酒喝下，象征着夫妻合二为一、永结同好、同甘共苦。在唐代时，可以用杯来代替瓢。宋代以后，合卺之礼演变为新婚夫妻共饮交杯酒。《东京梦华录·娶妇》记载：“用两盏以彩结连之，互饮一盏，谓之交杯。饮讫，掷盏并花冠子于床下，盏一仰一合，谷云大吉，则众喜贺，然后掩帐讫。”

23. 惊蛰节气，为什么要祭白虎？

惊蛰祭白虎可以免除是非，这是广东一带居民的传统习俗。当地人认为白虎是口舌之神，在惊蛰这天出来伤人。于是，他们在纸上绘画老虎，进行祭拜。祭拜之后，用猪油擦拭纸老虎的牙齿，使其不能出口伤人，以此避免一年中与他人发生口舌之争，免除是非。此外，在惊蛰，其他地方还有蒙鼓皮、“打小人”驱赶霉运、吃梨的习俗。

24. 为何要喝谷雨茶？

谷雨取自“雨生百谷”，是春季的最后一个节气，这时气温回暖、降雨增多，是农作物生长的关键期。在江南，有喝谷雨茶的习俗。因为谷雨也是采茶喝茶的好时节，所谓“谷雨茶”，就是谷雨时节采摘的茶，也称“二春茶”，饮用之后可清火明目、提神醒脑、消除疲劳。

25. 谷雨贴是什么？

谷雨时节，不仅农作物快速生长，毒虫也开始繁殖。为了祈祷不受病虫侵害，人们常在这天贴谷雨贴。谷雨贴，在黄纸上用朱砂画出神鸡捉蝎、天师除五毒形象或道教神符，有的还写有“谷雨三月中，老君下天空，手持七星剑，单斩蝎子精”等文字，也称“禁蝎咒”，寄托了人们期望免受虫害、丰收安宁的美好心愿。此外，谷雨时节还有赏牡丹、祭仓颉、祭海等习俗。

26. 立夏为何要称重？

立夏，是夏季的第一个节气，标志着春天结束，也称“春尽日”。古时，有“立夏秤人轻重数，秤悬梁上笑喧闺”的习俗：吃过午饭之后，在家中横梁上挂一杆大秤，人坐在箩筐里称体重，看秤的人嘴里要说着吉祥话，寓意称重之后就不怕夏季炎热、不会消瘦了。这个习俗的由来有这样一个传说：诸葛亮七擒孟获后，在临死前嘱咐孟获每年立夏要去看刘禅。蜀亡之后，司马炎把刘禅软禁在洛阳。孟获担心司马炎亏待刘禅，每逢立夏探望刘禅时都要称他的体重，后来就流传为“立夏称人”的习俗。

27. 祈蚕节是什么节？

小满是夏季的第二个节气，麦子趋于成熟，盈而未满。小满前后，蚕开始结茧，“小满乍来，蚕妇煮茧，治车缫丝，昼夜操作”。相传，小满为蚕神诞辰，江南地区的古人会在这天到“蚕娘庙”为“蚕神”献供品，并举行祈蚕节，祈祷能得到“蚕神”的保佑，蚕丝丰收。除祈蚕外，小满这天还要祭车神，即水车车神、油车车神和丝车车神，祈求风调雨顺、丰衣足食。

28. 芒种前后还有打泥巴仗的风俗吗？

当小螳螂出生、伯劳鸟啼叫、反舌鸟收声之时，意味着芒种到来。芒种后，气温继续升高，中国大部分地区迎来“夏收、夏种、夏管”的“三夏大忙季”。人们有送花神、安苗、煮梅等习俗。而在贵州东南部一带，侗族青年男女在芒种前后不仅会忙着下地插秧，还会举办打泥巴仗节。这天，新婚夫妇由要好的男女同伴陪同，来到田间边插秧边扔泥巴玩闹，最后谁身上的泥巴最多，谁就被认为是最受欢迎的人。

29. 小暑吃的“糕屑”是什么？

进入小暑，一年中最热的一段时期开始了。在江苏等地有“六月六，吃了糕屑长了肉”的俗语。“糕屑”究竟是什么？“糕胷”就是炒面。唐代医学家苏恭认为，“炒面可解烦热，止泻，实大肠”。炎热的天气，阳气最盛，夏暑养生良方之一就是“以热制热”。吃炒面能起到消暑的作用。此外，北方有的地方还有在小暑时吃饺子的习俗。

30. 三伏天晒一晒有好处吗？

进入三伏天，就进入了一年中最炎热的时间段。晒背是三伏天人们常做的事情。人体阳经多循行于背部，在三伏天晒背，可以畅通经脉，有助于生发督脉、膀胱经的阳气，提高人体气化能力。除了晒背，还晒肚脐，能够起到温养中焦、排寒排湿的作用。此外，人们还晒伏姜、晒书、晒衣物、晒被褥。总之，在三伏天，人们会充分利用一年中的“最强阳气”。

31. 立秋“贴秋膘”科学吗？

立秋是秋天的第一个节气，标志着秋天的开始。此时正是丰收的季节，人们“啃秋”吃瓜，吃肉“贴秋膘”。立秋时，人们也会悬秤称人，与立夏时候称的重量对比，如果瘦了就是“苦夏”，那就需要多吃肉“贴秋膘”了。人们在夏季胃口欠佳，摄取的营养物质不足，立秋之后开始多吃肉补充营养，有一定的科学依据。但是，“贴秋膘”不能过度，大量进补肉食，会给胃肠造成较大的负担，不利于身体健康。

32. 白露时节“收清露”有何意？

随着天气转凉，在白露前后会出现露水，古人在此时有“收清露”的习惯。《本草纲目》记载“秋露繁时，以盘收取，煎如饴，令人延年不饥”“百草头上秋露，未晞时收取，愈百病，止消渴，令人身轻不饥，肌肉悦泽”“百花上露，令人好颜色”。可见，清露具有较高的药用功效，因此古人习惯在白露时节“收清露”。

33. 秋分有哪些习俗？

古有“春祭日，秋祭月”之说，人们在秋分这天会举行祭月仪式，祈求风调雨顺、丰收满仓，还会到田野之中寻找挖掘可食用的新鲜野菜，祈求吃过秋菜后身壮力健、远离灾病。送秋牛也是重要的习俗，能说善道的“秋官”边说边唱挨家挨户送去关于耕牛、牧牛之类的画，祝福大家秋耕顺利、五谷丰收。此外还有竖蛋、拜神、粘雀子嘴等习俗。

34. 寒露吃芝麻真的对身体有好处吗？

寒露，是二十四节气中的第十七个节气，此时天气由凉爽转向寒凉。古人有在寒露时吃芝麻的习惯。按照“春夏养阳，秋冬养阴”的四时养生理论，吃芝麻的确有益于养生。《神农本草经》和《本草纲目》认为芝麻具有健脾胃、利小便、和五脏、助消化、化积滞的功效，很适合在寒露时节食用。除了吃芝麻外，古人还会在寒露时节喝菊花茶，一是因为菊花具有养阴滋补的作用，二是因为菊花在九月正香。

35. 霜降吃柿子不会流鼻涕吗？

霜降，是秋天的最后一个节气，“气肃而凝，露结为霜”。在北方，有“霜降吃柿子，不会流鼻涕”的说法。从中医理论来讲，鼻为肺的外窍，流鼻涕是因为肺气受损。而柿子具有生津润燥、养肺补润、通顺肺气的功效，因此民间就有“霜降吃柿子”的习俗。但吃柿子有很多禁忌，脾胃虚寒、体弱多病的人群不适合吃，不能空腹吃，也不要连皮吃。

36. 黄酒为什么要立冬酿？

俗话说“酿酒不借天时、地利、人和，酒无味”。不同时节酿造的酒味道有所不同。嘉兴黄酒是世界三大古酒之一，在立冬之后开始酿造。《考工记》载：“天有时，地有气，材有美，工有巧，合此四者，然而可以为良。”冬天酿酒，温度低，杂菌无法生存，且嘉兴黄酒所用鉴湖水在冬季时清冽、微生物少，因此冬季酿酒会更醇美。在嘉兴，立冬这天还有祭酒神仪式，酿几坛黄酒祭神敬祖。

37. 为什么会有小雪腌菜的习俗？

小雪时节，天气寒冷，北方万物已不再生长。北方的人们通常会储存白菜、萝卜等蔬菜作为越冬的食物。这些食物放置在屋外，容易受冻损坏；放置在取暖的屋内，容易由于过热而腐坏。因此，人们在小雪前后会将蔬菜腌制成咸菜，如此便于保存。腌咸菜时，先放一层菜再放一层盐，层层压实，最后封住缸口，待到冬至之时开缸食用。

38. 冬至北方吃饺子，南方吃什么？

冬至是二十四节气中的第二十二个节气，白昼最短，黑夜最长，过了冬至白天就会逐日变长。中国北方地区在冬至这天有吃饺子的习俗，认为饺子像耳朵，吃了饺子之后就不会冻掉耳朵。而在南方地区，则有吃冬至米团、冬至长线面的习惯。吃米团，寓意着团团圆圆；吃长线面，寓意“一天长一线”，日子越来越长、越来越好。

39. 什么是“尾牙祭”？

大寒，是二十四节气中的最后一个节气，此时天气寒冷到极致。人们在大寒开始迎年，食糯、纵饮、做牙、扫尘、糊窗、腊味、赶婚、趁墟、洗浴、贴年红等。在南方地区一些地方，会在大寒时节举行“尾牙祭”。所谓“尾牙祭”就是拜土地公。每月的初一、十五或者初二、十六，是祭拜土地公神的日子，称为“做牙”。一年中最初的做牙，叫作“头牙”；小寒时节的做牙是最后一个做牙，因此叫作“尾牙”。

40. 小孩在雨水这天见到的第一个人为何要拜为干爹、干娘？

在广东、四川等地的客家人习俗中，雨水时节有“撞拜寄”的习俗。雨水这天，无论下雨还是天晴，天刚蒙蒙亮，年轻的妇女会带着自己年幼的孩子等待第一个从他们面前经过的行人。当遇到第一个路过的行人时，无论对方是男是女、是老是少，都要将其拦住，让孩子磕头拜寄，将其拜为干爹或干娘，寄寓着孩子能够健康、平安成长的愿望。

41. 立春有哪些习俗？

立春是二十四节气中的第一个节气，意味着春天的开始。立春的习俗有很多。报春，在立春前一日进行迎春之仪，迎接春天和句芒神。打春牛，制作春牛，鞭打春牛，提醒人们抓紧春耕生产，莫误农时。咬春，是立春的饮食习俗，要做春饼、赠春盘、食春菜。探春，出城探春、踏春，欣赏春天的美景。祭祀土地神，以求全年风调雨顺、丰收富足。贴宜春字画，在门壁上张贴宜春字画，写上祝福语，迎接春天的到来。

42. 古代新娘为什么要蒙“红盖头”？

古代举行婚礼时，新娘要在头上蒙一块

大红绸缎，被称为“红盖头”，在入洞房时由新郎揭开。关于“红盖头”的来历有这样一则传说：在宇宙初开的时候，伏羲和女娲被天帝派到人间掌管苍生。为了繁衍后代，两人决定结为夫妻。他们向上天征询意见，得到了同意。尽管如此，女娲仍然感觉害羞和尴尬，为了遮羞，女娲用草叶编了一把团扇，在结婚时将自己的脸挡起来。这把团扇，便是后来红盖头的雏形。

43. 过生日时为什么要吃长寿面？

相传，汉武帝在与大臣们谈论人的寿命长短之时说：“《相书》称人的人中长，寿命就长；若人中1寸长，就可以活到100岁。”大臣东方朔听后哈哈大笑。汉武帝问他为何大笑。东方朔解释道：“我是笑彭祖。彭祖活了800岁，他的人中就长8寸，那他的脸有多长啊！”大家听后都大笑起来。后来，人们觉得“脸长不能长寿”，那就改成“面长”吧，于是渐渐地人们就在寿辰这天吃长寿面以期长寿。

44. 为什么皇帝为“九五之尊”，而不是“九九之尊”？

皇帝为“九五之尊”有几种不同的解释：有一种说法是“九五之尊”来源于《周易》。易有六十四卦、三百八十四爻，以乾卦为首，且乾卦六爻皆为阳，是为极阳。乾卦的第五爻称为“九五”，是乾卦六爻中最好的爻，也是三百八十四爻中最好的爻，所以帝王称为“九五之尊”。还有一种说法是数字分为阳数和阴数，奇数为阳，偶数为阴，“九”为阳数中最大的数，“五”居正中，有“中庸”的意思，将“九”和“五”连起来，表明帝王神权天授且有中庸的智慧，可以统治天下。

45. 门神都是谁？

古人对鬼神崇拜，认为在门口贴上门神可以驱邪避鬼。最初人们在门上挂桃符，桃符上画有奉黄帝之命把守“鬼门”的神荼和郁垒。后来，人们开始挂画有专门斩鬼吃鬼的钟馗像，将其当作门神，此外还有悬挂哼哈二将的，这都是用来驱邪避鬼。唐代以后，门神的“神味”淡了，人们会挂一些画有著名武将的红纸，秦叔宝和尉迟敬德就是人们常挂的门神，此外还有赵云、马超、薛仁贵、孙膑、庞涓、赵公明、韩信等。除了武官门神外，人们还悬挂文官门神，寓意招财进宝、升官发财。

46. 灶神在民间地位如何？

中国信奉多神，在众多的神灵中，灶神在民间的地位极高，而且古代人相信每个人的家中都有一位灶神。灶神时时刻刻与本家人生活在一起，家里的大事小情、所说的每一句话，灶神都知道，所以人们在灶台前不能说坏话。每年的腊月二十三，即北方小年，人们会祭祀灶神，给灶神摆上供品，嘴里念叨着希望灶神上天面见玉皇大帝时，称其受到了优待、本家人没有说过神灵的坏话，请玉皇大帝赐福本家，祈求新的一年丰衣足食。在民间，灶神充当了人与天帝联系的桥梁，所以人们对灶神很尊敬，希望他“上天言好事，下界保平安”。

47. “正月剃发死舅舅”的说法从何而来？

我国大部分地区都流传着一种习俗——正月里不理发，怕“剃发死舅舅”。其实，正月不剃头与舅舅毫无关系，这来源于清廷颁布的一道“剃发令”。汉族人认为“身体发肤，受之父母”，剪头发是对父母的不孝，所以无论男女都留着长发，但满族人并无此说法。顺治为了让汉族人臣服满族人，在1645年颁布了“剃发令”，要求在规定时间内军民一律剃发，人们虽然反抗，但是害怕不剃发就掉脑袋，只能顺从。《掖县志·风俗》载“民间以剃发之故思及旧君，故曰‘思旧’”，所以，剃发是针对明代遗民对前朝的“思旧”，而不是“死舅”。

48.“黄道吉日”的说法从何而来？

相传在唐宣宗年间，有位名叫吉日的书生与一位姓陈的女子相好，托媒人提亲之后，两人订下了婚约。吉日将此事告诉了好友黄道，黄道认为选定的结婚日子正是皇帝挑选美女的日子，容易出现差池。吉日听后没有放在心上，照常举办婚礼。婚礼这天，容貌姣好的新娘被抢走，吉日被打昏在地，黄道上前阻拦，将新娘救下，自己却不幸身亡。多年之后，吉日科举及第后成为朝廷官员，在皇帝再选美女之时进行了阻拦，因触怒了皇帝而被斩首。于是人们将吉日与黄道埋葬在一起，每当举行婚礼时就去拜祭他们，以对他们的行为表示纪念。久而久之，人们到他们的墓前拜祭多有不便，就将选好的婚期称为“黄道吉日”。

49.“举头三尺有神明”是什么意思？

《增广贤文》载“万事劝人休瞒昧，举头三尺有神明”，意思是劝人做任何事情都不要隐瞒真实情况，头顶上有神灵在看着。佛家认为，每个人身上有两个神——“同名神”和“同生神”。同名神是男性、计善的神，同生神是女性、计恶的神。人们任何的起心动念，无论是善是恶，同名神和同生神都会记录在善恶簿上，汇报给主管天堂和地狱的神明。“举头三尺有神明”督导人们要积德行善，不要为非作歹。

50. 人们为什么讨厌“夜猫子”？

“夜猫子”就是猫头鹰，学名鸱鸮，古代称“枭”，被认为是不祥之鸟。俗语有“夜猫子进宅，无事不来”的说法，认为猫头鹰落在家里啼叫，会带来灾祸。人们的这种看法主要缘于猫头鹰的外表、叫声和习性。猫头鹰长相不可爱，不讨人喜欢，而且叫声难听，叫得人心里直发慌，加之猫头鹰昼伏夜出，栖居在荒丘丛棘之中，人们认为它们容易接触阴魂野鬼，此外它们还有食母的习性。所以，人们对待猫头鹰都避而远之，生怕它们带来霉运。

51. 乌鸦是不祥之鸟吗？

乌鸦，俗称老鸹、老鸦，古代称“乌”。由于其通体乌黑、叫声难听，自古就被人当作不祥之鸟。相传，周武王姬发有一次率军讨伐纣王之时，看见一只乌鸦落在营帐上，认为是不祥之兆，出师定会不利，于是暂缓讨伐殷纣，收兵而归。不过，在民间还有另一种说法，乌鸦“慢叫则吉，急叫则凶”“一声凶，二声吉，三声酒食至”“早报财，晚报喜，日中时分报是非”等不同说法，可见古人认为乌鸦不完全是不祥之鸟，有时也是“吉鸟”。

52. 我国古代的妇女节是几月几号？

是农历七月初七这天，也叫“乞巧节”或“女儿节”。相传，织女心灵手巧，在每年的农历七月初七这天，妇女们都会摆上瓜果、穿针引线，等待织女传授纺织的技巧。届时大家也会走亲访友，互相交流，就连平时禁锢在绣楼里的大家闺秀也都可以穿上最漂亮的衣服涉足市井。古代的男女青年们一见钟情的爱情故事也由此产生。

53. 我国古代的情人节是哪天？

古代的情人节是元宵节，也叫“上元节”，古代称夜为宵，所以农历正月十五这天被称为“元宵节”。这天，无论男女老少均可以出门赏花灯，参加吃汤圆、猜灯谜等一系列传统活动。同时，这也给未婚男女搭了一座桥梁，可以让他们借着赏花灯物色心仪的对象。

第十七章 俗语民谚篇

1. 谚语“八仙过海，各显神通”说的是什么故事?

传说，王母娘娘在蟠桃园宴请八仙，酒过三巡后，吕洞宾提议去东海蓬莱仙境走一走，那里景色宜人。众仙齐声答应，并说好大家各凭本事渡海，不许乘舟。于是八仙开始各显神通，纷纷将宝物投进水中，借助宝物游向东海。这句话一般比喻各自拿出本领或办法，互相竞赛。

2.“此地无银三百两”说的是什么故事?

在古代，有个叫张三的人，通过自己的努力攒了三百两银子。因害怕银子被偷，他就拿一个大箱子，把三百两银子放进箱子里锁起来，埋到了房屋后面的地里。做完这些，张三还是不放心，于是他写了一张纸条，纸条上写着:“此处无银三百两。”然后贴到墙角处，这才安心地走了。隔壁的王二注意到了张三心神不宁的样子，随后又看见了那张纸条，明白此处一定埋着三百两银子，于是他趁着天黑偷走了银子。王二担心被发现，也写了一张纸条“隔壁王二不曾偷”，贴在了墙角。张三醒来发现钱丢了，看到纸条后，立刻明白钱被王二偷走了!

3. 俗语“既来之，则安之”是什么意思?

春秋时期，鲁国的大臣季氏打算出兵讨伐鲁国的附属小国颛臾。孔子的弟子冉有和子路也在鲁国当官，他们前去请教孔子。孔子说:“我听说拥有家族封地的大臣从来不怕人口少，而是害怕家里人不安定；也不怕贫穷，而是担心分配不均。如果都分配合理了，就不会出现贫穷了。根据这个道理，远方之人不归顺，我们就用仁德让他们心服口服。‘既来之，则安之’，既然已经来了，那就应该让他们安定下来。”“既来之，则安之”的意思是既然来了，就要在这里安下心来。

4. 谚语“解铃还须系铃人”是什么意思?

南唐时期，金陵的清凉寺里有个法号叫法灯的小和尚，经常不遵守佛门的规矩，但对事物却有自己的见解。大家都看不起他，只有方丈觉得这个法灯小和尚悟性很高，很器重他。有一次，方丈在给弟子们讲经时，突然问道:“你们说，谁能把系在老虎脖子上的铃铛解开?”弟子们面面相觑，谁也说不出答案来。这时外出玩耍的法灯回来了，方丈又把问题说了一遍。法灯思考片刻，回答道:“解铃还须系铃人，那个能把铃铛系在老虎脖子上的人，自然有办法把铃铛解开。”方丈和其他和尚听后都对法灯刮目相看。最后法灯也成为一名得道高僧。“解铃还须系铃人”一般用来比喻由谁引起的麻烦，仍由谁去解决。

5. 谁要“宁为玉碎，不为瓦全”?

南北朝时期，东魏大将军高洋逼迫魏孝静帝元善见禅位，自己登基称帝，建立北齐王朝。有一年，天空中出现了日食现象，高洋觉得是不祥之兆，便找来亲信问:“西汉时期，王莽篡位夺得西汉政权，后被光武帝刘秀抢了回去，你知道什么原因吗?”那个亲信看穿了高洋的心思，就说:“这是因为王莽得了天下之后，没有把刘氏家族斩草除根。”高洋听后，立刻下旨，诛杀前朝皇室元氏宗亲。北魏宗室元景安提议说:“我们把‘元’姓改成皇帝的‘高’姓，这样就可以保住性命了。”他的堂兄元景皓反驳说:“我们怎么可以为了保命，而丢弃自己的姓氏呢?大丈夫宁可做玉器被打碎，也不会去做瓦器!”后来元景皓被高洋斩首。但三个月后，高洋也病逝了。18年后，北齐亡。“宁为玉碎，不为瓦全”一般比喻宁为正义事业而牺牲，也不苟且偷生。

6. 人们为什么说“千里姻缘一线牵”?

“千里姻缘一线牵”出自唐朝李复言《续玄怪录·定婚店》。唐朝有个文人叫韦固，时常到河边玩耍。一次，他看见一个老人在月光下翻着书，一边看一边用红绳系在两块石头上。韦固不明所以，上前问道:“老伯伯，您为什么把红绳系在石头上?”老人回答:“我正在给当婚的人牵线呢!”韦固问道:“那我的妻子是谁?”老人回答:“就是村头菜园子里的那个女孩。”韦固嫌弃女孩长得丑，便拿起石头向女孩砸了过去。十几年后，韦固做了大学士，看中了张员外家的外甥女。两人见面后，情投意合。洞房花烛夜时，他发现妻子额头有块疤，便问怎么回事。妻子说完后，韦固十分吃惊，就把当年的事如实告诉了妻子。从此，“千里姻缘一线牵”这句俗语就流传了下来。

7. “三十年河东，三十年河西”讲述了怎样的一个故事?

相传唐朝时，安禄山发动叛乱，唐玄宗派郭子仪成功平叛。为给他庆功，唐玄宗不仅把公主许配给郭子仪的儿子，还为他在河东处修建了河东府。从此郭子仪的后代在河东府中娇生惯养、坐吃山空。没过几年，郭家家道中落，奴仆们也各奔东西，只剩一个郭家后人四处乞讨。他记得自己小时候的奶妈在河西村，经过四处打听，得知他的奶妈已经去世了，但家中兴旺，囤粮多座，牛羊成群。当时奶妈的儿子还在辛勤地劳作，他上前询问:“你都已经这么富有了，为什么还劳动呢?”奶妈的儿子回答说:“家业再大，也经不住消耗啊!只有不停地劳作，才能创造财富，把家业更好地传下去。”郭子仪的后代不禁感叹:“真是‘三十年河东，三十年河西’啊!”

8. 为什么“水至清则无鱼”?

班超是汉朝的外交家，因长年在西域工作，所以十分想念家乡，便给皇帝写了一封信，表达自己的思乡之情，希望能够落叶归根。皇帝看后，十分感动，就命班超回到都城洛阳，让任尚接替了班超在西域的工作。任尚出发前向班超请教一些工作经验。班超说："西域都是少数民族，稍不留神就容易发生叛乱，正所谓'水至清则无鱼'，所以不要苛责一些小错误，只要没有大问题就可以了。"任尚却没有太在乎，觉得班超也不过如此。他上任几年后，果然遭遇了叛乱。任尚这才想起前几年班超的话，可为时已晚了。

9. 谚语"桃李满天下"，是说谁的高徒多？

武则天统治时期，手下有名宰相叫狄仁杰，此人为政清廉、德高望重，非常受武则天信任。一天，武则天让狄仁杰推荐人才，狄仁杰问她是什么职位，武则天说要担任将相的。狄仁杰便向武则天推荐张柬之，武则天便提拔张柬之为洛阳司马。过了几天，武则天又让狄仁杰推荐人才，狄仁杰还是举荐张柬之，武则天说他已经被提升了。狄仁杰却说："我推荐张柬之，是让他当宰相的，而不是当个地方官。"武则天明白了，立刻把张柬之升为宰相，处理国家重要事宜。此后，狄仁杰先后为武则天推荐十余人，全部担任重要官职，并都是名臣良吏。有人对狄仁杰说："天下桃李，均出自狄公门下啊。"

10. "听君一席话，胜读十年书"从何而来？

很久以前，有个秀才进京参加科举考试，途中经过一个村庄。由于天色已晚，秀才便找村民借宿，最终他住进了一户屠夫的家里。秀才和屠夫聊得很投机，这时屠夫问秀才："公子博览群书，一定知道很多知识，那请问海水怎么分雌雄？山上的树怎么分公母？"这下难住了秀才，秀才虚心请教屠夫，屠夫说："海里的波是雄的，浪便是雌的，因为雄的总强一些；而山上的松树是公的，因为松字里有个'公'字，梅花树是母的，因为梅字里正好有个'母'字。"秀才闻言，恍然大悟。后来秀才打开试卷一看，皇帝出的试题和屠夫问的一样，最终秀才成为状元。他特地回到屠夫家里，送了一块匾额给屠夫，上面题的正是"听君一席话，胜读十年书"。这句话常被用来比喻与对方交谈的时间虽然很短，但是受益很大。

11. "五十步笑百步"，应该吗？

战国时期，孟子拜见梁惠王，梁惠王问孟子："我自认为对国家尽心尽力了。如果我们国家河东闹饥荒，我就把人们调到收成好的地方，给灾区送粮食。可为什么人口没有增加，百姓也不感谢我呢？"孟子听后讲了一个故事："一次两国交战，刚打起来，一方的士兵放下兵器就往回跑，有的跑了一百步，有的跑了五十步，跑五十步的士兵笑话跑一百步的是胆小鬼，您觉得这么做对吗？"梁惠王说："不对，跑了五十步的也是逃兵，为什么要耻笑跑一百步的？"孟子说："您是明白这个道理的。如果您不在春耕秋收时征兵，那百姓会有吃不完的粮食；如果您限制砍伐树木，那木材也会使用不尽。如此这般，百姓还会不感谢您吗？百姓富足、安居乐业才是国家的根本。"梁惠王听后明白了孟子的意思，下决心将国家治理好。

12. "有眼不识泰山"，说的是谁？

传说春秋时期，鲁国有位工匠叫公输班（后世称"鲁班"），手艺高超，大家都很崇拜他。鲁班收徒有个规矩，每隔一段时间就进行一次考核，没有通过考核的，就予以淘汰，以保证自己的名誉。传说有个叫泰山的南方人，竹编技艺很精湛。他也很崇拜鲁班，便千里迢迢前去拜师。由于从未接触过木工活儿，所以很快就被淘汰了。很多年后，鲁班到了南方，逛了当地的集市，发现一家摊位上有很多造型精美、做工别致的竹器，向别人打听才知道原来是自己多年前淘汰的弟子泰山做的。鲁班想起当年泰山学艺的情形，便感慨道："当时我真是有眼不识泰山啊！"

13. 为什么要"照葫芦画瓢"？

相传北宋年间，有个叫陶谷的人曾与宋太祖赵匡胤一同在前朝做官。北宋建立之初，陶谷曾帮助赵匡胤化解过一次危机，但并没有被提拔。赵匡胤还让他担任原来在翰林院的职务。几年后，陶谷觉得自己在翰林院有些大材小用，便托人在赵匡胤面前举荐自己，没想到得到的回复是："翰林院的学士们只不过拿前朝的文书改一改，无非就是'依样画葫芦'而已，怎么看得出有才能呢？"陶谷听后非常郁闷，写了一首诗自嘲："官职须由生处有，才能哪管用时无。堪笑翰林陶学士，年年依样画葫芦。"此事传到赵匡胤耳中，他更加不重用陶谷了。后来"依样画葫芦"则演变成"照葫芦画瓢。"

14. "只许州官放火，不许百姓点灯"，公平吗？

北宋时，有个太守叫田登，此人心胸狭隘，不允许州内的百姓使用任何与"登"同音的字。百姓只要说到和"登"同音的字，就要用其他字来替代。谁要是触犯了田登的忌讳，便会受到处罚。元宵节即将到来，按照往常的惯例，州内要放三天焰火和花灯庆祝。州府衙门要提前贴出告示，告知百姓前来观看。可写告示的官员迟迟不下笔，因为告示里面有个"灯"字，不知道如何写才能既避了名讳又能使百姓看懂。最后他把灯改成了火，告示上就写成了"本州照例放火三日"。当地的百姓对田登蛮横无理的专制气愤万分，暗地里都这么评价这件事："只许州官放火，不许百姓点灯。"人们常用这句俗语形容某些人倚仗权势任意而为，却不准其他人享有正当的权利。

15. "杀鸡焉用牛刀"与谁有关？

传说春秋时期，孔子的学生子游非常赞同孔子提出的礼乐之道。他从政后便来到武城当县令，并没有因武城小而嫌弃它，反而教这里的百姓唱歌，学习乐理知识。后来孔子带领众弟子来到武城，听见城中传来弹琴唱歌的声音。孔子笑起来说："杀鸡怎么能用牛刀呢？礼乐乃是治国的大道，武城只不过是个很小的地方，太小题大做了。"孔子的话被百姓转述给子游，子游便对孔子说："您教导过我们，一个国家接受了礼乐之道，就知道怎么爱护百姓，如今百姓学习了礼乐，就会变得恭顺，听从官府管理。难道在武城这个小地方不适用？"子游的一番话，让孔子顿时醒悟，对自己刚才轻率的发言后悔不已。

16. 人们常对孩子说的"三天不打，上房揭瓦"有何来历？

在古代，有个叫鲍氏的女子，家里有两个十分顽皮的孩子，每天不是追鸡追狗，就是把菜园里的菜都踩烂了。鲍氏每天都要揍他们一顿，这样他们才老实一会儿。有一天，鲍氏的丈夫摔断了腿，无法干活儿，家里的活儿便都落在鲍氏身上。她白天收麦子，晚上打场，忙得昏天黑地，无暇顾及两个孩子。她晚上累得呼呼大睡，就在酣睡之际，被房顶漏下的雨滴弄醒了，醒来发现房子上的瓦片被揭走了好几块。鲍氏知道是她的两个孩子弄的，冲他们大叫："好你们两个小崽子，三天不打，你们就上房揭瓦！"后来人们就用"三天不打，上房揭瓦"形容小孩子顽皮。

17. 俗语"衣来伸手，饭来张口"形容人很懒惰，这句话最早出自哪里？

出自清朝文康的《儿女英雄传》第三十一回："安公子是自幼娇养，衣来伸手，饭来张口的人。"话说从前有个家财万贯的财主，他的儿子不做正经的事情，每天过着衣来伸手，饭来张口的生活。财主更是从来不教育他。艾子提醒财主，要及时让孩子受到教育，这样才能成为一个有用的人。财主不满艾子说他的儿子不学无术。于是艾子把他的儿子叫来问大米是从哪里来的，财主的儿子说大米是从米袋里来的。这句俗语常用来形容一个人懒惰成性，坐享其成。

18. "以小人之心，度君子之腹"，谁这么胡乱揣测？

公元前514年，晋国的魏戊在梗阳县当官。有一次，魏戊遇到了一桩官司，觉得自己很难断定，于是便上报给了执政大臣魏舒。其中诉讼的一方挑选了一组女乐送给魏舒，魏舒也准备收下。魏戊得知后，派大臣阎没和叔宽前去劝谏。魏舒安排了一桌饭菜招待二人，没想到二人在餐间连连叹气，魏舒询问："为何叹气啊？"大臣阎没和叔宽异口同声地说："因为昨晚没有吃好，担心饭不够吃，所以叹气；现在看饭菜很丰盛，魏将军的家里怎么会担心饭不够吃呢，不由得自悔自叹。"饭后他们又说："现在酒足饭饱了，想必君子的心应该和小人的肚子一样容易满足。我俩吃饱了，再好吃的东西也不想要了。"魏舒听到最后一句，明白了阎没和叔宽是借吃饭来劝谏自己不要受贿。他非常羞愧，马上把女乐辞退回去。

19. 谚语"百闻不如一见"，见到的是什么？

汉宣帝时期，西北部的羌族经常骚扰汉朝边境，汉宣帝多次派将领前往平息叛乱，但都以失败告终。这时一个叫赵充国的七十多岁的老者挺身而出，自愿率兵前去征讨。出发前汉宣帝问赵充国要多少兵马，赵充国对汉宣帝说："听别人说一百次，不如自己亲眼一见。等我到那儿之后观察好地形，画好地图，定下攻守方案，再上奏。"汉宣帝同意了。赵充国到达西北后，发现并不是所有羌族都有进攻朝廷的想法。于是他采取了两种方式：对于好战的羌族部落，采取正确的战略对策；对于那些不希望战斗的，采取招降的方式。就这样，赵充国凭借自己的智慧和战略部署成功击退羌族，为汉朝西北边疆的和平做出了贡献。

20. "不可同日而语"意思是不能在同一天说话吗？

战国时期，各诸侯国战乱不断，秦国逐渐展露出欲吞并六国的想法，从而出现了"合纵"和"连横"的政治活动。苏秦便是当时有名的纵横家。他先后游走秦、燕、赵等国，均没有成功。于是他再次返回赵国，终于被赵国国君接见。苏秦抓住机会，向赵国国君介绍了当时各国局势。苏秦说："我周游了六国，做了详细的考察，发现六国不论疆域还是兵马，加在一起都超过了秦国好几倍。只要六国合为一体，就可以击败秦国。打败别人和被别人打败，让别人称臣和自己向别人称臣，怎么能放在同一时间去谈论呢？"赵国国君认为苏秦说得很有道理，于是给了他很多的路费，让他去说服其他的国家。该谚语一般形容事物之间差异很大，不能相提并论。

21. "得饶人处且饶人"是美德，这个谚语背后有何故事？

相传，在古时候，有个道人非常喜爱下棋，棋艺精湛，附近的人都不是他的对手。尽管如此，大家还是喜欢和他下棋，因为这个道人每次下棋都让对方先走，下得高兴了，还会让对方几颗棋子。多年后，道人去世。临终前，道人找到一位喜欢下棋的年轻人，对他说："我有件事想麻烦你，希望你在我去世五年后，为我改葬。"说完就离开了人世。五年后，年轻人遵照道人遗嘱，打开坟墓后却只见空的棺材和衣服。那个道人曾有诗说："烂柯真诀妙通神，一局曾经几度春。自出洞来无敌手，得饶人处且饶人。"

22. 谚语"覆巢之下无完卵"是什么意思？

东汉献帝时期，有个叫孔融的大臣，为人谦逊有礼，广交贤能，口碑很好。他所作散文锋利简洁，多含讥讽笔调。后来因触怒了曹操，他被曹操抓了起来，处以死刑。被抓时，他对前来抓捕的士兵说："请你们放过我的两个孩子，他们是无辜的。"孔融的两个孩子非常镇定，对父亲说："父亲，您请求他们是没用的，您看哪有鸟巢毁了，而巢中的蛋不破呢？"没过多久，曹操果然把这两个孩子也抓了起来。该谚语一般比喻整体覆灭，个体也不能幸免。

23. "挂羊头，卖狗肉"，这不是骗人吗？

春秋时期，齐国的国君齐灵公有个奇怪的爱好，喜欢让宫女女扮男装，为此还专门下了一道指令。国君的这一喜好，很快传遍了全国，使得全国所有女人纷纷效仿。齐灵公知道后便让官吏们禁止，还颁布了一道命令："今后凡是女扮男装的，一经发现，割破她们的腰带和衣服，羞辱她们。"可还是有很多女子冒险穿成男人的样子。齐灵公犯了难，询问晏婴："我已经下令禁止女扮男装了，为什么还制止不了呢？"晏婴说："大王让宫里的宫女穿男装，却禁止宫外的女子穿男装，这就好比肉店外面挂着牛头，而店内卖的却是马肉，怎么才能让人信服呢？"齐灵公恍然大悟，立刻下令，让宫女都穿回女装，禁止再穿男装。此令一出，宫外的女子也都换回了女装。后来，人们便用"挂牛头，卖马肉"来形容名不副实，欺骗人，而这句俗语又逐渐演变为"挂羊头，卖狗肉"。

24. 谁"赔了夫人又折兵"？

该谚语最早出自元杂剧《隔江斗智》，明代罗贯中《三国演义》中也有同样的故事。《三国演义》中记载，刘备和孙权联合打败曹操后，刘备仍不准备把荆州还给孙权。孙权便采用大将周瑜的计谋，打算让刘备娶自己的妹妹孙尚香为妻，趁机把刘备扣下换荆州。而刘备手下的谋臣诸葛亮再次发挥自己的聪明才干，给了刘备三个锦囊，一一破解了周瑜的计策。最终，刘备不仅没有把荆州还给孙权，还娶回了孙尚香。周瑜率兵追赶，刘备手下的士兵纷纷叫喊:“周郎妙计安天下，赔了夫人又折兵!”周瑜听后气得晕倒在地。

25. 何人走了千里，却只送鹅毛作为礼物?

唐朝贞观年间，有个小国叫回纥，是大唐的藩国。为了表示对大唐的友好，该国特意派一个叫缅伯高的使者去拜见唐朝国君。所带贡物除了金银财宝，还有一只很罕见的珍禽——白天鹅。一日，他们走到沔阳河边，天鹅伸出了长长的脖子渴望着河水，缅伯高看此情景于心不忍，便打开笼子让天鹅喝饱水。谁知喝饱水后的天鹅，竟扑腾着翅膀飞走了，缅伯高赶紧扑上前，没抓住天鹅，却抓住了几根鹅毛。缅伯高用绸子包住鹅毛，并在绸子上题了一首诗:“将鹅贡唐朝，山高路远遥。沔阳湖失去，倒地哭号号。上复唐天子，可饶缅伯高?礼轻情意重，千里送鹅毛!”

26. “人非圣贤，孰能无过”，是对谁说的?

典出春秋·左丘明《左传·宣公二年》。晋灵公是历史上有名的昏君，不仅贪图享乐，骄奢淫逸，还对百姓征收苛捐杂税。有一次，厨师为他炖熊掌时没有做熟，晋灵公便残忍地把厨师杀害了。此事被赵盾和士季两位正直的大臣知道了，于是商量先后劝谏晋灵公。士季刚想开口劝说，晋灵公抢先说道:“我知道我错杀了厨师，以后我一定改正。”士季见晋灵公认识到错误了，便又补充几句:“人非圣贤，孰能无过?大王知道错了就好，以后只要改正，认真听取大家的建议，一定可以做个好国君。”

27. 谚语“上梁不正下梁歪”从何而来?

北宋时期，陈州遭受巨大旱灾，连续三年颗粒无收，老百姓只得到处讨饭。刘衙内的儿子刘得中和女婿杨金吾奉命到陈州发放赈灾粮。临行前，刘衙内嘱咐自己的儿子和女婿，让他们从中捞上一笔，再在粮里掺些沙子，在秤上做些手脚，刘得中和杨金吾立刻明白了怎么做。在放粮那天，老百姓高高兴兴取了粮，到家后却发现粮里掺了沙子，气愤地说:“真是上梁不正下梁歪。”百姓还告到了包拯那里，包拯秉公执法，查明后立即将刘得中和杨金吾二人处死，并把粮食分发给百姓。

28. “三天打鱼，两天晒网”出自哪里?

典出清朝曹雪芹的《红楼梦》第九回:“因此也假说来上学读书，不过是三日打鱼，二日晒网，白送些束脩礼物与贾代儒。”薛蟠从老家来到大观园后，听说贾府有一所学校，学校里有很多的年轻人，就动了好色之心，假意去上学，实则不过是三日打鱼，两日晒网而已。这句俗语常用来比喻对某件事没有恒心，经常中断，不能长期坚持。

29. 俗语“偷鸡不成蚀把米”，说的是谁这么惨?

相传很久以前，有两个小混混每天无所事事，不学无术。有一天，他俩看上了王姓富贵人家的大公鸡，想偷出来烤着吃。可那公鸡十分精明，他们怎么也逮不住。哥儿俩便想到了一个好办法，回家后倒了一碗酒，又取了一把米，浸泡一夜，果然那鸡吃了米就醉了。就在两人烤着鸡的时候，姓王的人家出来找鸡，发现鸡早已被杀。这时一个厨师花大价钱买去了这只鸡，回家后研究了大半年，终于研究出醉鸡这道菜。后来这个厨师凭借这道醉鸡，成了御厨。而那两个小混混却落得个偷鸡的罪名。

30. 谚语“士别三日，当刮目相看”，说的是谁发生了很大的变化？

典出《三国志·吴书·吕蒙传》注引《江表传》：“士别三日，即更刮目相待。”吕蒙是三国时期的大将，孙权的部下。他出身贫寒，从小只知练武，不知读书，但孙权却很看重他，主动劝说吕蒙和蒋钦读书写字。起初吕蒙不以为意，还以公务繁重推辞，后经过孙权再三劝说，吕蒙开始发奋图强，在很短时间内便超越了许多东吴大将。有一次，鲁肃受命去和吕蒙商议事情，鲁肃还以老眼光看待吕蒙，可席间相互交谈时，却发现眼前的吕蒙不乏真知灼见，顿觉震惊。吕蒙却很谦虚地说：“士别三日，必当刮目相看。”吕蒙的这句话，最终成为经典的谚语。

31. “醉翁之意不在酒”，那在于什么？

这句话出自宋朝欧阳修的《醉翁亭记》：“醉翁之意不在酒，在乎山水之间也。山水之乐，得之心而寓之酒也。”醉翁的情趣不在于喝酒，而是在山水之间。山水的乐趣，领会在心里，并寄托在酒上。欧阳修从小聪敏机智、过目不忘，经过母亲的辛勤教育，再加上自己的勤奋努力，成功考中进士。《醉翁亭记》是庆历年间欧阳修任滁州太守时所作。滁州西南边的山峰上有座亭子，名叫醉翁亭。欧阳修经常前来游玩，玩得高兴时便与同行人饮酒致醉，他自称“醉翁”，并写下《醉翁亭记》。

第十八章

百姓生活篇

1. 古人也是一日吃三餐吗？

在商代，平民一日只吃两餐，早饭叫作“饔”，晚饭叫作“飧”。饔，是熟食，那时的人们通常早晨起来生火做饭，下午就不开火了，而飧就是剩下的食物。秦汉时期，诸侯王、高级官员可以吃三餐，普通官员和平民仍然是吃两餐，而帝王则“一日四餐”，分别为“旦食”“昼食”“夕食”“暮食”。到了隋唐时期，人们流行吃三餐，白居易在《咏闲》一诗中有“朝眠因客起，午饭伴僧斋”的诗句。到了清代，民间就比较随意了，而皇帝只吃两餐，即早膳和晚膳，外加“早点”“晚点”两道副餐。

2. 武大郎卖的炊饼是现在的烧饼吗？

武大郎卖的不是烧饼。《水浒传》中有这样的对话，武松对武大郎说：“假如你每日卖十扇笼炊饼，你从明日为始，只做五扇笼出去卖。”由此可见，炊饼按笼卖，应该是蒸出来的。古代所说的饼并不是现在我们烙出来或者烤出来的饼。饼在古时是所有面制食品的统称，有蒸饼、汤饼、蝎饼、髓饼、金饼、索饼等。武大郎卖的应为蒸饼，类似于如今的发糕。宋代，为避仁宗皇帝的名讳，蒸饼改叫“炊饼”。

3. 在古代杀牛属于犯罪吗？

古人并不经常吃牛肉。古时的牛多为耕牛，是重要的生产要素，不可轻易宰杀。《礼记·王制》载：“诸侯无故不杀牛，大夫无故不杀羊，士无故不杀犬豕，庶人无故不食珍。”《淮南子》高诱注载：“王法禁杀牛，犯禁杀之者诛。”可见，当时杀牛是重罪。即使到了后来，杀牛仍是违法的。唐代规定，杀牛者，徒一年，或服苦役；宋初对杀牛者“决脊杖十七”；元明清三朝，对待杀牛者是“杖一百”。

4. 古人最早的烹饪方法是什么？

“煎炒烹炸”是如今做菜常见的烹饪方式，但这只是最近几百年才流行起来的烹饪方式。原始社会时期，人们的烹饪方式是“烧烤”。烧烤分为三种方式：第一种是“炙”，即用火直接烤；第二种是“炮”，即将肉裹上泥巴，然后放在火上烤；第三种是“燔”，即将食物放在烧热的石头上烤。到了新石器时代，人们可以制作陶瓷，烹饪方式多了“煮”和“蒸”。到了宋代，铸铁技术较为成熟，普通民众也买得起铁锅了，于是炒菜开始流行。

5. 最早的餐具不是筷子吗？

进入新石器时代之后，人们可以“煮”和“蒸”，于是也开始使用餐具。最早发现的餐具是勺子，距今已有8000年的历史，出土于新石器早期的磁山、裴李岗遗址中。在其稍晚的河姆渡遗址中，也有餐勺出土。进入青铜器时代，人们可以冶炼金属，于是出现了餐刀和餐叉。而最早的筷子发掘于河南安阳殷墟，属于商代。到了秦汉时期，人们几乎不用餐刀和餐叉了，用筷子作替代。直到如今，筷子仍是中国人使用的主流餐具。

6. 古人利用煤炭的历史有多悠久？

从沈阳北陵附近的新乐遗址下层发掘出的煤制饰品，有明显切割痕迹，表明早在6000多年前人类就已经开始利用煤炭。煤炭最早称为“石涅”，《山海经》记载“女床之山，其阳多赤铜，其阴多石涅”，魏晋时期称为“石墨”，之后称“石炭”，到了南宋时期称为“煤”。古人不仅用煤炭生火取暖，也用煤炭进行冶炼，北魏郦道元就曾引用《西域记》中用煤冶铁的记载。此外，也有记载铜雀台曾储存过数量巨大的煤炭。由此可见，煤炭开发利用的历史十分悠久。

7. 古人的厕所什么样？

最早的厕所就是在露天挖一个坑，人蹲在坑上排便；也有建在猪圈上的，人排出的粪便给猪做佐食。汉朝时，出现了一种便携式的如厕器具，形状类似老虎，称“虎子”，用于夜间如厕之需。到了唐代，“虎子”被改成“马子”，为马桶的前身。马桶发明之后，可以存尿液和粪便。宋代时有挨家挨户收集粪便的人，他们会将收集到的粪便作为肥料贩卖。这种职业现在仍存在，在广大农村地区仍有“粪夫”以收集粪便贩卖为生。

8. 古人排便之后用什么拭秽？

最早记载的是三国时期的人们用厕筹拭秽，厕筹就是长20多厘米的条形木片或竹片。但便后拭秽是太普遍的事情，不可能所有人都用厕筹。虽然没有明确的史料记载，但根据现在的经验，在户外没有卫生纸的情况下，人们会用树叶、秸秆等拭秽，相信古人也会用这些唾手可得的物品拭秽。唐代时已经有了厕纸，贵族如厕后会用厕纸拭秽，明清时期用厕纸已经较为普遍。

9. 古人用什么刷牙？

古人对口腔卫生比较重视，会经常漱口和刷牙。他们会用盐水、茶水、酒水等进行漱口，以起到消毒杀菌的作用。隋唐时期人们开始刷牙，通常折一段杨柳枝，将枝条一头咬烂，蘸上少许药粉，用来刷牙。到了宋代，出现了与现在的牙刷类似“刷牙子”，“刷牙子”的毛刷用马尾或猪毛制成，并有专门的门店售卖。此后，人们就开始用这种“刷牙子”进行刷牙。直到现在，我们使用的牙刷除了材质与宋代所用不一样外，其余无太大差异。

10. 古代没有香皂，古人用什么沐浴呢？

《说文解字》载：“沐，濯发也。浴，洒身也。洗，洒足也。澡，洒手也。”《礼记·内则》：“三日具沐，五日具浴。”可见，古人洗澡的频率不低。那么他们用什么来洗去污秽呢？古人洗头发通常用皂角，天然无公害，洁净效果好；沐浴用皂角、碱和猪胰脏，并用浮石搓澡。到了宋代，出现了澡堂，人们可以在澡堂里沐浴。当时的澡堂分为“官汤”和“民汤”两种，“官汤”为官员服务，“民汤”为普通民众服务。

11. 古代也有“空调房”吗?

古代的“空调房”是“凉屋”。古代的大户人家会在活水边建造屋子，在屋里放置扇车，活水推动扇车转动，把水面之上的凉气送入屋中；还有人家用水车将水引到屋顶上，水顺着屋檐流下，形成“人工水帘”，凉爽的水汽会进入屋内。皇家则每年储蓄冬天的冰块，到了来年夏天，放在宫殿中用于降温。这种事情早在周朝就开始了，负责储冰的部门为“冰政”，负责人为“凌人”，他们将冬天采集的冰块放在地窖中，用稻糠、树叶等进行隔温，最后密封窖口，待次年夏季开窖取用。

12. 古代人真的很能喝酒吗?

古代人动辄就能喝上几斗酒、十几升酒，酒量看似非常大。其实，古代的酒的度数没有现在的酒度数高。古人最早喝的酒是由大米、粟米等谷物酿造而成的发酵酒，度数只有几度。宋代的酒分为黄酒、果酒、配制酒、白酒等类别，度数虽有升高，但大多数还是“浊酒”，不至于像现在的酒的度数那么高。宋元以后，出现了“蒸馏酒”，即烧酒，度数很高，“味极浓烈”，因此喝烧酒很难有人千杯不醉。

13. 古人调味用的糖从何而来?

古人为了让菜肴有甜味，便用“饴”来进行调味。饴是一种将淀粉含量多的食物熬成的糖浆。后来，人们将甘蔗熬成蔗糖浆，或者直接用蜂蜜来调味。到了宋代，制糖工艺逐渐成熟，《太平寰宇记》《文献通考》里都有关于白砂糖的记载，且白砂糖中的杂质较少，成为上乘的甜味调味剂。到了元代，制糖技艺和产糖量更是有了显著提升。

14. 古代人也钟情于养宠物吗?

唐代，流行将狗当成宠物养，周昉的《簪花仕女图》中就有宠物狗出现。宋代时，养猫更为普遍，此外还有养金鱼、乌龟的风气。明代时，人们仍然喜欢养宠物，相传嘉靖皇帝爱养猫，他的猫死后，被厚葬在景山北面，称“虬龙冢”，立碑祭祀。到了清代，慈禧太后钟爱养狗，在皇宫里设立养狗处，养了许多京巴犬，让太监们专门伺候这些京巴狗，给它们吃牛肉、鹿肉，喝鸡汤、鱼汤。

15. 夏季蚊子多，古人如何驱蚊?

古人最常用的驱蚊办法是烟熏法，将艾草、蒿草点燃，烟雾不多、气味不大，适合用来驱蚊。宋代时，人们已经可以制作蚊香，《格物粗谈》载:“端午时，收贮浮萍，阴干，加雄黄，作纸缠香，烧之，能祛蚊虫。”晚清时期，蚊香的制作工艺进一步提升，是用松香粉、艾蒿粉、烟叶粉、少量的砒霜和硫黄制作而成。佩戴香囊也是驱蚊的有效措施，人们会在香囊中装上藿香、薄荷等草药，具有很好的驱蚊效果。

16. 古代女子的“化妆包”里有什么?

“粉”是必不可少的。将米浆干透制成粉饼，在阳光下暴晒，晒干后碾碎成粉末，就成了“粉底”，可供美白用。口红，将朱砂磨成粉，再掺入适量的动物脂膏，可涂在嘴唇上。胭脂，将花朵捣碎，提取色素，制成色浆后加入米粉制成膏状，阴干之后可以涂在脸上，可呈现不同的颜色。眉笔，其中的成分是黑色矿物质，用来画眉。腮红，将朱砂磨成粉，擦拭在两腮处。

17. 古人日常说话也用文言文吗？

文言文是古代的书面语，人们在日常生活中使用的是口语。明清小说融合了口语和书面语，是一种浅近文言体，属于“白话小说”，从中便能窥见古人口语之一二。清代雍正皇帝写朱批的时候也会时不时冒出几句白话：“朕就是这样汉子，就是这样秉性，就是这样皇帝。”不过由于语言有流变、地区方言有不同，当时某些词语的发音与现在不太一样，是古汉语的发音方式，按照现在的普通话来听，有些语句可能听不太懂，如同北方人听南方方言一般。相对的，古代人也会不明白我们的发音。

18. 古人的袖口为什么那么大？

古代身穿宽袍大袖的多为官员、贵族。身穿宽袍大袖使人显得更加庄严、稳重，且在作揖、饮酒、吃食时能挡住面部，以表示尊敬。宽大的袖子还可以用来装物品。古人在袖子的内侧会缝制一个口袋，呈梯形，窄边开口，与袖口反向，可装一些钱财、小物件等。如果外出要携带大件物品，会在袖子里靠近胳膊肘的位置缝制一个大口袋，袋口朝向斜上方，将袋口固定，不用固定袋底，这样大件物品就可以随身携带了。

19. 古代也有外卖吗？

从《清明上河图》上可以看见有挎着食盒行走的人，他们便是当时的“外卖员”。宋代的酒楼、饭馆会提供一种“咄嗟可办”的送餐服务。《东京梦华录》载：“其余坊巷院落，纵横万数，莫知纪极。处处拥门，各有茶坊酒店，勾肆饮食。市井经纪之家，往往只于市店旋买饮食，不置家蔬。”这说明当时的人经常下馆子，不在家里准备日常蔬菜。宋代时的酒楼很多，无产无业的人，便以给酒楼跑腿送餐来谋生。那时点外卖需要家中派一个人去酒楼点好饭菜，不必等待直接回家即可，待到饭菜制作完毕，酒楼会安排人去送餐。

20. 在唐代，鸡鸭都不算是肉吗？

唐代时，民间将家畜当作肉类，而认为鸡鸭一类的家禽不算是肉类。这种观念源于唐太宗李世民。相传，唐太宗有位御史名叫马周，喜爱吃鸡。当时规定御史出公差不能吃肉，但马周抵不住嘴馋，每到一个地方都要吃鸡。马周被人告了状，按律应对马周进行惩戒。唐太宗很为难，他很爱惜马周这个人才，不忍心处罚他。于是，唐太宗说，只禁止御史吃肉，禁止浪费，没有禁止吃鸡，马周没有犯错。此事传开之后，人们便不再把鸡鸭一类的家禽当成肉类了。

21. 古人出趟远门费不费劲？

古代交通不便，普通百姓出远门坐不起马车，只能靠双脚。通常步行每天只能走几十里，而且还要在路上吃饭、住店。如果要到千里之外的地方去，至少要走几个月。这几个月的盘缠对于普通百姓来说是极大的负担。所以，古代的百姓很少出远门，一是耗时，二是耗财。如今在古籍中可以发现，古代的文人、官员喜欢游山玩水，这是由于他们不缺盘缠，并且有些名气大的人物，去到何地都有人接待，所以他们才有机会游览祖国的大好河山。

22. 古代的集市繁荣吗?

“东南形胜，三吴都会，钱塘自古繁华。烟柳画桥，风帘翠幕，参差十万人家。”柳永在《望海潮·东南形胜》中描绘了杭州集市的热闹景象。集市是国家民生的重要组成部分，历代都重视集市建设。秦代，专门建立了“市”，用垣墙将市场围起来，允许人们在市场内摆摊、杂耍。两汉时期，市场数量增多，人们以赶集摆摊的方式进行交易。隋唐时期，长安、洛阳集市非常繁荣，人流如织，时有外国人逛集市。宋代，大小市场繁荣，按照时间段，分为夜市、晓市、草市。明清时期，集市贸易更加发达，商人普遍都很有钱，甚至出现了巨商。

23. 古代公务员上班有假期吗?

古代的公务员就是“士”，汉朝时规定，官员工作五天，休息一天，冬至、夏至这两个节令放假五天，此外还有丧假和探亲假。每逢皇帝诞辰、孔子诞辰，额外再放假三天。到了唐代，官员要连续工作十天才能休息，称为“旬休”，此种制度一直沿用到宋代。古代对官员考勤很严格，《唐律疏议·职制》中规定，官员应上班而不到或缺勤一天的，处笞二十小板，每再满三天加一等，满二十五天处杖刑，打一百大板，满三十五天判处徒刑一年。而且官员每天早早就要上朝，天不亮就要出门，深夜才能回家，时间远超如今的“996”。

24. 古人怎么开工资?

如今开工资的形式多样，有月薪、年薪、日薪、时薪，但在古代几乎都是年薪。在古代，无论是官员还是做长工的，基本全实行“年薪制”。民间的工资称为“工钱”，官员的工资称为“年俸”，均为年底结算。官员的年俸并不是以真金白银来计算，而是以粮食的形式计算发放。作为官员，除了年俸外，如果表现优异，还会得到朝廷的额外赏赐，如酒肉、车马、奴婢、房子等。不过作为民间的工人，就没有这种福利了，有时还会被地主老财克扣工钱。

25. 后宫嫔妃有工资吗?

后宫嫔妃也有工资，称为“宫份”，按照受宠程度、贡献大小、入宫时间等进行确定发放。在汉朝，妃嫔中地位仅次于皇后的昭仪，官阶、俸禄与诸侯王比肩；婕妤，官阶、俸禄与列侯相同；容华，俸禄1800多斛；美人，官阶、俸禄与少上造相同，年薪1400多斛。到了唐宋时期，直接发给嫔妃真金白银，改“年薪制”为“月薪制”。明清时期，后宫妃嫔的俸禄又改为年薪制，发放银子，如皇贵妃年薪银800两，贵人银100两，答应银30两。

26. 古人没有社保，老了怎么生活?

分官员和平民两方面来看。高级别的官员60岁或70岁致仕之后，朝廷仍会按照之前的俸禄部分发放，相当于退休金；一般官员因身体原因致仕后，虽然没有高级别官员领到的退休金比例高，但仍能满足日常生活所需。至于平民百姓，没有官职俸禄自然也没有退休金。但我国古代多以儒家思想治理天下，推崇“孝道”，对于没有经济来源的老人，朝廷会给予“无官之禄”，以保障他们的生活。但这都是在和平年代，如果发生大规模战争，国家经济基础薄弱，那么老百姓定是无以为继。

27. 最早的高速公路是哪一条?

古代也有快递，但这种快递多是为皇家贵族服务的。“一骑红尘妃子笑，无人知是荔枝来”就是古代快递的典型。周朝时，会在边塞重镇的道路设置很多“庐宿”，相当于如今的物流中转站。秦始皇统一天下后，快递物流加快发展。公元前220年，秦始皇下令修筑以都城咸阳为中心、联通全国各地的路网——驰道，这就是最早的高速公路。秦驰道“道广五十步，三丈而树”，既可以快速运兵和粮食，也可运输加急文书和信件，以及各种商品货物，一日就可抵达几百里外，速度不可谓不快，极大地方便了人们的生活。

28. 古代人骑马驾车也需要考驾照吗?

《周礼》载:“养国子以道，乃教之六艺:一曰五礼，二曰六乐，三曰五射，四曰五驭，五曰六书，六曰九数。”“御”是礼、乐、射、御、书、数“六艺”之一，即骑马驾车的能力。古人骑马驾车也需要通过学习来考取“驾照”。“鸣和鸾，逐水曲，过君表，舞交衢，逐禽左”就是标准。“鸣和鸾”，就是在马车上挂两个铃铛，若铃铛发出的响声有节奏，则说明驾驶者能够平稳地驾驶车辆，为合格。“逐水曲”，就是能转像流水一样弯曲的弯。“过君表”，就是能顺利通过设置的窄门。“舞交衢”，就是要求驾驶者能做到不抢道，使马车各行其道。“逐禽左”，就是将放置在考场中的禽类赶到车架的左侧，考验驾驶者驾车辅助射杀的能力。

29. 古人近视了有眼镜戴吗?

古人在油灯下苦读，难免会损伤视力，一旦近视了，又没有眼镜，该怎么办?其实在古代很早就有了放大镜，汉代广陵王刘荆墓就出土过水晶石放大镜。到了宋代中后期，就出现了用水晶石磨制而成的近视眼镜。马可·波罗曾记载，他在元大都看到过很多中国人戴眼镜。明代末年，眼镜更加规范，有专门矫正近视的凹透镜。

30. 古人如何确定时间?

一种方法是看太阳，根据节令不同，太阳在同一时间的位置不同，但有经验的人可以通过太阳的位置知道大概时间。还有“日晷”，它能根据太阳投射影子的长短和方向来测算时间，较为精准，但在普通民众中不常见。而且，如果天阴或者下雨无太阳时，日晷便无法发挥作用。为了解决这个问题，漏刻被发明出来，张衡改进二级漏壶。宋元时期出现了四级沙漏，能更加精准地确定时间。明代中叶后，西洋钟表传入中国，人们看时间就更加方便了。

31. 明清时期的光棍儿很多，这是为什么?

据记载，明清时期的光棍儿很多，“金衢之民无妻者半”，浙江温州“十人之中，八无家室”，福建“年逾四五十岁未娶”的男子很多。古代经常打仗，男子战死沙场，按道理不应该有那么多光棍儿，却为何实际上那么多?第一个原因是男女比例失衡，古代人重男轻女思想严重，虽然朝廷鼓励生育，但如果一个贫苦的家庭无力抚养孩子，就会选择溺死女婴而保存男婴，如此就造成了男女比例失衡。第二个原因是穷人无钱财娶妻，很多女子的家长宁可让女儿给大户人家当妾，也不愿意让其嫁个连饭都吃不上的穷人。

32. 古人多大年纪结婚？

《左传·襄公九年》载“国君十五而生子”，《淮南子》载“文王十五而生武王”。由此得知，先秦时期的君主15岁左右就可以结婚，民间或许比15岁稍晚，但不会相差太多。唐代时期曾发布过诏令称“男十五、女十三以上，得嫁娶”。宋代的法定结婚年纪与唐代相似，但实际结婚年纪比唐代稍大，女子大约在17岁至19岁，男子长两三岁。明清时期对结婚下线和上线做了规定，认为男子未及16岁、女子未及14岁成婚属于早婚，男子25岁以上、女子20岁以上未成婚属于晚婚。

33. 古代人可以离婚吗？

在《诗经》中出现过“仳离”一词，《战国策》出现过“去妻”一词，这都表示夫妻分开生活，也就是现在所说的离婚。汉朝之后有“休妻”一说，到了晋朝出现了“离婚”一词。古代离婚多为男子休妻，妻子如果有七种“过错”，男子就可以休妻，但如果妻子没有七种“过错”，男子却休了妻，男子就要受到惩处。另外一种离婚方式是官府强制的“义绝”，如果出现丈夫殴打妻子的父母或祖父母，妻子辱骂、殴打丈夫的父母或祖父母，夫妻及亲属间互杀，夫妻与对方亲属通奸等情形的，官府会强制断绝夫妻关系。第三种是“和离”，指夫妻二人因感情破裂而自愿离婚。

34. 古人对绿色有成见吗？

古人崇尚黄色，而在五行中，绿色与黄色相对，所以人们将绿色视为卑贱。另外，绿色不属于纯色，为杂色，是蓝色和黄色的调和色，所以古人不尊崇绿色。相传，春秋时期，穷人卖自己的妻女时，必须裹绿头巾，以示卑贱。《封氏闻见记》中有记载这样一事：延陵令李封对犯罪的官吏不使用杖罚，而只是让犯罪的官吏裹绿头巾，对其进行羞辱。

35. 俗话说“财不外露”，古人如何藏钱？

苏轼被贬黄州时，曾把铜钱穿成串挂在房梁上藏起来，分成30份，每日取一份钱用于家庭开支，这也是大多数穷人藏钱的常见方法。古代有一种名叫“扑满”的储钱物件，用陶瓷制成，可以把零钱存储其中。家境殷实的人家，会制作储钱坛子，将钱财装入其中，埋在自家院子里。更有钱的家庭有钱窖，在自家宅院里挖地窖，窖内可以存数量巨大的钱财。此外，还有人会将钱藏在墙壁的夹层里。

36. 古代哪个行业最赚钱？

最赚钱的行业毋庸置疑是盐业。盐是人类生活的必需品，但并不是每个地方都产盐，古代盐的产量远没有如今的高，因此古时谁掌握了盐谁就掌握了国家命脉。对于如此重要的产业，国家必定要控制、垄断，早在先秦时期我国就实行盐业官营的制度。国家为了创造税收，将官盐的价格普遍定得很高。由于盐业有利可图，民间出现了贩卖私盐的情形，但这是严重的违法行为，相当于如今的“走私”，一直遭受官府的强烈打击。北宋时期，创新了打击私盐贩卖的新方法，官府不再直接经营盐业，而是交由官府特许的盐商经营，这部分盐商虽然利润可观，但实际上必须要向官府行贿，这就造成了严重的官商勾结，最终伤害的还是平民百姓。

37. 古代有邮局吗？古人如何收寄信件？

一种方式是托人捎信，这种方式比较适合短距离传递信件，或者指定性强的长距离送信。还有一种是托“信客”送信，信客是专门从事送信职业的人，拿着装有信件的竹筒，也称“邮筒”，四处送信。此外，古代其实也有民用邮政机构，隋唐时期的私人旅社兼营寄信业务，但速度比较慢，有时一年半载才能送到。镖局主营押送业务，兼营寄信业务，因此通过镖局邮寄信件也是常用的方式。明代时，民间寄信越来越频繁，民用寄信机构“民信局”应运而生。清代时，繁华城市和边远地区都有民信局，覆盖面非常广。此外，还有传统的信鸽送信。

38. 古代人有身份证吗？

在古代，只有为官府办事的官员才有身份证明，属于职业身份证明，一般的百姓没有身份证明。但在历史上，只有一个时期出现过全体人民都有身份证的时期，那就是商鞅变法时期。当时的身份证明是在一块打磨光滑的竹板上面刻持有人的头像及籍贯信息，称为“照身帖”，必须随身携带。商鞅规定：民众出行或者投宿旅店时，必须携带“照身帖”，否则不可放行进出关口，也不能在旅店留宿，违者严惩。

39. 古代交通网发达吗？

古代交通网也很发达。秦统一中国后，将各诸侯国的主干道联通，并修建了九条驰道，形成了复杂的交通网。此后，历朝历代的交通网不断发展，到了清代，官道分为“官马大路”“大路”“小路”三种类别，基本涵盖了所有城镇，实现了“镇镇通”。古人外出远行时，可沿着官道走，通过官道两侧路旁栽的树分辨方向，通过“邮驿”“堠”的位置判断里程，通过“挡箭碑”（一种指示路标，碑上标有文字，如“东走某地，西走某地，南走某地，北走某地”）保证在岔路口不迷路。不仅如此，古代还有专门的路书，其中附有交通地图，标注着里程、邮驿，以及沿途的地形、店舍情况、风景名胜位置、猛兽与强盗的出没情况等。

40. 斗鸡活动是从什么时候出现的？

斗鸡是古代娱乐项目之一，在春秋战国时期就已开始流行，最早可追溯到上古时期。斗鸡在唐代最为盛行，无论是皇宫之中还是民间集市，都能看见斗鸡的场景。李白有诗云“路逢斗鸡者，冠盖何辉赫。鼻息干虹霓，行人皆怵惕”。宫廷中的斗鸡多是以取乐为主，有大规模斗鸡，极具观赏性。在民间，斗鸡更多具有赌博性质。张籍在《少年行》一诗中写道：“日日斗鸡都市里，赢得宝刀重刻字。”斗鸡这种娱乐项目因其具有广泛的娱乐性，一直流传到如今。

41. 古代有拔河比赛吗？

唐玄宗李隆基《观拔河俗戏》一诗记录了北军士兵拔河比赛的场景。拔河早在春秋时期就已兴起，当时叫“牵钩”“牵强”“施钩”“拖钩”，是水战的一种作战技能。最早记录“施钩”的是南朝梁代宗懔的《荆楚岁时记》。唐代时期，拔河成为一项在民间非常普及的运动。当时人们用竹篾做缆，长度达四五十丈，在两端拴上几百条小麻绳，把麻绳挂于胸前，分成两队相互站好。

比赛宣布开始后，双方一齐发力，擂鼓呼号，以退后者为胜。这与如今的拔河比赛规则一致。

42. 早期象棋与如今的一样吗？

象棋是古代人们娱乐的重要游戏之一。早期的象棋与如今的象棋不一样。《楚辞》中有对象棋的记载："菎蔽象棋，有六簙些；分菖并进，遒相迫些；成枭而牟，呼五白些。"中国象棋大约成型于战国时期，是一种六博象棋，每方有6枚棋子。六博象棋是如今象棋的滥觞，北周武帝宇文邕后来造象戏，也就是制作象棋，与如今的象棋相似，是为雏形。象戏，以日月星辰之象为棋子，以8×8的网格为棋盘，棋子排列与星象分布相关。到了唐代，棋子改为"将""帅""车""马""炮"等，棋盘上有了楚河、汉界，与如今的象棋相同。

43. 亭、台、楼、阁有何区别？

"亭者，停也。人所停集也。"亭，建筑无定制，多建于路边、水边，供人休息乘凉之用。"台，观四方而高者。"台，通常呈方形，其上可有建筑也可没有建筑，供人登高望远之用。"楼，重屋也。"楼，为两层以上的房屋，规模要比亭与台宏大，供人居住赏景之用。"四敞为阁。"阁，阁与楼近似，体量小巧，四周设隔扇或栏杆、回廊和门窗，供游憩、藏书等之用。

44. 轩、榭、廊、舫有何区别？

轩，是有窗的长廊或小屋，通常依山、依景而建，较为高敞，体量不大，在其中可观赏屋外美景，苏轼有"小轩窗，正梳妆"的词句。榭，是建在高土台或水面上的建筑，四周敞开，供人休憩宴饮，《国语》载"积土曰台，无室曰榭"。廊，是屋檐下的过道或者独立建造的有顶通道，连接两栋建筑，用于遮阳遮雨，元稹有诗云"无人会得此时意，一夜独眠西畔廊"。舫，是一种建在水面上的建筑，三面临水，一面连接陆地，像船却不可移动，白居易有诗云"东船西舫悄无言，唯见江心秋月白"。

45. 古代每个中医都很厉害吗？

中医博大精深，通过针灸、汤药等手段能使人免于病痛。但古代行医之人并不都完全精通医理药理，也有很多庸医，对药理不能完全分辨清楚，出现将人治死的案例不在少数。苏轼曾害怕看病时遇到庸医，所以自学医学，写了诸多医学著作，成为一名独特的医学家。李时珍编写《本草纲目》的原因也是当时药书上对药物的描述不准确，一些中医不懂其中的错讹之处，导致治不好病人或者使病人的病情加重。

46. 古代中医会做手术吗？

中医不仅会针灸、推拿，也会做手术。山东广饶傅家坡大汶口文化遗址曾出土过一个做过开颅手术的头骨，据专家分析，患者经过手术后成功存活两年。《史记·扁鹊仓公列传》记载，上古黄帝时代的俞跗就已经能做外科手术，其割开皮肤，剖开肌肉，疏通经脉，结扎筋腱，按治脑髓。《三国志·魏书》载"是时景王新割目瘤，创甚"，这是世界上最早的有关肿瘤切除术的记载。隋代巢元方《金疮肠断候》一文系统记录了断肠的诊断、缝合及缝合后的饮食禁忌。唐代蔺道人的《理伤续断方》记载了骨科手术的操作方法及对各种器械的介绍。苏轼《赠眼医王生彦若》一诗中将王彦若用金篦术拨出白内障的经历展现出来。此外，剖宫产手术、导尿术、人造肛门术、腹创伤修复手术、气管吻合手术、割包皮手术、阴茎再植手术等在文献中均有记载。

47. 古人用哪些方式养生？

早在先秦时期我国就已经形成了基本的养生观。老子有“静以养生”的思想，《吕氏春秋》主张运动养生。秦汉时期，《导引图》《引书》《五禽戏》为导引养生法提供了具体操作指南。魏晋南北朝时期，葛洪提倡以形、神、气统一来养生，陶弘景提出“调神养生”法。隋唐五代时期，随着佛教的繁荣，出现了禅定功、按摩法等养生功法；孙思邈的《千金要方》中以导引按摩、调气服食、静养、运动教导人们养生。宋、金、元时期，养生学繁盛，涌现了《道枢》《山居四要》《保生要录》等大量养生书籍。明清时期，养生学家对导引养生术进行了系统地归纳总结、补充完善，《遵生八笺》《养生四要》《老老恒言》等书籍将理论与实际相结合，为人们养生提供了有益借鉴。

第十九章

奇闻趣事篇

1. 哪位君主掉进粪坑而死？

相传，春秋时期的晋景公因如厕时意外掉进粪池中而身亡。晋景公，姬姓，名獳，又名据，是春秋时期晋国的第二十六代国君，晋文公之孙。《左传》载晋景公“将食，胀，如厕，陷而卒”，意思是晋景公进食之后，感觉肚子胀，如厕，陷入粪坑而亡。《左传》与《公羊传》《谷梁传》合称“春秋三传”，是一部编年体史书，作者为左思明。虽然当时已经病入膏肓的晋景公因掉进粪坑而亡令人难以置信，但正史如此记载，姑且相信。

2. 朱元璋的命令连蜘蛛都不敢不听吗？

明代陆灿所著笔记小说《庚巳编》记载，明太祖朱元璋初起太学，亲自莅临视察，看见太学宏丽，心中很高兴。他来到广业堂前说：“天下有福的儿郎应得以在此居住。”又来到诸堂中，看见蜘蛛在屋角布网，朱元璋大声呵斥说：“我才建屋，尔辄据之。”刚呵斥完，所有的蜘蛛全都逃跑了，至今诸堂内都不见有蜘蛛前来结网。

3. 唐德宗寻母几十年，寻到的是冒牌母亲吗？

唐玄宗时期，发生了安史之乱，安禄山攻入长安。唐玄宗逃往川蜀，很多未来得及撤离的皇亲国戚、后宫嫔妃被安禄山劫走，其中就有唐德宗李适的母亲、唐代宗李豫的嫔妃沈氏。一年之后，李豫找到沈氏，但因要领兵打仗便没有将其带在身边，沈氏又失踪了。此后几十年，李适四处寻母，昭告天下寻找母亲的线索。在洛阳有一人与沈氏十分相像，被送到宫里与李适团聚，李适将其奉养在上阳宫。其实，这位洛阳“沈氏”是宦官高力士的养女，高力士故意以假乱真，哄骗李适。李适知道真相之后，还是赦免了假太后欺君之罪。一直到李适去世，他仍然没有找到母亲。

4. 李存勖的皇后做了什么龌龊事？

李存勖是五代时期后唐的建立者，刘玉娘是他的第二任皇后。公元 926 年，赵在礼反叛，与李嗣源合军攻入洛阳，破后唐都城。李存勖在抵抗的过程中被叛军射伤，伤后十分口渴，想要饮水。他大喊皇后刘玉娘前来侍候，但刘玉娘见大势已去，没有看望李存勖，而是派人送去了一碗酪浆。据说，受伤之后口渴之人如果能喝上水就有救，如果喝了酪浆之类的食物就会加快死亡。李存勖不久便因伤情过重而死。刘玉娘抓紧收拾金银财宝，并勾引李存勖之弟李存渥私通逃走。不承想刘玉娘来到太原后，被刚继位的李嗣源抓住，逼迫其自尽。

5. 唐玄宗将儿媳妇娶过门了吗？

公元 734 年，时年 15 岁的杨玉环被选为唐玄宗李隆基之子寿王李瑁的妃子，成为唐玄宗的儿媳。公元 736 年，唐玄宗的宠妃武惠妃去世，他心里十分难受，表示“后庭数千，无可意者”。几年后，有人向唐玄宗上奏说李瑁的妃子杨玉环“姿色冠代，宜蒙召见”。公元 740 年，唐玄宗命令高力士将杨玉环召入宫中。见面之后，唐玄宗心花怒放，被杨玉环的美色所吸引，也不顾她是自己的儿媳，将其迎入宫中，不到一年的时间，就将她的地位提升至与之前武惠妃一样的高度，一起过上了相亲相爱的生活。安史之乱发生之后，唐玄宗在逃亡途中为了缓解兵变，忍痛让杨玉环自尽。

6. 嵇康做过什么样的“奇葩”事？

嵇康为人狂放不羁、仗义执言、不慕名利，他早先有两位朋友叫吕巽、吕安，这两人是两兄弟。吕巽为人好色，他贪图弟媳的美色，趁着吕安不在家的时候，将弟媳灌醉，并奸污了她。吕安得知此事后，想要报官处理。吕巽找到嵇康，哄骗嵇康帮忙“和事”，嵇康出面劝告吕安不要告官，免得使妻子被玷污一事外传，生出更多麻烦。吕巽见此事有平息的迹象，恶人先告状，说弟弟吕安对母亲不孝，掌掴母亲，想要将其送入狱中。嵇康得知此事后，写下《与吕长悌绝交书》，痛斥吕巽。吕安在官府将事情先后经过全盘托出，嵇康因调停一事也受到了牵连。

7. 阮籍是如何逃避亲事的？

阮籍，字嗣宗，“竹林七贤”之一，世称“阮步兵”。他才情极高，却因社会局势不佳而选择出世避乱。阮籍有一个女儿，到了出嫁的年纪。司马昭欲笼络阮籍，准备向阮家提亲。阮籍知晓司马昭之心，但他不想与司马氏结为亲家，恐引来祸患。可是他不好当面直言拒绝。于是，每次司马昭派人提亲之前，他都喝得酩酊大醉，使别人无法与他交流，这样连续醉了 60 天。司马昭见阮籍如此，只好将这门婚事作罢。

8. 人真能一夜之间白头吗？

相传，楚平王父纳子妻，大臣伍奢忠言直谏，惹怒了楚平王。楚平王宣伍奢的两个儿子进宫，准备将伍家满门诛杀。伍奢的小儿子伍子胥识破了楚平王的阴谋，执意不进宫。伍子胥的哥哥进宫后，与父亲伍奢一同被杀。楚平王下令在楚国全境捉拿伍子胥。伍子胥逃出楚国要经过昭关，但昭关守备森严，很难出关。东皋公听闻此事后，决定帮助伍子胥。他叫来与伍子胥长相相似的皇甫讷，准备以“狸猫换太子”之计帮助伍子胥出关。东皋公让伍子胥一等再等，焦急的伍子胥一夜之间把头发熬白了。东皋公见了之后，说：“你的头发白了，谁也认不出你了，更容易过关了。”于是，伍子胥顺利出关。

9. 汉武帝刘彻改过名字吗？

古代小说《汉武帝内传》上说，刘彻是汉景帝刘启之子，在刘彻出生之前，汉景帝梦见赤彘从天而降，落到崇芳阁，并有赤龙盘桓，认为是吉兆。后来，他又梦见神女把太阳捧给皇后王娡，王娡怀孕生下一个儿子，汉景帝给他取名为刘彘。汉景帝很喜欢这个孩子，问他："乐为天子否？"刘彘答："由天不由儿。"汉景帝对刘彘赞赏有加，另眼看待，加之儿子爱读圣贤书，汉景帝认为他"圣彻过人"，于是将"彘"改为"彻"。

10. 秦武王举鼎被砸死了吗？

秦武王，嬴姓，赵氏，名荡，是战国时期秦国的君主。他身材高大，力大无穷，重武好战，打了很多胜仗，却死于一次意外。公元前307年，他与孟说进行举"龙文赤鼎"比赛，将髌骨压断，当晚气绝身亡。秦武王为什么要举"龙文赤鼎"？"龙文赤鼎"是大禹铸造的九鼎之一，每个鼎腹上分别铭刻着荆、梁、雍、豫、徐、扬、青、兖、冀字样。"龙文赤鼎"镌刻的是"雍"，代表古秦国的属地，秦武王欲"携归咸阳"，便打算举起此鼎，结果受伤而亡。

11. 墨子为什么要对耕柱子发怒？

耕柱子是墨子的学生。有一天，墨子对耕柱子发起怒来，耕柱子说："难道我没有比别人优秀之处吗？"墨子对耕柱子说："我要上太行山，用一匹良马或者一头牛驾车，你会选择驱使马还是牛？"耕柱子说："我会驱使马。"墨子说："为什么要驱使马？"耕柱子说："良马足以担负起去往太行山的重责。"墨子说："我以为你也可以担负起责任。"原来，墨子认为耕柱子可教，能担负起重任，所以对耕柱子严加管教，对他的不足之处进行批评。

12. 是管仲创建了"青楼"吗？

管仲，姬姓，管氏，名夷吾，字仲，是春秋时期法家代表人物，被誉为"圣人之师"。鲜为人知的是，我国历史上最早的官方青楼由他一手创立。齐桓公时期，管仲任齐国相，开设"女闾"。所谓"女闾"就是青楼、妓院，将寡妇聚集在一起，"以佐军兴"。《战国策·东周策》如是记载："齐桓公宫中七市，女闾七百，国人非之。"管仲之举开创了官办妓院的先河，其目的是以美女吸引来人才和靠嫖妓税收补充军费。此后，春秋时期各国纷纷效仿。

13. 曹丕曾在葬礼上学驴叫吗？

"建安七子"之冠冕的王粲在文章上颇有成就，是曹丕的好友。王粲中年辞世，曹丕伤心不已。王粲在生前有个癖好——喜欢听驴叫，自己高兴时也会学几声驴叫。王粲过世后，曹丕出席了他的葬礼，知晓王粲有此嗜好，对参加葬礼的众人提议一起模仿驴叫为王粲送行。曹丕带头模仿驴叫，声音悲怆婉转，众人随后也爆发了洪亮的驴叫之声，希望王粲听到"最后的驴叫"。

14. 秦始皇统一天下时还剩下一个国家没攻打吗？

公元前221年，秦始皇一扫六国，将各种小国也一并消灭，统一了中国。其实，在众多小国中，有一个国家没有被攻打，仍然持续了几十年，这个小国就是卫国。卫国是周公旦平定武庚叛乱后建立的一个国家，持续存在了834年，是周诸侯国中存在时间最长的一个诸侯国。公元前241年，秦国夺取濮阳，卫国国君逃亡野王县，此后一直依附秦国。秦始皇统一天下时，由于卫国过于弱小，只有一座城池，加之与秦交好，始终没有对卫国动用武力，即便一统天下之后，仍允许卫国以国自立。公元前209年，秦二世将卫君贬为庶民，卫国才就此灭亡。

15. 司马相如为什么改名？

《史记·司马相如列传》记载，司马相如，蜀郡成都人，字长卿，小时候爱好读书，学习过击剑，他的家人给他起名为“司马犬子”。完成学业之后，他因仰慕战国时期赵国名臣蔺相如的为人，而改名为“司马相如”。蔺相如曾不辱使命完璧归赵，维护了赵国的尊严；曾因以国为重，谦虚忍让，使廉颇深感惭愧而负荆请罪。司马相如为蔺相如的人品和气节所感动，希望以蔺相如为标杆而成为受人景仰的名臣。

16. 宋代男人喜欢在头发上簪花吗？

宋代男人热衷于在头发上簪花，这种习俗风靡全国。宋代男人喜欢簪花的原因之一是爱美，他们非常注意自己的仪容仪表，这沿袭了唐代的审美。唐代就有簪花的男子，但数量不如宋代多。原因之二是能象征身份，等级不同的官员在正式场合的簪花不一。簪花有“生花”和“像生花”之分，“生花”就是鲜花，“像生花”是将罗帛或绢布染色之后叠成花朵的形状，便于保存。此外，不同时节，人们佩戴的簪花也不一样，比如在重阳节，人们喜欢用茱萸和菊花簪花。

17. 康熙第一次吃巧克力很惶恐吗？

在中国古代众多君王中，康熙是第一个吃巧克力的人。据说，康熙在宫中感染了疟疾，御医久治不愈。后来听说有一种西方传教士带来的西洋药对疟疾有奇效，康熙找人试药后发现确有实效，便服用了这种西洋药——奎宁，最后痊愈。他请传教士进宫受赏，传教士给康熙介绍说西方国家的王室喜欢吃巧克力。没有吃过巧克力的康熙十分好奇，便细细询问。之后，传教士将几十块巧克力献给康熙，内务府的大臣抓紧写出了约900字的关于巧克力的说明书，康熙看过之后只是回答了“知道了”三个字，便开始品尝巧克力。然而巧克力实在不合康熙的胃口，他只吃了一口就作罢了。

18. 子贡赎回在外国的鲁国奴隶为什么却受到孔子的批评？

鲁国曾有一项规定，凡是在外国看见本国人做奴隶的，可以将他们赎回，赎回之后可到官府报销赎金。有一次，孔子的学生子贡去外国看见了一个鲁国奴隶，便将其赎回，却没有去官府报销赎金。此事传开之后，人们都认为子贡的品德高尚、不贪图钱财。孔子得知此事后，对子贡进行了严厉的批评。孔子认为，如果子贡赎回鲁国奴隶而不去报销被认为是高尚行为，那么那些报销赎金的人会认为自己的行为不高尚，久而久之，就不会有人去赎回鲁国奴隶了。

19. 乾隆为什么四过济南而不入？

乾隆曾写过一首诗：“四度济南不入城，恐防一入百悲生。春三月莫分偏剧，十七年过恨未平。”他为什么不入济南城？乾隆17岁时与富察氏相爱，登基后册封富察氏为皇后。3年之后，他们的第一个孩子永琏因病离世，乾隆十分痛心。8年后，他迎来了次子永琮，然而第二年，永琮因感染天花而夭折。为了安慰伤心欲绝的皇后，乾隆带着她东巡散心。他们登上了泰山，而富察氏登过泰山之后，染上了风寒，在济南短暂休养。富察氏为了不耽误乾隆的行程，奏请回京休养，不再陪伴乾隆东巡。不承想富察氏到了德州后，病情加重，乾隆连忙赶来，但终无力回天，富察氏与世长辞。此后，乾隆每次路过济南，坚决不进入这个使他失去心爱的皇后的地方。

20. 哪位诗人为了写好诗而烧纸吃灰?

《云仙散录》记载，晚唐诗人张籍对杜甫很崇拜，将杜甫的诗作为经典之作来学习。但张籍的学习方式有别于常人，他把写有杜甫名诗的纸张一页一页烧掉，将烧完的纸灰搅入蜂蜜中，每天早上吃三匙。有一天，张籍的朋友前来拜访，看见张籍正在拌纸灰，心中惊奇，问道:“你为什么把杜甫的诗烧成灰，再拌上蜂蜜吃?”张籍认真地说:“吃了杜甫的诗，我就能和杜甫一样写出好诗!”《云仙散录》是后唐冯贽写的一部奇书，其中内容真假难辨。

21. 庄子的妻子过世，为什么他却鼓盆而歌?

《庄子·至乐》记载，庄子的妻子过世，惠子前去吊唁，看见庄子箕踞在地，敲着盆唱歌。惠子说:“你与妻子居住在一起，她为你生子，老了之后死去，你不哭也行，却鼓盆而歌，这不是很过分吗?”庄子说:“不然。我的妻子刚死，我怎能不慨然?细想之后，她没有了生命，不仅没有了生命，也没有了形体，不仅没有了形体，也没有了气。众多事物在恍惚之间变为气，气变成形体，形体变成生命，如今生命又变成死亡，与春夏秋冬运行一样。人死后直直地躺在天地之间，我却嗷嗷而哭，自认为不通天命，因此停止哭泣。”

22. 苏轼面对刁难时如何机智应对?

苏轼准备进京赶考，有六位自负的举人看不起他，决定为苏轼设宴，在席间戏弄他。苏轼入席后，众人未动筷。一人提议行酒令，以历史人物、事件为酒令，说得准确的人可独吃一盘菜。年纪较长的那个人先说“姜子牙渭水钓鱼”，说完之后独占一盘鱼；第二个人说“秦叔宝长安卖马”，独占了马肉；第三个人说“苏子卿贝湖牧羊”，独占了羊肉；第四个人说“张翼德涿县卖肉”，独占了一盘肉；第五个人说“关云长荆州刮骨”，独占了酱大骨；第六个人说“诸葛亮隆中种菜”，独占了青菜。六盘菜全部抢完，苏轼无菜可吃，大家期待看到苏轼的窘样。然而，苏轼却淡定地说“秦始皇并吞六国”，说完将六盘菜全端到自己面前。

23. 孟浩然究竟有多么任性?

40 岁的孟浩然进京赶考，到了京城之后常与文人雅士聚会赋诗。他的诗作极佳，受到人们的称赞，诗名远播。高官韩朝宗很喜欢他，与他约好时日设置宴席，将他介绍给其他高官。约定之日已到，孟浩然似乎将此事忘却了，仍然与一群朋友饮酒论诗，不亦乐乎。有人提醒他说:“你与韩公有约在先，到了约定的时间而不去赴约，会怠慢韩公。”孟浩然却扫兴地说:“我已饮了酒，身心舒畅，不管其他事了。”

24. 谁作为皇子还要参加科考?

赵楷是宋徽宗的第三子，他学识渊博，艺术天分极高。1118 年，他暗中参加了科举考试，凭借非凡的文才进入殿试。在殿试中，他的表现依然亮眼，一举夺魁，成为状元。宋徽宗得知此事之后，虽然对赵楷称赞有加，但是怕天下士子议论纷纷，有失科举考试的庄严，最终除去了他的状元头衔，将榜眼提升至状元。尽管如此，赵楷凭借实力依然是历史上身份最显贵的状元。

25. 家中出事，狄仁杰竟还在读书？

狄仁杰，字怀英，是唐代著名的政治家。他从小热爱读书，孜孜以求。据传在他儿时，有一次家中的门人被害，县吏登门诘问，众人争相申辩，只有狄仁杰依然安静地读书，对待县吏不理不睬。县吏责问狄仁杰，狄仁杰回答说："我正在与黄卷之中的圣贤对话，哪有闲暇与你们这些世俗的官吏说话。"在刻苦努力之下，狄仁杰后来顺利通过了明经科考试，调任汴州任参军，开启了仕途之路。

26. 孔子在大雨中唱歌，是被钱逼疯了吗？

孔子遭受到政敌迫害后，不得已躲进一家逼仄的旅馆避难，身无分文的他连饭都吃不起。跟随他的弟子们心中忧虑，抱怨连连，而孔子却在大雨中放声唱歌。弟子子路对孔子说："您经常说君子很美好。您就是君子，那么君子就像我们这样穷困潦倒，连饭都吃不上吗？"孔子听后大笑道："君子在穷困潦倒之时，依然遵纪守法。即便我们忍饥挨饿，也不偷抢他人。小人截然不同，他们在穷困潦倒之时，会坑蒙拐骗，背弃道德。"

27. 唐伯虎募缘时也理直气壮吗？

文人雅士爱好游山玩水，明代才子唐伯虎也不例外。有一次，唐伯虎和好友祝允明四处游览，耗尽了钱财，便装扮成道士去御史台募缘。被驱逐时，唐伯虎理直气壮地说："不要把我们当成游食者，我们是为了修葺姑苏元妙观才进行募缘的。平时，我们喜欢广交天下名士，唐伯虎、祝允明是我们的朋友。"为查验真假，御史指向路边的牛眠石，让他们赋诗一首。唐伯虎和友人祝允明一人一句，吟出了一首七律诗。御史大喜，随即给吴县的县令致信，让他们出资五百金帮助修葺姑苏元妙观。唐伯虎拿到银两后，当然不会修葺姑苏元妙观，而是尽情挥霍，没几天又把钱花光了。

28. 陈子昂摔琴是为了"炒作"吗？

唐代诗人陈子昂，字伯玉，"初唐四杰"之一。早年的陈子昂虽然才华横溢却没有名气，来到长安之后无人赏识、四处碰壁，他心里急切期待成名。有一天，他在街上走着，看见一群人围观一个卖古琴的老人，老人自称古琴价值百万，但无人识琴，难辨真伪。陈子昂花一千缗将琴买下，对众人说他擅长弹琴，这古琴的确是把好琴。众人起哄让他弹一曲。陈子昂卖起了关子，说次日在此地他将弹琴献艺。翌日，陈子昂看到来了很多人，没有弹奏曲目，竟然将古琴重重地摔到地上，对众人说他写了很多文章却无人赏识，琴是工匠制作的低贱之物，他没有时间研究琴。之后，他将自己的文章分发给大家欣赏。此事过后，陈子昂在长安便有了名气。这与如今的"炒作"如出一辙。

29. 唐代时熊猫就出国了吗？

如今我们经常能看到熊猫作为外交礼物给他国饲养，其实这种事情早在唐代就发生过。《旧唐书》记载，公元前 685 年，东瀛（如今的日本）派遣使者来华访问，学习先进的技术和制度。当时唐睿宗李旦在位，武则天实际掌权。为彰显唐朝的繁荣强盛以及两国之间的友好关系，他们送给天武天皇两只熊猫，由东瀛遣唐使一并带回国，这就是最早的“熊猫外交”。

30. 司马懿为什么不给士兵发棉衣？

公元238年，司马懿率领4万兵马前往辽东平定公孙渊发动的叛乱。司马懿设下埋伏，在短时间内连续战胜公孙渊，并包围了襄平。最终，公孙渊被杀，叛乱被平定，司马懿下令对襄平城进行屠城，屠杀了7000余人。辽东叛乱平定之后，已经进入冬季，辽东天气十分寒冷，士兵们向司马懿请求发放棉衣，司马懿却找借口拒绝发放棉衣，导致许多士兵被冻死。他这样做的目的是避免功高震主而引来杀身之祸，自污名声。直到公元249年，司马懿才卸下伪装，发动政变，篡夺了曹魏政权。

31. 冯媛为什么敢以身挡熊？

冯媛是汉元帝刘奭的昭仪。有一天，汉元帝与宫中诸位妃嫔到虎圈观看斗兽，突然有一只巨熊逃了出来，向着汉元帝的方向疾驰而来，吓得妃嫔们四散逃走。人群中的冯媛十分镇定，她没有选择逃跑，而是用自己纤弱的身体挡在巨熊之前保护汉元帝。巨熊在冯媛面前停下脚步，后来左右护卫把熊杀死。汉元帝事后问冯媛当时是否害怕，冯媛回答“猛兽得人止，妾恐熊至御坐，故以身当之”。此后，冯媛倍受宠爱。

32. 刘伶为了喝酒，曾如何欺骗妻子？

《世说新语》记载，刘伶苦于喝不到酒，曾以口渴为借口向妻子索酒。妻子把酒倒掉、毁坏酒器，哭着劝刘伶说：“夫君饮酒过多，不是养生之道，必须要戒酒。”刘伶辩解说：“戒酒非常好。我不能自禁，只有祭祀鬼神、立下誓言才能戒酒。去准备祭祀鬼神的酒肉吧！”妻子说：“遵命。”随后妻子将酒肉供奉于神像之前，请刘伶告神发誓。只见刘伶跪地祝祷说：“天生刘伶，以酒为命，一饮一斛，五斗醒酒。妇人之言，万不能听！”之后，开始自顾自地饮酒吃肉，不久又醉倒了。

33. 谢鲲调戏美女不成，落了个什么结果？

《晋书·谢鲲传》记载，谢鲲，字幼舆，陈国阳夏人，魏晋名士。当时的名士王玄、阮修等人认为谢鲲初入宰相府署，便受到贬黜之耻，为之叹恨。谢鲲听后，清唱轻歌，弹奏琴弦，丝毫不介意，没有人不佩服他的高远畅达、淡泊荣辱的心怀。谢鲲的邻居高家的女儿有美色，谢鲲曾经挑逗她。女子将织布的梭子投向谢鲲，打掉了他的两颗门牙。当时的人们说：“任达不已，幼舆折齿。”谢鲲听后，傲然长啸说：“这不妨碍我长啸歌咏。”

34. 何人女扮男装，被称为人妖？

《南史》记载，齐朝有个地方叫东阳，那里有一个名为娄逞的女子，她乔装易服扮成男人的样子。她粗通棋艺，知书识礼，在公族贵卿的府中做客。当她被任命为扬州议曹从事时，女扮男装之事才被人识破。齐明帝下旨命令其向东回家，穿回妇人的衣服。她叹息道：“我虽有如此的技艺和能力，却仍要作老妇打扮，难道不可惜吗？”史臣说：“这是人妖，把阴变成阳，这种事情不能被允许。”

35. 徐昭佩为什么只化半面妆？

徐昭佩是梁元帝萧绎正妻，但容貌平平，不受萧绎的宠爱。萧绎往往很久才来看看她。由于萧绎有只眼睛失明了，所以徐昭佩只化半面妆，以此来羞辱萧绎，并表达心中的怨恨和不满。由于长久不受宠，喜欢喝酒的徐昭佩常常借酒浇愁、酩酊大醉，并与萧绎的侍从暨季江私通。她的妒忌心很强，遇到不被萧绎宠爱的妾就与其交好，对怀有身孕的妃子便升起杀害之心。最后徐昭佩被萧绎赐死，萧绎作《荡妇秋思赋》对其进行羞辱。

36. 徐渭为什么将妻子杀害？

徐渭是明代一位有名的才子，在书画方面造诣极高。徐渭有过三段婚姻，最后一段婚姻是极为不幸的。他的第三任妻子张氏年轻漂亮，徐渭疑神疑鬼，整天担心妻子有外遇。有一天，他在窗外听见妻子与年轻僧人在屋中嬉闹，于是进屋查看，却一无所获。之后，他看见妻子在白天与僧人同寝，冲进屋内用灯檠将妻子刺死，却没发现僧人，导致他被判徒刑七年。后来他才搞清楚，原来年轻僧人之所以出现在他脑海中，与他报复杭州僧人有关，他因头脑错乱而误杀了自己的妻子。此事记载于冯梦龙的《情史类略》之中。

37. 龚半伦如何救了故宫？

龚半伦，名橙，字孝棋，又名孝拱，晚年号半伦，是龚自珍的儿子。他才华横溢，饱读诗书，却得不到清廷赏识，郁郁不得志之下，投靠了英国公使威妥玛。龚半伦会说流利的英语，加上很有才能，得到了威妥玛的赏识。1860年，英法联军入侵北京，他跟在英国人的身后，一派狐假虎威的洋人装扮。据说，联军准备攻入故宫，龚半伦认为不可，说清廷的财宝都放在了圆明园，于是联军强盗般抢劫了圆明园，并用一把大火将其烧毁，对我国文化遗产造成了严重毁害。龚半伦当时这么做是出于何意，不可而知，但他却在事实上保护了故宫。

38. 李隆基的蹴鞠水平很高吗？

唐宋时期，蹴鞠这项运动十分流行，无论是皇家还是民间，都钟爱蹴鞠。唐睿宗景云年间，吐蕃派遣使者迎娶金城公主。当时的李隆基是临淄王，他与嗣虢王李邕和驸马杨慎交、武延秀等人，与吐蕃使团中的10位吐蕃击鞠高手对战。在比赛中，只见李隆基“东西驱突，风回电激，所向无前”。最终在李隆基的带领下，唐朝击鞠代表队战胜了吐蕃使团击鞠代表队。

39. 武则天墓前的石人为什么无头？

武则天死后被葬在乾陵，千年来乾陵未被盗墓贼破坏，完好无损，但陵前的61尊双手前拱、体态恭谦的石人却没有了头，令人不解。对此，有两种说法：其一是明代末年，乾县暴发瘟疫，当地人认为是这些石人变成妖魔散播瘟疫，于是将石人的头砸掉；其二是八国联军入侵时，看到石人中有本国人向武则天朝拜，心中不满，下令将石人的头全部砸掉。

40. 古代也出现过“UFO”吗？

《梦溪笔谈·异事异疾附》记载，宋仁宗嘉祐年间，扬州城上空出现了一个类似“大珠子”的圆形物体，在阴天的时候人们可以得见。最初，它出现在天长县的湖面之上，后来在其他的几个湖面上也有出现。

沈括有一位朋友的书斋就在湖边，有一夜，这个圆形物体再次出现，它的中间裂开一条缝，有亮光从里面射出，之后张开一个口子，里面充满着耀眼的白光和一颗大珍珠，散发的光亮将周围十多里的林子照亮。不一会儿，这个圆形物体就倏然飞走了。

41. 朱棣领兵打仗时，真的突然平地起清泉？

《大明一统志》记载，永乐八年（1410），朱棣亲率大军远征鞑靼，在清水源驻军。清水源一片荒芜，且缺少水源，士兵和战马都口渴难耐。就在人困马乏之际，在离营地三里的地方，突然平地涌出泉水，泉水高达数尺，味道甘冽，士兵和战马饮之不竭。朱棣认为这是天神所恩赐的泉水，赐名为“神应泉”。

42. 古代有没有天降陨石砸死人的记录？

陨石是从太空中坠落地球上的石块或铁块，大块陨石会造成破坏，甚至造成人员伤亡。古人曾有关于陨石掉落伤人的记载。《寓圃杂记》记载，明孝宗朱祐樘弘治庚戌年（1490）二月，在陕西庆阳县下了一场陨石雨，大的陨石有四五斤，小的陨石有二三斤，砸死的人数以万计，庆阳县的人纷纷逃到其他地方居住。

43. 被大风吹上天是什么感受？

《寓圃杂记》记载，徐州萧县有位女子王氏，在出嫁的途中下车方便，突然遇到了大风，被吹上天，片刻之间就不见其人了。众人认为王氏是被鬼神摄去了，她的父母号哭不已。当天，有人发现在五十里外的一棵桑树上挂着一个女人，一问是王氏女，是被大风吹上天。那人接着问她在天空中是什么感觉。王氏女说：“只能听见耳边风声呼呼，其他一无所见。身体越向上腾，风就越急，身体震颤难以忍受。”那人与王家是旧相识，第二天便将王氏女送回了王家。

第二十章 百科杂谈篇

1.《滕王阁序》的第一句是“南昌故郡”还是“豫章故郡”？

《唐摭言·卷五·以其人不称才试而后惊》中记载，王勃所作的《滕王阁序》第一句为“南昌故郡”，文徵明等人的帖文中也为“南昌故郡”。今本中却以“豫章故郡”为常见。“豫章故郡”最早见于日本奈良正仓院所藏的《滕王阁序》。南昌，在汉代称“豫章郡”，在唐代为“洪都府”，按照历史和行文逻辑来看，“豫章故郡”更加符合要求，王勃原作应为“豫章故郡”。唐代宗李豫登基后，时人为避皇帝名讳，将“豫章”改为“南昌”，这是极有可能的，而后世皆以此流传。

2. 秦始皇陵地宫为什么不可以挖？

秦始皇陵位于陕西省西安市，是始皇帝嬴政的陵寝，有内外两层夯土城垣，建有各式宫殿和许多陪葬坑和地宫，在古代遭受过项羽的部队以及农民起义军的破坏。但现代研究人员依托遥测等技术发现地宫并未被破坏。据《史记》记载，秦始皇陵地宫中有自动发射的弩弓和大量的水银。不过由于时间过久，弩弓或许已经损坏，戴着防毒面具进入地宫也可行，但为什么不进行发掘呢？原因在于现在的技术无法对地宫内的文物进行保护，打开地宫之后，里面的丝织品、竹简等文物极易氧化损坏。为了保护文物，所以现在仍没有对秦始皇陵地宫进行发掘。

3. “元”“次”“根”“解”等数学术语是谁确定的？

“元”“次”“根”“解”等数学术语是康熙确立的。清代，中西方交流密切，外国传教士频繁往来于中国，促进了中西方文化交流。康熙热衷接受新事物，学习数学、外语等。有一次，比利时传教士南怀仁给康熙讲解数学方程，却无法准确翻译其中的术语。康熙就建议，将方程式中的未知数称作“元”，最高次数称作“次”，将能使方程式左右相等的未知数的值称为“根”或“解”。由此“元”“次”“根”“解”确定下来，一直传承至今。

4. 圣旨都是黄色的吗？

圣旨并不都是黄色的，也有白色、青色、红色等诸多颜色的，甚至还有彩色的。圣旨分为诰命和敕命，授予五品以上官员的圣旨称为诰命，授予五品以下官员的圣旨称为敕命。清代时，诰命圣旨有三色、五色、七色之分，由三彩、五彩或七彩绫线分段织成，锦缎底纹印有仙鹤、狮子、卷云等图案；赐命圣旨，颜色为纯白色。圣旨所采用的布料由“江宁织造”，专供皇宫颁发圣旨之用，各种颜色的提花锦缎并非拼接而成，而是织造出来的。

5. 中国是最早观测到哈雷彗星的国家吗？

哈雷彗星是一颗周期彗星，绕太阳旋转，周期为 76 年，英国天文学家哈雷于 1705 年计算出此彗星的轨道和周期，因此它被命名为“哈雷彗星”。哈雷彗星最早的记录在我国春秋时期，比西方的相关记录早 670 多年。《春秋》载，鲁文公十四年（前 613）“秋七月，有星孛北斗”，此“星孛”就是哈雷彗星。此后，从秦王政七年（前 240）到清宣统二年（1910），每次哈雷彗星的回归，在我国文献中都有记载。

6. 泰山上的“五岳独尊”是谁写的？

位于泰山极顶玉皇庙东南侧有一石碑，刻有“五岳独尊”四个大字，是对泰山的盛赞。宋代“泰山学派”创始人石介在《泰山》一诗中写道：“七百里鲁望，北瞻何岩岩。诸山知峻极，五岳独尊严。宝宇登来小，龟蒙视觉丸。此为群物祖，草木莫锄芟。”首次提出了“五岳独尊”。但石碑上的“五岳独尊”并不是石介所写，也不是宋人所写，而是清光绪年间时任泰安知府的玉构所题。玉构是满人镶蓝旗，四品宗室，于光绪三十二年（1906）五月十九日到泰安任知府，光绪对其的考评语为“恭敬撙节，明通吏治。整躬率属，民有颂声”。

7. “宝鸡”地名如何而来？

“宝鸡”源于 2700 多年前的秦国，古时称为“陈仓”。相传，公元前 747 年，有一个陈仓人捉到一种怪兽准备进献给秦文公，这时有两个小孩出来阻止，说这种怪兽叫作“猏”，食母，吸人脑髓。陈仓人想要杀死“猏”，“猏”突然开口说：“不要杀我，去逮那两个小孩。他们是龙凤胎，都叫陈宝，得雌者称霸，得雄者称王。”陈仓人转而抓小孩，结果两个小孩变成两只神鸡，一只飞到了河南南阳，一只飞到了陈仓山顶，化为石鸡。秦文公听闻此事之后，设陈宝祠纪念，后来秦穆公狩猎时获得雌鸡，成为“春秋五霸”之一。此后，祭祀神鸡成为秦国大典，陈仓山改为“宝鸡山”“鸡峰山”。公元 757 年，正值唐代安史之乱，宝鸡山神鸡复鸣，唐军节节胜利。唐肃宗大喜，认为这是神鸡相助，于是将陈仓改名为“宝鸡”。自此，宝鸡的地名一直沿用至今。

8. 古时就有九九乘法表吗？

相传九九乘法表的发明人是伏羲，但已不可考证。不过，在先秦时期的文献中已有九九乘法表的痕迹，如《管子》《荀子》中载有“三九二十七”“四八三十二”“六八四十八”“六六三十六”等说法。古人背诵九九乘法表从“九九八十一”开始，一直背到“二二得四”，与如今的背诵顺序恰恰相反。

9. “三星”“三才”“三光”指的是什么？

“三星”指的是福、禄、寿，在立春时，正南方向有三颗非常相近的星星，且连成一条直线，人们因为对星辰颇为崇拜，所以将这三颗星分别称为禄、福、寿；“三才”指的是天、地、人，出自《易·系辞下》，天干代表天机道，地支代表地脉道，藏干代表人间道；“三光”指的是日、月、星，是宋神宗年间辽朝使者出使宋朝时出的一副绝对，由翰林院学士苏东坡应对。

10. 古代的一尺究竟有多长？

不同朝代的一尺不一样。在商代，一尺的长度相当于现在的16~17厘米；春秋战国时期和汉代，一尺的长度约为现在的23.1厘米；西晋时期，一尺约长24.2厘米；南北朝时期，一尺约长30厘米；唐代，一尺约为29.5~31厘米；宋代，一尺约为31.4厘米；元代，一尺约为34厘米；明代，常用的营造尺约为32厘米；清代，裁衣尺长度约35厘米；如今，一尺约为33.3厘米。

11. 水、金、火、木、土五颗行星在古代被称为什么？

在春秋战国时期及之前，人们就已经认识到有一些星星会明显移动，这其实就是如今所说的行星。当时，人们把水、金、火、木、土五颗行星命名为辰星、太白、荧惑、岁星和镇星，后来人们将五行与五星相对应，称为水星、金星、火星、木星、土星。通过不断观测，人们发现了行星的会合周期和恒星周期。汉代的《五星占》《太初历》和隋代《大业历》能计算出行星会合周期的误差。春秋战国时期计算出的木星的恒星周期为12年。

12. 明清时期的钦天监是什么部门？

明洪武年间，将天文历法机构太史院改为司天监，后改名钦天监，下辖天问、漏刻、大统历、回回历四科。钦天监负责天文占卜、制定历法、推算节气、择日堪舆、报时等事务。朝廷征招具有天文知识的人进入钦天监任职，他们通过不间断地仔细观察天象，将“上天示警”密报皇帝，供皇帝作为行事的参考。钦天监在北京和南京的东南都建有观象台，观象台上放置浑天仪、简仪等天文仪器。后来，清代沿袭了明代制度，仍将钦天监作为天文历法机构。

13. 为什么说中国人差一点就发现了地球是球体？

早期的古人认为，在相距一千里的南北两地立表测影，影长相差一寸。隋代刘焯发现这种说法并不准确，需要进一步测量求证。唐初李淳风经过实际测量后，发现南北影差不是常数。唐开元十二年（724），僧人、天文学家张遂（也称“一行”）带领众人在河南平原选取四个观测点进行测量，发现南北相距200里，影长就相差一寸。此外，他们还发现，从北到南，北极的高度差与南北里差成固定的比例关系；南北相差351.27里，极高差一度。如果再做进一步探究，就能发现地球是球体。但不知什么原因，他们未做深入研究，错过了“地球是球体”这一重大发现。

14. 中国历代重要选官制度都有什么？

世卿世禄制、军功爵制、察举制和征辟制、九品中正制、科举制。世卿世禄制，是西周、春秋时期的选官制度，是西周宗法制的产物，周王、诸侯、大夫及诸侯手下的重要官职“卿”可以世袭。军功爵制，从战国时期商鞅变法开始，直到战国结束才终止，代替了世卿世禄制，按照军人在战场上的表现来选官，分为20个等级。察举制和征辟制，是汉朝的选官制度，由地方长官举荐贤能做官，或者由皇帝和官员征召为官。九品中正制，是魏晋南北朝时期的选官制度，由中正官将人分为九等，以家世、品德、能力等为考察依据。科举制，由隋炀帝设立，通过科举考试来选拔人才，一直延续到清朝末期。

15. 察举制和征辟制有何区别？

察举制和征辟制始于汉朝。汉高祖刘邦下求贤诏，要求各郡国推荐贤士大夫，各州、郡的主管官员考察辖区内的人才，将其推荐给朝廷，考核通过后被授官，此为“察举制”，是一种自下而上的选官方式；征辟制是对察举制的补充，皇帝或者朝廷高级官员或地方政府官员知道某个人有才能，征召其做官，皇帝征召为“征”，高级官员或地方政府官员征召为“辟”，是一种自上而下的选官方式。

16. 九品中正制是好是坏？

公元220年，曹丕采纳尚书令陈群的意见，下令各州郡推选出一名大中正，大中正之下再分设多名小中正，由大中正、小中正将属地的人才分为上上、上中、上下、中上、中中、中下、下上、下中、下下九个等级，吏部依等级选官。品评等级的依据主要有三项内容：一是家世，即家庭背景，了解被考察人的父亲、祖父的资历，仕官情况；二是行状，即为德行和能力，了解被考察人德行好坏和能力高低；三是定品，即确定被考察人的等级。最初的定品原则上以行状为主、家世为辅，但是晋代之后，几乎只考虑家世，不再注重行状。即使一个人的德行能力再高，只要是家世卑微，也只能定为下品，由此出现了“上品无寒门，下品无士族”的局面。

17.“儒家十三经”包括哪些？

南宋时期，将十三部儒家经籍合称“十三经”，是在汉代“五经”的基础上增补而成，分别为《周易》《尚书》《诗经》《周礼》《仪礼》《礼记》《春秋左氏传》《春秋公羊传》《春秋谷梁传》《孝经》《论语》《尔雅》《孟子》。其中,《周易》《尚书》《诗经》《周礼》为“四书五经”中的“五经”。

18.“春秋三传”是指哪些作品？

“春秋”一词是先秦时期对古代历史整理记录的史书，多国有《春秋》，但除由孔子整理的鲁国《春秋》外，全部佚失。汉代重新对孔子的《春秋》进行整理编辑，编成“春秋三传”，即为《春秋左氏传》《春秋公羊传》《春秋谷梁传》。《春秋左氏传》的作者是春秋末年的左丘明，在孔子《春秋》的基础上增加了很多史实，是一本重要的史书。《春秋公羊传》的作者是战国时期齐人公羊高，对孔子《春秋》中的微言大义进行了具体阐述。《春秋谷梁传》旧题其作者是谷梁赤，传说他将子夏口头传授给他的孔子《春秋》及注解编写成书。

19. 为什么朱棣叫明成祖，而不叫明太宗？

在中国古代，皇帝的庙号通常包含“祖”或者“宗”字。开国皇帝一般都用“太祖”或者“高祖”，比如“汉高祖”；之后的第二个皇帝一般都是“宗”，比如“唐太宗”。但是朱棣的庙号却是“明成祖”，这是为什么呢？其实在1424年到1538年这100多年，朱棣的庙号一直为“明太宗”。直到嘉靖十七年（1538），才改了朱棣的庙号。嘉靖帝朱厚熜并不是正统继位，而是属于皇室的近支。因想追封自己的父亲进太庙主殿，便动了想把朱棣的牌位移出主殿的想法。但因朱棣的功绩很大，他不敢动，便想了个办法称朱棣为明成祖，和明太祖朱元璋并立为“明朝二祖”。由此嘉靖帝把朱棣的儿子朱高炽的牌位移到了偏殿供奉，把自己父亲的牌位移了进去。所以本是明太宗的朱棣，就成了明成祖。

20.“砒霜”和“鹤顶红”到底是什么？

这两个词听起来并不陌生，我们常能在影视剧中听到某某人中了砒霜或者鹤顶红的毒，一命呜呼了。其实这两种毒药是同一类毒药，都是矿物性毒药，不纯的三氧化二砷。不过砒霜是粉末状的，鹤顶红是红色晶体或者粉末，也叫红矾。三氧化二砷进入人体后，会与人体内的蛋白质结合，阻断细胞内氧化供能，导致人体缺少能量供应而死亡。

21.古代为什么把路费叫“盘缠”？

在宋代之前的朝代是没有纸币的，都是铜钱，铜钱的特点就是中间有孔，可以用绳子穿起来。古人在外出办事探亲时将钱用绳子穿起来，每一千钱穿成一串，也叫一吊钱、一贯钱，再将其缠绕在腰间，这样既方便携带又安全，因此人们把这种方式带来的旅费叫作“盘缠”。

22.人们常用“穿小鞋”来形容对人的打击报复，这一词有什么来历吗？

所谓“小鞋”并不是指小孩穿的鞋子，是指在封建社会中，妇女通过缠足或者裹脚使自己变成小脚，也叫“三寸金莲”。这种陋习的始作俑者便是南唐后主李煜。此后的一千多年里，这种陋习被承袭了下来。在男女婚嫁之前，女方会给男方小脚的尺寸，大婚之日，女子必须穿上男方家为女子做的小鞋，如果鞋的尺寸故意做小，就会导致新娘穿着难受。后来“穿小鞋”引申为背地里打击报复。

23.人们为什么把互不相干称为“井水不犯河水”？

这句话其实说的是天文现象。“井”指的是二十八星宿中的“井宿”，也叫“东井”，就是双子座，它在银河附近。而“河水”的“河”指的就是银河。在双子座的东北和东南方向，还有两个星座，叫“北河”和“南河”，它们被视为银河的守护者。古人认为它们一旦发生变化，人间就会遭殃，便用“井水不犯河水”，来表示和谐共处的天文现象。

24.为什么说“你走你的阳关道，我走我的独木桥”？

在生活中，人们常用这句话来表示两个人的决裂。那为什么说是阳关道，不说别的道呢？阳关位于甘肃敦煌的西南边，是古时候通过西域的必经之路。汉唐时期商业繁荣，有很多商贾往来，逐渐形成这条宽阔且繁华的大路。独木桥一般指在江南水乡的小路。一个向西，一个往东，自然两者也没什么关联。这句俗语现在常被用来比喻关系决裂，毫不相干，互相不再来往、交流。

25.“加油”的来历是什么？

清朝有位举人出身的官员，在贵州为官期间，十分重视教育。他任职安龙期间，经常会派两个差役在夜间挑着桐油到处巡逻，如遇到哪户人家在挑灯夜读，便会给他添上两勺桐油，并给予鼓励，这一坚持就是十三年。这个人就是张之洞的父亲张瑛。“加油”一词便是这么来的。

26.为什么说“女大十八变”？

“女大十八变，越变越好看”，指的就是女子长大以后容貌发生比较大的变化，是对女子的赞美。“十八”是泛指，并不特指18岁，也不指女子有18种变化。此俗语出于宋朝释道原的《景德传灯录·幽州谭空和尚》：“龙女有十八变，汝与老僧试一变看。”

后来在民间慢慢就演变成“女大十八变”。

27.“桃花运”是从何而来？为什么是桃花，而不是其他的花？

桃花运一般形容男子受到女子的青睐或者赏识，现在指受到异性的欢迎。《诗经·桃夭》中有“桃之夭夭，灼灼其华。之子于归，宜其室家”的诗句，描写的便是女子出嫁的情景。可见桃花和女子的渊源之深。相传《周易》中的“子午卯酉”，代表着正南、正北、正东、正西四个方向，当“四象交会”之时，桃花就会盛开，此时对于男女来说，是感情最好的时候，因此人们把爱情称作“桃花运”。

28.“立子杀母”的事情真的存在吗？

在古代封建社会中确实有“立子杀母”的事情发生，起源于汉武帝刘彻。汉武帝是汉朝在位最久的皇帝，他晚年的时候疑心重，在奸臣的教唆下杀了自己的儿子戾太子。戾太子死后，符合太子条件的皇子少之又少，汉武帝只好把目光放到了只有五六岁的刘弗陵身上，就是后来的汉昭帝。汉武帝担心主少母壮，如果刘弗陵的生母像吕后那样专政，国家必然会大乱。为了防止这种情况出现，汉武帝命人杀了其生母钩弋夫人。

29. 岳飞背后真的有“精忠报国”四个字吗？

岳飞是南宋的抗金名将。相传在他年少时，岳母在他的后背上刻下了四个字：“精忠报国”。后来他驰骋战场，奋勇杀敌，成就了一番事业，“岳母刺字”也成了家喻户晓的故事。然而，岳飞的后人岳珂所著的《鄂王行实编年》中并没有相关记载。可见“岳母刺字”的故事是杜撰出来的。

30.“近朱者赤，近墨者黑”最早是谁说的？

关于“近朱者赤，近墨者黑”这句话最早是谁提起的，颇有争议，有人说是孔子说的，还有人说是朱熹说的，也有人说是范仲淹说的。据说北宋的欧阳修在颍州当知州时，有个叫吕公著的人在他手下当差。有一次范仲淹来到颍州拜访欧阳修，看见吕公著也在，就对吕公著说：“近朱者赤，近墨者黑，你在欧阳修这里做事，正是学习的好机会，应当趁此机会多练练笔墨。”吕公著点头称是，没过多久，他果然进步很快。此话指环境对人的影响很大。

31. 古代没有日历，是如何知道什么时候春耕的呢？

对于一般百姓来说，时令的更换只能凭借物候的变化来得知。但有人会通过观测天文现象来得知春耕时间，通常在天刚刚昏黑的时候，能看见“大火”星，也就是天蝎座，而这个“大火”星恰好是在春分时节。观测到“大火”星位于南方正中位置，就可以春耕了。先秦时期，人们还会根据圭表上日影的长短来确认二十四节气。

32. 什么是“出洋相”？

“出洋相”指的是令人可笑的样子。古时候，一些远在西方国家的人从海上进入中国时，带了一些工业初期的物品，比如钟表、相机等。那时的中国人觉得这些东西没有什么用处，并且觉得西方人长得也比较滑稽，再联想到他们带过来的东西，就慢慢将“出洋相”作为对可笑滑稽的人或事的统称。

33. 古代处决犯人为什么要“秋后问斩”？

西汉的董仲舒崇尚“天人合一”的思想，认为“天有四时，王有四政”，春、夏、秋、冬对应庆、赏、罚、刑，春夏是万物生长的季节，秋冬是草木凋零的季节，人也应该顺应天意，在春夏之际行赏，秋冬之际行罚，所以处决犯人都是在秋后或者冬季。这一规定的制定得到了皇帝的认可，历代都遵循这样的规定。

34. 真的有“午门斩首”吗？

在影视剧里，我们经常听到有人说“推出午门斩”，实际上这并不是让刽子手在午门斩首，而是推到菜市口等地实施刑杀。午门，是明成祖朱棣建造的。一般都在午门施行“廷杖”，因为廷杖也有打死人的时候，所以午门就成了杀人的地方。到了清代，午门就成了打胜仗庆祝，抑或是冬至的时候皇帝发来年历书的地方。

35. 购物为什么叫“买东西”不叫“买南北”呢？

其实这个问题的说法众多，其中最有可能的说法来自中国古老的周易理论。相传南宋理学家朱熹也在这方面存疑。有一天，朱熹在路上碰到朋友盛温如提着篮子上街，朱熹上前问他：“你要去哪儿啊？”盛温如回答说：“买东西啊。”朱熹又问：“为什么不是买南北呢？”盛温如笑着说：“当然不能买南北了。东面属木，西面属金，这些是金木类的，能放到篮子里，而南北，一个属火，一个属水，岂能放在篮子里？所以只能‘买东西’，不能‘买南北’。”

36. 警示自己的名言警句为什么叫“座右铭”？

相传鲁国有种盛酒器叫欹器，此器空着的时候往一边倾斜，倒入一半的酒水后就会直立起来；要是倒满的话，欹器便一个跟头翻过去。鲁桓公生前非常喜欢此物，经常放到座位的右边，提示自己不要骄傲自满。后来孔子带学生到庙里朝拜鲁桓公的时候，给自己的学生讲解了欹器的使用方法。回去后，孔子也做了一个欹器放到自己座位的右侧，警示自己活到老，学到老，永不满足。后来的人们意识到文字更能起到警示作用，于是便用文字代替了欹器，从此有了“座右铭”。

37. “快刀斩乱麻”涉及什么历史故事？

“快刀斩乱麻”表示对于错综复杂的问题或者事情，要果断解决。这个俗语可以追溯到南北朝时期。高洋是北齐政权的创建者，其父亲是在北魏任相国的高欢。有一次，高欢有意考察几个儿子，便各给了儿子们一团乱丝，让他们理出来。其他兄弟们都埋头整理，只有高欢看着那一团乱丝一动不动，随后他抽出一把快刀来，一刀便把那乱丝分成若干段。高欢问他为什么这么做，高洋回答：“乱者须斩。”可见高洋的杀伐果断。高欢因此对他青睐有加。

38. 五禽戏是谁首创的？

五禽戏是中国传统的养生运动，由华佗编创。这种运动通过模仿虎、鹿、熊、猿、鸟五种动物的动作来达到强身健体，预防疾病的功效，至今还在盛行。如今五禽戏已经分为不同的派别，虽然传承上有所差异，但整体上还是有很多相似之处。五禽戏在2011年已经被国家列入第三批非物质文化遗产。

39. 八段锦起源于哪个朝代？

八段锦起源于北宋，距今已有800多年的历史，是一套独立完整的健身功法。其动作缓慢舒展，可以使身体强壮，预防疾病。这套功法一共分为八段，每段一个动作，故为八段锦。练习者无需器械，也不需特定的地方，男女老少均可练习。八段锦是传统医学的重要的瑰宝之一。

40. 为什么人们喜欢把创始人叫作“鼻祖”？

在甲骨文和金文中，“自”这个字像人的鼻子，所以“自”和“鼻”的读音是一样的。《说文解字》中记载：“自，读若鼻。”但是“自”一般都指自己，所以“鼻”要新创造一个字，加以区别。于是人们便在“自”的下面加了一个声符“畀”，便形成了新的“鼻”字。《说文解字》中记载“今以始生子为鼻子”，意思是把新生的第一个孩子称为“鼻子”。所以最早的创造者或祖先被称为“鼻祖”。

41. 玉皇大帝的来历，你知道吗？

玉皇大帝是道教认为的众神之王。他的全称是“太上开天执符御历含真体道金阙云宫九穹御历万道无为大道明殿昊天金阙至尊玉皇赦罪大天尊玄穹高上帝”，居住在太微玉清宫中。其实在西周时期便有“皇天”“天帝”等称呼，到了隋唐时期就开始盛行“玉皇”信仰。唐宋之际便有对“玉皇大帝”的详细叙述，据《高上玉皇本行集经》讲：“玉皇大帝出生于一个叫光严妙乐国的王宫，继承王位不久后便去普明香严山中修道，其间历经各种劫难，历尽千辛万苦，终于修炼成金仙，始证玉帝。”

42. “钟馗捉鬼”有何来历？

钟馗是道教的俗神，有打鬼驱邪的能力。相传钟馗是陕西终南山人，因相貌丑陋未考中进士，于是一头撞死在大殿上。唐玄宗听闻后，便以红袍将其安葬。有一年，唐玄宗患脾病，久治不愈。晚上唐玄宗梦见一个身材高大、长相怪异的男子，捉了一个小鬼，撕碎食之。唐玄宗询问何人，那人大声说：“殿试不中进士，钟馗。”唐玄宗梦醒后，疾病立刻痊愈。唐玄宗便命人画出梦中钟馗的画像，悬挂在宫中避邪镇妖。“钟馗捉鬼”便由此而来。

43. “阴曹地府”从何而来？

“阴曹地府”指的是人死亡后所在的地方，也是掌管万物生灵的地方，由阎王主宰。最早的出处是清朝李绿园的《歧路灯》：“我到咱家，不能发送爷爷入土，不能伺候奶奶，倒叫我奶奶伺候我，且了自己爹娘。这个不孝，就是阴曹地府下，也自心不安。”在中国古代神话中都有阴曹地府的说法。中国人讲世界万物分两极，即阴阳。我们的传统文化中还有草、木、石，皆可成精化为形。

44. “黄帝内经”是怎样的著作？

《黄帝内经》是现存最早、影响最大的一部医书，有“医家之宗”的称谓。《黄帝内经》又分为《素问》《灵枢》两个部分，《素问》主要阐述的是脏腑、经络、病因、病机、诊断方法以及针灸等内容，而《灵枢》则在此基础上增加了经络腧穴，针具、刺法及治疗原则等。全书内容广泛，除了医学知识，还涉及心理学、天文学、气候学等。

45. “蒙汗药”真的存在吗？

蒙汗药是中国古代小说中的一种麻醉

药，据说此药与酒相配，药力倍增，能使人昏睡十余个小时。《水浒传》中写蒙汗药主要是由曼陀罗花制成，粉末状，多下在酒里，呈浑黄色，人喝下之后便昏睡不起。在《水浒传》第十六回和《隋唐演义》第四十一回，以及《射雕英雄传》第一回等小说中均有涉及此药。解药的方子在孙思邈的《千金方》中："甘草解百药毒。"

46. 为什么称医生为"郎中""大夫"？

"郎中"和"大夫"这两个名称都是官职名，其中"大夫"一词，早在西周时期便已经存在了，到明清时期才被废除。"郎中"最初指的是随从皇帝的官员，隋唐设立三省六部之后，"郎中"又成为各司长官的称谓。到了宋朝时期，医学制度和教育发展迅速，国家把翰林院的医官分为不同等级，例如："和安大夫""成和大夫""成全大夫"等，因此人们便把医生称为"郎中"或者"大夫"。在使用地域上也有不同，南方习惯称医生为"郎中"，北方则称医生为"大夫"。

47. 筷子有什么来历？

筷子在中国有着悠久的历史，古时也被称为"箸""梜"。通常是由竹、木、骨等材料制作而成。在古籍《韩非子·喻老》中记载："昔者纣为象箸而箕子怖。"说明早在商纣时期便已经有了象牙筷子。关于筷子的诞生，也有很多传说。相传大禹在治水期间，都是在野外吃饭，有时时间紧迫，刚好要进食水煮的兽肉，但是热水滚烫无法下手，便随便找两根树枝夹起来吃，这便是筷子的雏形。

48. 汉字是从什么时候开始横写的？

中国汉字已经有 5000 年左右的历史了，从殷商的甲骨文开始，到现在的规范字，汉字不仅在形态上有很大的变化，书写方式也发生了巨大的改变。从甲骨文开始，中国封建社会一直采用的是竖写汉字，且从右至左，这一书写方式一直延续到清末。直到我国新文化运动的先驱者、《新青年》杂志编辑钱玄同首次提出汉字"竖改横"的想法，这一想法得到了陈独秀等学者支持，从此汉字开始逐渐地改变书写方式。在 1956 年 1 月 1 日这天，《人民日报》开始横版印刷，标志着数千年的传统在这一天开始全面改变。

49. 黄瓜为什么叫"黄瓜"，不叫"绿瓜"？

黄瓜原本叫"胡瓜"，是汉朝使者张骞从西域带回来的。后更名为"黄瓜"，是因为后赵政权的建立者石勒是羯族人，他登基后，发现国人都叫羯族人为胡人，于是大发雷霆，下令全国禁止出现"胡"字，违者斩。有一次，石勒召见襄国郡守樊坦，指着胡瓜问樊坦："这是何物？"樊坦知道石勒这是考验自己，便说道："这是黄瓜。"石勒听后甚为满意。于是"黄瓜"这一名字便在朝廷上下传开了，一直延续至今。

50. 皇帝为什么称自己为"朕""孤""寡人"？

其实早在春秋战国时期，就已经有"朕"这个词了，《说文解字》讲："朕，我也。""朕"表示"我"的意思，任何人都可以用。秦始皇统一六国后，为了彰显自己至高无上的权力，才把"朕"变成了自己的专属。"孤"和"寡人"，意思是寡德之人，属于谦称。皇帝有了"朕"这个称谓之后，"孤"便归了王爷以下的贵族。

51. 女子怀孕为什么称为“身怀六甲”?

“身怀六甲”中的“六甲”原本指的是干支纪年法，分为“子、寅、辰、午、申、戌”六种，每六十年一个循环，所以就有了“花甲之年”一词。但是随着时间的推移,“六甲”又被赋予了其他含义。其中，“六甲”还指阳神，古代都有重男轻女、传宗接代的传统，人们认为“六”这个时间阳气最旺，一定能一举得子，所以“六甲”其实寄托着人们想生儿子的希望；还有人认为“六甲”代表60天，古代中医们通过号脉推断，胎儿从细胞到成型，恰好是60天整，也是生命定型的时间。

52. 秦始皇兵马俑的艺术价值有多高?

秦始皇陵兵马俑有8000多件，这些秦俑的容貌各不相同、人体特征和个性特征各异，战马形象生动细腻，是中国雕塑史上的一大奇迹。秦俑雕塑的艺术风格为写实主义，兵俑、陶马、战车与真实比例大小相近，细节部分精雕细琢，完全还原了秦始皇时期的军事面貌。要达到这种境界，需要工匠具有高超的技艺，比如陶工在制坯时必须预先把陶俑收缩率考虑在内，否则成品与实物大小会出现较大差距。可以说，秦始皇兵马俑的艺术价值是无与伦比的。

53. 成语“门可罗雀”是指很繁华吗?

汲黯是汉武帝时的一位名臣，为人正直，喜欢直言劝谏。为此，许多大臣都不喜欢他。一次，汲黯因一些事情被汉武帝罢官，家境也日渐贫寒。他感慨地说：“昔日我为官时，总有人要巴结我，因此家里一直宾客盈门。现在不当官了，门口冷清得可以张网捉鸟了。”为此，司马迁在《史记》中感慨：“像汲黯这样贤德的人，有权有势时家里宾客众多，没落时则门可罗雀。他们尚且如此，又何况普通人呢？”

54. 王之涣写出《登鹳雀楼》，鹳雀楼在哪里?

此诗是王之涣仅存的六首绝句之一。鹳雀楼，是因古时有鹳鹊栖息其上而得名，故址在山西省永济市境内古蒲州城外西南的黄河岸边。此诗全文为：“白日依山尽，黄河入海流。欲穷千里目，更上一层楼。”诗的前两句写景，开笔便把万里河山呈现在眼前，短短十个字，画面宽阔辽远。后面两句除了诗词本身的含义，还蕴含丰富的人生哲理，勉励自己或他人，抛弃故步自封的浅见陋识，登高放眼，不断地拓展出新的境界。

55. “三代”“三国”分别指什么?

“三代”分别指夏、商、周三个朝代，是这三个朝代的合称，最早出自春秋时期的《论语·卫灵公》，该词一直延续到战国时期。秦朝之后，“三代”也包含了东周，并一直赓续。“三国”指的是魏、蜀、吴三个国家政权。公元220年，曹丕在洛阳称帝，国号“魏”；公元221年，刘备在成都称帝，国号“汉”，史称“蜀汉”；公元229年，孙权在建邺称帝，国号“吴”，史称“东吴”。

56. “四僧”“四方”“四民”是指什么?

“四僧”是指原济（石涛）、朱耷（八大山人）、髡残（石溪）、渐江（弘仁），四人在绘画上不为旧法所囿，形成各自的画风面貌。“四方”指的是东、南、西、北,《礼记·曲礼下》记载:“天子祭天地，祭四方。”“四民”指的是士、农、工、商，是指古代的四种公民。

57.“豆蔻年华”“弱冠之年”“而立之年”“不惑之年”“知命之年”“花甲之年”是多少岁?

“豆蔻年华”指女子13岁，豆蔻是初夏开花的一种植物，比喻人还未成年；“弱冠之年”指古代男子20岁行加冠礼，表示已成年，但体型上还没有达到强壮，所以称“弱冠”；“而立之年”指男子30岁；“不惑之年”指男子40岁；“知命之年”指男子50岁；“花甲之年”指男子60岁。

58. 雪、云、风、雨、山、海的雅称是什么?

古人对世间的万物都有着极致的浪漫，只读一句，便能感受到个中神韵。无论是山还是海，又或是风、雨、云、雪，都有一个雅致的名字，其中山的雅称是“翠微”，海是“沧渊”，风是“扶摇”，雨是“灵泽”，云是“纤凝”，雪是“寒酥”。

59. 一代、一世、一甲子是多长时间?

一代代表着一个时间周期，一般来说，一代是指25年;《史记》中记载:“人百年，分为三世。”意思是人的一生可以分为三个30年，所以一世是指30年；一甲子是指60年，采用的是中国古代纪年法，用天干地支组合，共有60个，每60个一循环，即60年。

60. 一个时辰是多少时间？一炷香是多少时间?

一个时辰等于2个小时，时辰是中国传统的计时单位，古人把一天分为12段，每段叫一个时辰，共12个时辰，也就是24小时。一炷香的时间也是古代的计时单位，约为半个小时，还有人认为一炷香是半个时辰，也就是一小时。

61.“四书五经”是哪“四书”、哪“五经”?

“四书五经”是“四书”和“五经”的合称，“四书”是指《大学》《中庸》《论语》《孟子》，而“五经”说的是《诗经》《尚书》《礼记》《周易》《春秋》。“四书”之名是始于南宋的朱熹，而“五经”则在汉武帝时期便有了。“四书五经”是历代儒家学子必要的研习读物，里面包含大量的人生哲理，是儒家之经典，是后世了解古代文化的重要途径之一。

62. 中国第一部纪传体通史是什么?

我国第一部纪传体通史是《史记》，被列为“二十四史之首”，由西汉史学家司马迁撰写，记载了从上古传说中的黄帝时代到汉武帝太初四年间的3000多年间的历史事件，司马迁耗时14年才得以完成，对后世史学产生了深远的影响。

63. 文房四宝指的是哪四宝?

文房四宝指的是笔、墨、纸、砚，是中国独有的书画工具。文房四宝之名起源于南北朝时期。南唐时期，文房四宝指的是安徽宣城诸葛笔、安徽徽州李廷圭墨、安徽徽州澄心堂纸、安徽徽州婺源龙尾砚，而到了宋朝是指宣笔（安徽宣城)、徽墨（安徽黄山市、宣城市)、宣纸（安徽宣城泾县)、歙砚（安徽徽州歙县)、洮砚（甘肃卓尼县)、端砚（广东肇庆，古称端州)。

64. 我国古代的四大发明是什么?

我国古代的四大发明是造纸术、指南针、火药、印刷术。四大发明的说法来自英国汉学家李约瑟。四大发明辗转传到了西方，对世界文明史产生了巨大的影响，同时也是中国古代先民为世界留下一段璀璨的足迹，推进了中国及世界古代历史文化的进程。

65. 我国四大国粹是什么？

我国四大国粹是指中国武术、中国医学、中国京剧和中国书法。中国武术是中华民族创造和发展起来的，意在强身健体、防护；中国医学也就是中医，历史悠久，博大精深，深受国内外人士的喜欢，许多年轻人也关注中医；中国京剧已有 200 年的历史，经过四大徽班和北京剧坛的多年融合形成，是中国最大的戏曲剧种；中国书法虽然在东汉末年才发始，但其与汉字的艺术却是同时存在的。

66. 我国四大名楼是什么？

我国的四大名楼分别是江西南昌滕王阁、湖北武汉黄鹤楼、湖南岳阳岳阳楼、山东烟台蓬莱阁。黄鹤楼始建于三国吴黄武二年（223），历代修葺，因唐朝崔颢登楼后题写一篇《黄鹤楼》而名扬四海；滕王阁是唐太宗李世民的弟弟李元婴任洪州都督时所修，后因王勃的一篇《滕王阁序》闻名于世，现在的滕王阁早已不是当年的那座楼，是 1985 年重建景观；岳阳楼始建于东汉建安二十年（215），历代屡加修葺，因范仲淹的《岳阳楼记》著称于世；蓬莱阁始建于北宋嘉祐六年（1061），历代屡加修葺，没有经历过重建，现依然保持着当时之貌。

67. 我国的四大别称是什么？

四大别称是“中华”“华夏”“神州”“九州”。秦朝以前，华夏族称自己的祖国为“中国”，秦以后，逐渐发展成一个多民族国家，便有了中华民族，“华”有衣服华丽之意，也有说含赤色的意思；“华夏”是个民族，在商朝时期，华夏族等其他民族均向商称臣，因华夏族是主要民族，便以“华夏”为中国的代称；“神州”二字出自《史记·孟子荀卿列传》，有个叫驺衍的人说“中国名为赤县神州”，故中国也叫“赤县”或“神州”；“九州”源于大禹治水划定九州的传说，后泛指中国。

68. 我国三大石窟是什么？

三大石窟一般是指甘肃敦煌莫高窟、山西大同云冈石窟和河南洛阳龙门石窟。莫高窟以精美的壁画和塑像闻名于世，始建于公元 366 年，经历多个朝代的兴建，现有洞窟 735 个、泥质彩塑 2415 尊、壁画 4.5 万平方米。1987 年，莫高窟被列为世界文化遗产。云冈石窟始建于北魏时期，依山而建，里面的佛像气势恢宏，现存主要洞窟 45 个、大小窟龛 252 个、造像 5 万余尊。龙门石窟始凿于北魏孝文帝迁都洛阳前后，现存窟龛 2345 个、题记和碑刻 2680 余品、佛塔 70 余座、造像 11 万余尊，世界遗产委员会评价其“代表了中国石刻艺术的最高峰”。

69. 我国四大名绣是什么？

我国四大名绣是指湘绣、蜀绣、粤绣、苏绣。早在秦汉时期，我国的刺绣工艺便已经达到较高水平，刺绣也是丝绸之路上的重要商品之一。湘绣的工艺精湛、风格独特，在长沙马王堆一号汉代墓葬出土了一件丝织品，其针法与湘绣相差无几，可见湘绣历史悠久。蜀绣也称为“川绣”，早在汉朝时期，蜀绣之名就已誉满天下，汉廷还专门设置了“锦官”管理。粤绣是“广绣”和“潮绣”的总称，唐代一位名叫卢眉娘的姑娘在一块绢布上绣出七卷《法华经》，粤绣从此名扬四海。苏绣在三国时期便有了记载，经过历代的发展和创新，到了清朝中后期，出现了精美的“双面绣”作品。

70. 我国五大名窑是什么？

汝窑、官窑、哥窑、钧窑和定窑。宋代的五大名窑之说，最早见于明代皇室收藏目录《宣德鼎彝谱》：“内库所藏汝、官、哥、钧、定名窑器皿，款式典雅者，写图进呈。”其中汝窑为五大名窑之首。宋代向来注重礼仪，礼尚往来便是礼仪之一。在还未发现瓷器之前，人们以青铜器为礼，上礼天地，下礼亲朋。自陶瓷诞生后，它便替代了青铜器，礼品文化也随之源远流长。

71. 我国四大医书是什么？

学术界一般将《黄帝内经》《难经》《伤寒杂病论》《神农本草经》称为“中国四大医书”。《黄帝内经》编纂于战国，是中国最早的中医理论专著；《难经》，原名《黄帝八十一难经》，此书的作者提出了《内经》中的疑难点，并加以解释和扩展；《伤寒杂病论》是东汉末年张仲景所写，该书总结了前人的医学经验再加上他自己的临床经验，更加系统地阐述了多种疾病的辨证论治；《神农本草经》托名“神农”，撰者不详，是我国最早的药物学专著。

72. 我国四大书院是什么？

四大书院分别为应天书院、岳麓书院、嵩阳书院、白鹿洞书院。在中国古代，历朝历代都非常重视读书，五代十国时期，各地的官学均被破坏，一些私人创办的书院应时而生。应天书院在北宋立国初期输送了源源不断的人才，其中便有写出那句“先天下之忧而忧，后天下之乐而乐”的作者范仲淹；岳麓书院始建于北宋开宝年间，多次被战火毁坏，历代又多次重建，在1926年正式定名为湖南大学；嵩阳书院因坐落嵩山之阳而得名，程颢、程颐兄弟都曾在嵩山学院讲学，此后，嵩阳书院成为宋代理学的发源地之一；白鹿洞书院源于南唐时期的洛阳人李渤在此任江州刺史时创建的“庐山学馆”，因四周被山环绕，俯视似洞，李渤又养了一头鹿，故得名白鹿洞，南宋理学家朱熹曾在此讲学，并制定了《白鹿洞书院揭示》，名扬四海，流传百世。

73. 唐代最著名的瓷器是什么？

唐代最著名的瓷器是唐三彩。唐三彩最早出现于唐高宗时期，在唐玄宗时期达到鼎盛。唐三彩以黄色、褐色、绿色为基本釉色，但不一定每件都三色俱全。唐三彩的种类很多，有人物、动物、盘子、酒器等，但人们大多数喜爱的还是三彩马，它们姿势各异、栩栩如生。

74. 宋代最著名的瓷器是什么？

宋代最著名的瓷器是青花瓷。南宋叶寘《坦斋笔衡》说：“本朝以定州白瓷器有芒，不堪用，遂命汝州造青窑器，故河北、唐、邓、耀州悉有之、汝窑为魁。”汝官窑是北宋的五大名窑之一，也是专为宫廷烧制青瓷器的窑厂，开创了香灰色胎，超过了以前南方所有的青瓷。

75. 明清最著名的瓷器是什么？

明清最著名的是景泰蓝。景泰蓝在明宣德年间为最多，这个时期，制作工艺相对成熟，品种也有瓶、碗、炉等，大多数为器皿。到了清乾隆年间，景泰蓝与雕漆、金漆镶嵌等行业得到了空前的发展。皇宫内处处可见景泰蓝制品，大到屏风，小到日用品，无不显示着清朝的国力强盛、经济富足。

76. 被誉为“万园之园”的是哪座园林？

是圆明园。圆明园坐落于北京海淀，原为明朝故园，后被康熙赐给雍正，经过几代的修建，这座占地5200余亩、外围总长约10千米、有着上百处景观的皇家园林，方告修竣。圆明园集当时江南主要名园的特点，融合东西方的建筑风格，堪称“园林之最”。

77. 世界茶叶的故乡是哪里？

世界公认的茶叶的故乡是中国。早在神农时代，中国人就发现了野生大茶树。唐代陆羽的《茶经》中记载：“茶者，南方之嘉木也，一尺、二尺乃至数十尺。其巴山峡川，有两人合抱者，伐而掇之。”可见中国的茶文化历史相当悠久。

78. 我国的国色是什么颜色？

中国红。中国历史上流行过象征着各种意义的颜色，遥远的夏朝推崇的是黑色，殷商时期流行白色，汉朝从水德（对应红色）改为土德（对应黄色）。而黄色也代表着皇权。近代中国的历史俨然是一部红色的历史，中国红是国旗的颜色，也是无数烈士用鲜血染成的。

79. 古代有消防站吗？

古时有消防站，叫作“望火楼”。望火楼，形似宝塔，内设钟锣，设专人放哨。宋代时，望火楼的修筑达到了顶峰。放哨的官兵在望火楼上发现异样烟火后，便会立即发出警报，白天举旗帜，夜晚悬灯笼，同时敲钟鸣锣。根据旗帜或灯笼的数量以及敲钟鸣锣的频率可确定火灾发生的位置和火灾的紧急程度。本隅的官兵得到信号后，便会赶往事发地进行扑救，邻隅的官兵则集合待命，随时听候增援命令。

80. “三从四德”具体包括哪些内容？

“三从四德”是指古代对女性规范的道德标准之一。“三从”是指未嫁从父、既嫁从夫、夫死从子。“四德”指妇德、妇言、妇容、妇功，也就是妇女的品德、辞令、仪态、女红。如今，随着社会不断发展，女性地位的提高，曾经的“三从四德”已经逐渐被抛弃。

81. 秦朝、汉朝、唐朝、明朝、清朝分别是谁建立的？

秦朝是秦始皇嬴政建立的，传三帝，享国15年；汉朝是汉高祖刘邦建立的，其中西汉传13帝，历210年，东汉传14帝，历195年；唐朝是唐高祖李渊建立的，共历21帝，享国289年；明朝是明太祖朱元璋建立的，共历16帝，享国276年；清太祖努尔哈赤建立后金，后清太宗皇太极改国号为“清”，从努尔哈赤建国起，共历12帝，享国296年。

82. 我国的农历是指什么？

农历是指阴阳合历，也就是阴历和阳历的合历，是中国现行的历法。它根据月相的变化周期，参考太阳回归为一年的长度，并加入二十四节气和设置闰月，使平均历年和回归年相一致。

83. “中国的母亲花”是什么花？

萱草又叫“忘忧草”，古代游子会在母亲居住的地方种上萱草，供母亲欣赏，因此萱草又被称为“中国的母亲花”。萱草作为我国的本土植物，生命力旺盛，适应能力强，能越过寒冬延续生命。它的生长点每年都会移动，通常能够存活数十年之久。

84."三纲""五常"分别指的是什么呢?

"三纲五常"是封建礼教提倡的人与人之间的道德标准，源于西汉董仲舒的《春秋繁露》一书，但最早源于孔子。其中"三纲"指的是君为臣纲、父为子纲、夫为妻纲，含义是臣子要效忠君主、服从君主的命令，儿子要孝顺父亲、听从父亲的教诲，妻子要顺从丈夫，而同时也要求君、父、夫为臣子、儿子、妻子做出表率。"五常"即仁、义、礼、智、信，是用来规范人与人之间交往行为的行为准则。

85. 古代院落中的太平缸有何用途?

为了应对火灾威胁，古人会在院内挖设水池或设置太平缸。太平缸一般分为陶制、石制两种，贵族人家由青铜铸造，可储水防火。例如，紫禁城内就设置 308 尊太平缸，太和殿、保和殿前各 4 口，重达 3000 多公斤，每尊可储水 3000 多升。每天都会安排太监往太平缸里挑水。到了冬天时，还会给太平缸套上棉套、烧火加热，保持太平缸里的水不结冰。

86. 四大喜事是指什么?

四大喜事是久旱逢甘霖、他乡遇故知、洞房花烛夜、金榜题名时。久旱逢甘霖，象征着困境中迎来转机，生活中也迎来了高兴时刻；他乡遇故知，即在异乡遇到自己的故友，喜悦不言而喻；洞房花烛夜，代表着婚姻中的幸福和美满；金榜题名时，象征着十年寒窗苦读，终于学业有成。

87. 我国四大吉祥物是什么?

我国四大吉祥物分别是龙、凤、麒麟、龟。龙是汉族最具有代表性的传统文化符号，象征祥瑞；而凤则是"百鸟之王"，有着美丽、吉祥、宁静等美好的象征意义；麒麟是中国传统的瑞兽，古人认为，麒麟性情温和，出没处必有祥瑞；中国人一直相信龟背的纹理蕴含着天地的秘密，同时它也是长寿的象征。

88. 我国最大的石刻佛像是哪尊?

乐山大佛，又称"凌云大佛"，位于四川省乐山市，大佛为弥勒佛坐像，通高 71 米，是中国最大的一尊摩崖石刻造像，开凿于唐代开元元年（713），完成于贞元十九年（803），历时约 90 年。大佛建成后曾有 7 层阁楼覆盖，但屡建屡毁。乐山大佛不仅是古代劳动人民智慧的结晶，也是世界文化史上的奇迹。

89. 我国规模最大的石窟是哪座石窟?

敦煌莫高窟。它的开凿始于十六国时期到元代，前后延续约 1000 年。莫高窟现有洞窟 735 个，保存壁画 4.5 万多平方米，彩塑 2400 余尊，唐宋木构窟檐 5 座，窟内绘、塑佛像及佛典内容，为佛徒修行、观像、礼拜处所。莫高窟体现了佛教在古代的崇高地位和大众对佛教的信奉。

90. 我国第一木塔是哪座塔?

佛宫寺释迦塔，又称应县木塔，坐落在山西省朔州市应县佛宫寺内，始建于 1056 年，距今有 1000 多年的历史，是世界上现存最高大、最古老的纯木结构楼阁式建筑。全塔未用一钉一铆，却依然屹立至今。应县木塔高 67.31 米，总重量约为 7400 吨，塔内现存彩塑共计 34 尊，其中各层佛像 12 尊，菩萨 12 尊、力士 8 尊、菩萨奴 2 尊，另还有菩萨坐骑狮、象、马、大鹏金翅鸟等各种神兽。

91. 天下第一庙是什么庙？

曲阜孔庙，又称“阙里至圣庙”，是祭祀中国古代著名思想家和教育孔子的寺庙，始建于鲁哀公。自西汉以来，每位帝王不断给孔子加封谥号，孔子庙越来越大，成为全国规模最大的孔庙。曲阜孔庙占地 327 亩，前后九进院落。庙内有殿堂、坛阁和门坊等 464 间，被建筑学家梁思成称为世界建筑史上的“孤例”。

92. 我国第一刹是什么刹？

我国被誉为“天下第一名刹”的是嵩山少林寺。少林寺位于河南省郑州市登封市境内，始建于北魏时期，是孝文帝为了安顿印度高僧跋陀传教而建的一座寺院。少林寺不仅是禅宗的发祥地，还是中国武术的发祥地。因坐落于嵩山腹地的少室山茂密丛林之中，得名“少林寺”。

93. 百家姓是按什么来排序的？

百家姓是按照地位由高到低排序的。先是将皇帝姓氏排在第一位，然后是丞相和诸侯等权力比较大的，以此类推。百家姓是北宋初年编撰的，“赵”之所以排第一位，是因为宋朝的第一任皇帝是宋太祖赵匡胤，所以将开国皇帝的姓氏放在第一位是毋庸置疑的。

94. 玄奘为什么要取经？经过了多少个国家？

玄奘原名陈祎，5 岁丧母，10 岁丧父，11 岁的时候便跟着二哥长捷法师学习佛法。他废寝忘食，潜心攻读佛典，领悟能力非常高，二十几岁时便已经誉满京城了。但是他对各家的佛法内容说法不一、论述不清楚感到非常疑惑。他走遍了大半个中国也没能解除心中的疑惑，于是决心西行取经，立志取回大乘经典《瑜伽师地论》，以解开疑惑。在经历了 110 个国家之后，他终于取得佛经，之后长期从事翻译佛经的工作。

95. 什么是“生辰纲”？

“生辰纲”是指唐、宋时期编队运送的成批的生日礼物，在《水浒传》中的《智取生辰纲》一节中，该生日礼物是梁中书给他的岳父蔡京送的价值十万贯的金珠宝贝。“纲”是指成批运输货物的组织，如茶纲、盐纲、花石纲。

96. “三堂会审”中的“三堂”指的是什么？

“三堂会审”是指三个部门同时、同地、同场合审理同一件案件。一般三堂会审的案子一定是重大案件，或涉及皇室的内部案子。“三堂”在不同的历史时期都有不同的定义，又叫“三法司”。三法司协同办案始于唐朝，指的是刑部、大理寺、御史台三个部门。到了明清，御史台被废除，监察机构改设都察院，此时“三堂”指的是刑部、大理寺和都察院。

97. 中国四大名桥是指什么？

中国四大名桥是指潮州广济桥、河北赵州桥、泉州洛阳桥、北京卢沟桥。赵州桥建于隋朝大业年间，距今已有 1400 多年历史，是著名匠师李春建造的，因桥体全部用石料建成，俗称“大石桥”。洛阳桥始建于北宋年间，是一座跨江接海的大石桥。洛阳桥的建造，对世界桥梁科学做出一大贡献，当时的工匠就已经创造了直到近代才被人们认识的新型桥基——筏形基础。当时的工匠还在桥下养殖牡蛎，把桥基涵和桥墩石胶合凝结成牢固的整体，这是世界上第一个把生物学运用到桥梁工程的创举。广济桥俗称“湘子桥”，始建于宋朝，经过历代的修葺，该桥集梁桥、拱桥、浮桥于一体，是中国桥梁史上的孤例，也被著名桥梁专家茅以升誉为“世界上最早的启闭式桥梁”。卢沟桥在北京丰台区的永定河上，是北京现存最古老的石造联拱桥。1937年7月7日，日本发动全面侵华战争，史称“卢沟桥事变”，中国抗日军队在卢沟桥打响了全面抗战的第一枪。

98. 五行、八卦分别是什么呢？

五行、八卦分为阴阳五行和八卦理论，五行指的是金行、木行、水行、火行、土行，而八卦指的是乾、坎、艮、震、巽、离、坤和兑。五行是中国古代先贤从事各种研究的方法和工具，无论道家还是儒家，都必须要精通五行；而八卦通常运用于方位、测卦、风水等学科上。

99. 中国四大名亭是哪四个？

亭是中国传统建筑，在古代是供人休息的地方，源于周代。到了秦汉时期，亭的使用范围开始扩大到各地，成为维护地方治安的地方。到了魏晋南北朝时期，亭被驿取代，但是民间在各交通要道筑亭的习惯却保留了下来，为的就是让沿途旅客能得到休息。后来，因为亭看起来造型轻巧、布局灵活，所以在园林中逐渐得到应用。其中滁州的醉翁亭、杭州的湖心亭、北京的陶然亭、长沙的爱晚亭，因文人雅士的诗歌而闻名，并称“四大名亭”。

100. 新中国成立后为什么要建设北大荒？

北大荒主要是指黑龙江省北部在三江平原、黑龙江沿河平原及嫩江流域的广大荒芜地区，那里地势平坦、土壤肥沃、水源充足，极为适合发展农业。新中国成立之初，恢复和发展经济，保障粮食等主要农产品供应的任务十分紧迫。当时，北大荒的粮食产量只有0.048亿斤，依托着丰厚的自然条件，北大荒极具发展农业的潜力。国家组织14万转业复员官兵、10万大专院校毕业生、20万内地支边青年、54万城市知识青年陆续来到北大荒，投身发展建设。数十年间，一批又一批的北大荒建设者在这片土地上艰苦奋斗、创业不息，将北大荒打造成为我国重要的“粮仓”。如今，北大荒已“不荒”，连续十多年粮食产量达400亿斤，可满足我国十分之一以上人口的口粮供应。

101. 我国核试验为什么要选择在罗布泊？

20世纪60年代至80年代，我国在罗布泊进行了多次核试验，如第一颗原子弹爆炸成功、第一颗氢弹爆炸成功等。核试验的成功，使我国获得了和平发展的底气。我国之所以将核试验基地选址在罗布泊，是综合地理环境、战略安全、试验需求等多方面因素的科学决策。罗布泊位于新疆塔里木盆地东部，地处欧亚大陆腹地，周边数百公里荒无人烟，核试验产生的放射性污染对居民的影响可降至最低。罗布泊周边多为戈壁、盐壳和雅丹地貌，在冷战时期难以被国际间谍卫星或侦察机识别。罗布泊干燥少雨、风向稳定、地质结构稳定，很适合进行核试验。

102. 河南林县人民为什么要修建红旗渠？

红旗渠，被称为“人工天河”，是河南林县人民历时10年，靠锤、钎，在悬崖绝壁上开凿出的一条全长1500千米的引水渠。红旗渠未修建之前，位于太行山东麓的河南林县人民长期处于缺水状态。1959年，林县遭遇特大干旱，境内4条河流断流、水库干涸，全县18万人饮水困难，庄稼大面积绝收，缺水问题已严重威胁到百姓的生存和农业生产。为保障林县人民的基本生活用水，推动农业发展，修筑一条引水渠，将山西浊漳河引水入林县，迫在眉睫。此后，“十万民众上太行，劈山凿渠十春秋”，削平了1250座山头，凿通了211个隧洞，挖出了152座渡槽，最终创造了“劈开太行山，漳河穿山来”的奇迹。在修建红旗渠的过程中，林县人民不认命、不服输，敢于战天斗地，淬炼出了“自力更生、艰苦创业、团结协作、无私奉献”的红旗渠精神。

103. 火车何时通到的拉萨？

美国现代火车旅行家保罗·索鲁在《游历中国》一书中写道：“有昆仑山脉在，铁路就永远到不了拉萨。”一直以来，青藏高原由于复杂的自然地理条件，交通闭塞，与外界的物质交往受限。为了改变青藏高原居民的铁路通行不便，我国决定要把铁路修到西藏拉萨。青藏铁路的建设由此拉开序幕。从1956年开始，原中华人民共和国铁道部第一勘测设计院对从兰州到拉萨的2000余千米线路进行了全面的勘测设计工作。经过无数人的艰苦努力，1984年，青藏铁路西宁至格尔木段建成通车。再经过20多年的持续建设，2006年7月1日，青藏铁路东起格尔木市、西至拉萨市的二期工程全线通车。至此，火车通到了拉萨。青藏铁路全长1956千米，是一条连接西宁市至拉萨市的国铁Ⅰ级铁路，是中国新世纪四大工程之一，也是世界上海拔最高、线路最长、通过永久冻土区最长和最高的高原铁路。在青藏铁路的修建过程中，一代代建设者们形成了“挑战极限，勇创一流”的“青藏铁路”精神。

104. 我国第一颗人造卫星“东方红一号”在太空中工作了多少天？

1965年1月，钱学森建议中国暂停研制的人造地球卫星应该重新上马并列入国家任务。1965年7月，国家批准了中国科学院《关于发展中国人造卫星工作规划方案建议》，确定将人造卫星研制列为国家尖端技术发展的一项重大任务。1965年9月，中国第一颗人造地球卫星“东方红一号”研制工作正式开始。1970年4月24日21时35分，“东方红一号”搭乘长征一号运载火箭从甘肃酒泉卫星发射场发射，21时48分，进入预定轨道，之后开始播送《东方红》乐曲，让全世界看见了中国卫星上了天。“东方红一号”使用的化学电池寿命有限，当时计划“东方红一号”在太空上工作20天，实际上“东方红一号”工作了28天，直到5月14日停止发射信号，与地面失去了联系。

105. “神舟五号”载人飞船从哪里发射，降落到哪里？

“神舟五号”载人飞船，是中国第一艘载人飞船。“神舟五号”载人飞船的成功发射与返回，标志着中国成为世界上第三个把人送入太空的国家。2003年10月15日9时，“神舟五号”载人飞船搭载航天员杨利伟从酒泉卫星发射中心发射，之后成功进入预定轨道，在轨运行14圈，历时21小时23分，顺利完成各项预定操作任务后，于10月16日6时23分在内蒙古四子王旗着陆场成功降落。国家航天局对此有一句令人振奋的评论：“神舟五号载人航天飞行任务实现了中华民族千年飞天的愿望，是中华民族智慧和精神的高度凝聚，是中国航天事业在新世纪的一座新的里程碑。”

106.“蛟龙号”最深下潜多少米？

“蛟龙号”是我国第一艘深海载人潜水器，于20世纪90年代开始筹备，2009年开始建造、海试。“蛟龙号”潜水器长8.2米、宽3米、高3.4米，可以载人进入深海执行考察任务，也可进行深海探矿、海底高精度地形测量等作业。2012年6月15日，“蛟龙号”在西太平洋马里亚纳海沟区域实现最大下潜深度达6671米；同年6月27日，“蛟龙号”在马里亚纳海沟创造了7062米的中国载人深潜纪录。这标志着我国具备了载人到达全球99%以上海洋深处进行作业的能力。

107.“嫦娥五号”带回了多少月球样品？

“嫦娥五号”是中国探月工程三期发射的月球探测器，是我国首个实施无人月面取样返回的探测器，于2020年11月24日成功发射。12月1日23时11分，“嫦娥五号”成功在月球正面的吕姆克山脉以北地区着陆。经过约19个小时月面工作，“嫦娥五号”顺利完成了月壤采样。12月3日23时10分，“嫦娥五号”从月面起飞。12月17日凌晨，“嫦娥五号”降落在内蒙古四子王旗着陆场，顺利带回了重1731克的月球样品。“嫦娥五号”带回来的月球样品具有极为重要的科研价值，有助于对月球的成因和演化历史等进行科学研究。

108.“中国天眼”在哪里？

我国拥有目前世界上最大的单口径射电望远镜，它被称为“中国天眼”（FAST），位于贵州省平塘县，其反射面总面积约25万平方米，相当于30个标准足球场的大小。它主要用于对遥远星系或恒星进行大规模观测，目前的主要任务是寻找脉冲星。它能够接收到137亿光年以外的电磁信号，其观测范围可达宇宙的边缘，预计将发现超过4000颗脉冲星，远超目前发现的数量。它由我国著名科学家南仁东提出构想并组织建设实施，历经22年，于2016年9月25日落成启用，为我国天文事业持续做着重要贡献。

109.我国第一条地铁在哪里？

北京是新中国第一个开通地铁的城市。北京地铁创建于1965年7月1日，并于1969年10月1日建成通车，历时4年，全长23.6千米，共设17座车站和1座车辆段。经过几十年的不断修正完善，如今北京依然拥有全国线路最多的地铁，其中1号线依然扮演着重要角色。

110.我国第一颗原子弹叫什么？

我国第一颗原子弹叫“邱小姐”。由于我国第一颗原子弹外形像球，所以原本的代号叫“老邱（球）”，而存放原子弹的容器代号叫“梳妆台”，再加上原子弹上安装了各种设备，布满了电线，整体看上去像女人的头发一样，所以人们为保密起见，都管它叫“邱小姐”。

第二十一章
趣味知识篇

1.“名落孙山”中的孙山是考上了还是没考上?

“名落孙山”是一个成语，是指考试失利，没有被录取。成语中的孙山其实是考上了。据说在北宋时期，一个名叫孙山的才子和一位同乡一同去京城参加考试。放榜的时候，孙山是被录取的最后一名，而同乡之人的名字排在孙山之后，没有考上。回乡之后，同乡的父母问孙山，他们的儿子有没有考上，孙山为了不损人面子，便随口作了两句诗:“解元尽处是孙山，贤郎更在孙山外。”

2.“衣冠禽兽”最初是指什么?

“衣冠禽兽”最初指的是文武官员。古时，朝廷对官员的服饰和帽子都有严格的要求，不论文官还是武官，他们的衣袍上都绣有不同的图案。文官绣禽，武官绣兽，自己不得随意更改，这是为了方便区分官职等级，只要一看见衣袍上的图案，就知道对方是什么官职。但是即便朝廷三令五申，仍有很多人冒着危险为了自己的私利篡改图案，而那些穿着官服不办事的官员，后来就被百姓们称为“衣冠禽兽”。

3. 在演出中，压轴戏一般是指第几个节目?

压轴戏一般是指倒数第二个节目，也是最精彩、质量最高的部分。过去的剧本都是写一大长卷，下面有一卷轴，长卷最后的戏曲靠近木轴，也被称为“大轴”，而倒数第二个节目被称为“压轴”，实际上就是用画轴的位置来替代戏曲的次序。

4. 玉帝和王母是什么关系?

玉帝和王母是同事关系。在晋朝葛洪的《枕中书》中记载:“天地初开时，有元始天王，元始天王与太元玉女通气结精，生天皇西王母。”在道教神系中，玉皇大帝和王母也并非夫妻关系。相传，王母是女仙之首，东王公是男仙之首，而玉帝是群仙之首，是众神的首领。

5.“鸳鸯”在古代用于形容什么关系?

在古时候，“鸳鸯”形容的是志同道合的兄弟。在南朝梁萧统编著的《文选》中有“昔为鸳和鸯，今为参与商”的诗句，这里的“鸳”和“鸯”指的就是李陵、苏武，反映了他们之间纯洁的友情。现如今，“鸳鸯”常被用来形容伴侣关系。

6.“王婆”是男人还是女人？卖的是什么瓜？

“王婆卖瓜，自卖自夸”中的王婆实际上是男人，原名叫王坡，因为他做事婆婆妈妈，所以人们给他起个外号——王婆。宋朝时，边境经常发生动乱，而王坡为了避难，便搬到开封乡下，而他卖的是来自西域的胡瓜，也就是现在我们说的哈密瓜。

7.“丧家之犬”最初说的是谁？

“丧家之犬”最初说的是孔子。有一次，孔子和弟子来到郑国，却意外与弟子们走散，只好在郑国的东门发呆。有人把这一情况告诉了孔子的弟子子贡，说：“东门有个人，额头像尧，脖子类似皋陶，而肩部却像子产，腰部以下与大禹相差三寸。看他的样子好像丧家之犬。”后来，子贡把这些话如实告知孔子，孔子看了看自己的衣着，大笑道：“确实是这样啊！”

8.“半老徐娘”的徐娘指的是谁？半老徐娘是指多少岁？

“半老徐娘”中的徐娘指的是梁朝湘东王萧绎的30岁妃子徐昭佩。徐妃因得不到宠爱，便先后与智远道人、暨季江勾搭成奸，暨季江感叹徐妃，虽半老徐娘，但仍风韵犹存，含有轻薄之意。后萧绎得知，便命徐妃自杀。

9.诸葛亮出山的时候是多少岁？

诸葛亮是27岁出山的。他虽然是一位愤世嫉俗的有志之士，但是在刘备三顾茅庐之前，他曾过了一段隐士生活。他修身养性、结交贤者，凭借自己的魅力成功赢得别人的尊敬。后来，他帮助刘备对抗曹魏和东吴，为蜀汉立下汗马功劳。

10.“国色天香”指的是什么花？

“国色天香”说的是牡丹花。牡丹花雍容华贵、娇艳欲滴、富贵吉祥，故亦有“花中之王”的美称。此花不仅颜色艳丽，味道也是芳香浓郁，古代不少文人墨客为之吟诗作画。牡丹在我国资源非常丰富，全国不少地方都有种植。牡丹的根皮可以入药，名曰“丹皮”。

11.“床前明月光”里的“床”指的是什么？

这里的“床”指的是井台上的围栏，并不是睡觉的床。这是唐代大诗人李白《静夜思》中的诗句，此诗简单明了地表达了作者的思乡之情。但“床”字却引起了争议，在《辞海》中我们发现，对床的注释有一项是“井上围栏”，现在大部分学者认为此解释是符合当时那个时代的。

12.我国一共有多少个皇帝？

悠悠中华拥有着5000多年的历史文明，这些辉煌的历史给后世留下了璀璨的文化遗产。在中华大地上出现过许多王朝，从秦始皇统一六国算起，到末代皇帝溥仪，一共出现过494位皇帝。在这些皇帝中，有的文治武功、开疆拓土，为百姓和国家奉献一生，有的则是置国家和人民于水火之中。但无论如何，他们都曾在这片土地上指点过江山，好与坏任后世评说。

13.孔子姓什么？孟姜女姓什么？

孔子姓子，孔是他的氏，子姓衍生出若干个分支，而其中的一支便是孔氏。孔子是孔氏的第六代，所以孔子子姓，孔氏，名丘，字仲尼。孟姜女是民间故事《孟姜女哭长城》中的人物，其实她并不姓孟，而是姓姜，她是姜氏一男子与他的偏房妻子生下的大女儿，"孟姜女"便是"姜家大女儿"的意思。

14."东山再起"中的"东山"指的是哪里?

"东山"在浙江。"东山再起"讲的是东晋的谢安喜欢隐居山水，在东山上率性生活，无心做官，但后期因弟弟战败被废官，家族也逐渐凋落，谢安不得不重新出山，力挽狂澜。事实上，他也确实有这个能力，著名的淝水之战便是证明，谢安凭借八万兵力成功大败前秦八十万大军，取得大捷。这一成语常被用来比喻失势之后经过一段时间又重新得势。

15."河东狮吼"中的"河东"是指哪里?

"河东"指的是山西省。古代各朝代河东的范围略有不同，但大体是在山西的西南部，由于这片区域在黄河的东边，所以称之为"河东"。此成语出自苏轼的一首诗，苏轼因"乌台诗案"被贬到黄州，与陈慥(zào)相识.于是陈慥便邀请苏轼到家里做客，但陈慥家中豢养着一群歌姬，其妻子柳氏心生醋意，用木棒大喊大叫，弄得陈慥很尴尬，故苏轼作诗取笑道:"龙丘居士亦可怜，谈空说有夜不眠。忽闻河东狮子吼，拄杖落手心茫然。""河东狮吼"便由此而来。

16.我国唯一一个以皇帝的名字命名的城市是哪个?

我国唯一一个以皇帝命名的城市是秦皇岛。在商周时期，秦皇岛属于孤竹国，亡国后又归属燕国，后秦将王贲擒燕王喜，燕国亡。公元前215年，秦始皇开始了他第五次东巡，并在此建造了行宫，驻足流连。据传，后经沧桑变幻，秦始皇所站立的小岛与陆地接壤，人们因此将其命名为"秦皇岛"。

17."金屋藏娇"藏的是谁?

"金屋藏娇"藏的是汉武帝的表妹陈阿娇。西汉时期，汉武帝刘彻的姑母刘嫖生了一个漂亮的女儿，小名叫阿娇。她本想把阿娇许给当时的太子刘荣，但刘荣的母亲却不领情。于是刘嫖便把目光转向刘彻。刘彻对阿娇一见倾心，许诺"我长大以后，阿娇要是跟了我，我要建造最漂亮的房子给阿娇住"。"金屋藏娇"便来源于此。

18."冲冠一怒为红颜"中的"红颜"指的是谁?

"冲冠一怒为红颜"出自明末清初诗人吴伟业的《圆圆曲》，这里的"红颜"指的是陈圆圆。1644年，闯王李自成在长安建立大顺政权，并率军攻入北京。吴三桂奉命驻守山海关，但当他到达河北丰润的时候，崇祯帝便自缢身亡了。吴三桂不得已，率部队回京谒见新皇帝。在路上，他听闻李自成的军队不但烧杀抢掠，还抢走了自己最爱的宠妾陈圆圆。据说就是因为这件事，吴三桂勃然大怒并做了一个重要决定:引清军入关。可以说，吴三桂为清朝定鼎中原立下了汗马功劳。

19."春宵一刻值千金"中的"春宵"是指新婚之夜吗?

"春宵"指的是春天的夜晚，不是指新婚之夜。这句诗出自苏轼的七言绝句《春宵》，描述的是春光美景，意在提醒人们珍惜美好光阴。全诗为："春宵一刻值千金，花有清香月有阴。歌管楼台声细细，秋千院落夜沉沉。"后两句极具讽刺意味，说的是那些权贵挥霍时间，过着纸醉金迷的生活。

20. "老婆"一词有何来历？

"老婆"的称呼最早出现于唐代，已有千年之久。在《红楼梦》第七十五回中有这样一句："这个怕老婆的人，从不敢多走一步。"其中"老婆"中的"老"指月老，"婆"指孟婆。相传月老和孟婆在成为神仙之前相爱过，被玉皇大帝发现后，两人逃往凡间，但好景不长，两人还是被发现了。玉皇大帝下令惩罚他们，让孟婆失去了美丽的面容，变成了一个老妇人，而月老则是出现在哪里，哪里就遍布荆棘。

21. "五花八门"中的"五花""八门"是指什么？

"五花八门"原指古代兵法中的阵法，即"五花阵""八门阵"，后比喻事物繁多，变幻莫测。其中，"五花"指的是金菊花、木棉花、水仙花、火棘花、土牛花；"八门"指的是金、皮、彩、挂、评、团、调、柳，是士、农、工、商以外的从业者，多会被社会轻视。如今它已经成为中性词。

22. "五福临门"指的是哪"五福"？

"五福"指的是长寿、安康、富贵、好德、善终。周武王灭商后，从牢狱中救出了箕子。周武王想让箕子帮其治国，但箕子不肯，不过他给周武王提出了安定天下的办法，就是《尚书·洪范》中的"五福"：一曰寿，二曰富，三曰康宁，四曰攸好德，五曰考终命。也就是长寿、安康、富贵、好德、善终。后来箕子携带五千殷民出走朝鲜，在朝鲜建立王朝。

23. "小鸟依人"形容的是男人还是女人？

"小鸟依人"最早形容的是男人。唐代初年，太宗李世民对大臣说道："我听说只要君主贤明，大臣们就会刚正不阿。你们每天讲述我的功过得失，如今我也要点评点评你们。"太宗说长孙无忌才思灵敏，但是打仗不行，又说高士廉虽然做官清廉，但是不敢直言上谏，接着说褚遂良学问大有长进，性格刚正不阿，对朝廷忠诚，就好像小鸟一样栖息在他身边，不由得他不怜爱。

24. "五毒俱全"指的是哪五毒？

五毒指的是蝎、毒蛇、蜈蚣、壁虎、蟾蜍这五种带毒性的生物，比喻什么坏事都干，无恶不作。但在药物当中，五毒指的并不是指毒性生物，而是指石胆、丹砂、雄黄、慈石和礜石。《周礼·天官》中记载："凡疗伤，以五毒攻之。"其实丹砂和慈石并无太大的毒性，但五种物质合在一起，便可以毒攻毒，成为良药。

25. "泰山"为什么是岳父的代称？

相传，唐玄宗李隆基来到泰山封禅时，宰相张说被任命为封禅使。在当时有习俗说封禅结束后，"三公"以外的官员都可官升一级，宰相张说的女婿郑镒当时只是一个九品小官，而封禅结束后却官升四级，别人问他："你怎么升得这么快啊？"郑镒不知如何回答，旁边宫廷戏子黄幡绰接话说道："这都是泰山的压力啊！"一语双关，从此"泰山"便是岳父的代称了。

26.“黄粱一梦”中的“黄粱”指的是什么？

“黄粱”指的是小米。此成语最早出自唐代沈既济《枕中记》：传说有一道士名叫吕翁，出游时在邯郸的一家旅舍休息，遇到了一个叫卢生的人。卢生身着粗布衣服，向吕翁诉说生活窘困，吕翁听后便拿来一个青瓷枕头让卢生睡觉。这时店主正在煮小米，梦中卢生享受了荣华富贵，升官发财，可一觉醒来，发现自己只是做了一个梦。此时，店家的小米还没有煮熟。后人根据这个故事提炼出“黄粱一梦”这一成语，比喻虚幻的梦境和不可实现的愿望。

27. 武松打虎打的是什么虎？

《水浒传》里说的是吊睛白额虎，即为华南虎。华南虎体力充沛，虽然最后死于武松的拳头下，但也给了武松狠狠的一击。吊睛白额正是华南虎独有的特征。这种虎曾经广泛分布在华北平原至秦岭北坡地区，随着人类在此地区不断开拓，此虎种群数量已大幅减少。

28.“雪中送炭”送的是什么炭？送炭的人是谁呢？

“雪中送炭”送的是木炭，送炭的人是宋太宗。淳化四年（993）的冬天，这天宋太宗上早朝时由于天气寒冷便命人拿酒驱寒，酒还没喝完他便想到了贫苦的百姓：在这么冷的天，那些缺衣少食的人该怎么度过呢？于是他命开封府尹给那些贫困的人们送去一千钱及木炭若干。百姓看到那些穷苦的人们都拎着木炭你来我往，纷纷赞颂宋太宗：“真是雪中送炭啊！”

29.“最毒妇人心”中的“妇”指的是谁？

“最毒妇人心”中的“妇”最初指的是姜子牙的妻子马氏。“最毒妇人心”出自小说《封神演义》，书中记载，姜子牙为纣王建造鹿台，当上了监工，他的妻子马氏以为这样一定能够过上飞黄腾达的好日子。谁料因姜子牙看不惯纣王的昏庸无道而直言劝谏，把官弄丢了。马氏听闻后不但对姜子牙恶语相向，还要求其写一封休书给自己。姜子牙不愿，说道：“纣王并不是我要寻的明君，你不如和我一起投靠西岐吧。”就在两人争吵不休时，引来一对夫妇观看，对姜子牙说：“这样的妻子，你还怎么要啊。”姜子牙惋惜道：“妻子，休书交与你手，我俩的缘分就到头了。”没想到还没等姜子牙说完，马氏就把休书抢走了，随后扬长而去。姜子牙道：“青竹蛇儿口，黄蜂尾上针。两般皆是可，最毒妇人心。”

30.“不到黄河心不死”中的“黄河”是指黄河吗？

“不到黄河心不死”中的“黄河”指的其实是乌江。这句话原本是“不到乌江心不死”，乌江就是当年西楚霸王项羽自刎之地。随着时间的推移，“不到乌江心不死”逐渐演变成了“不到黄河心不死”，比喻不达目的誓不罢休。经过一系列的考证，专家认为此言语应与古诗《公无渡河》有关。传说有个白发男子执意要渡黄河，他不顾妻子的劝阻，最终溺死在黄河里。于是便有人作诗感叹：“公无渡河，公竟渡河，堕河而死，将奈公何！”后人根据这个故事提炼出这一谚语。

31. “无商不奸”是不是说自古以来商人都是奸诈的呢?

其实“无商不奸”本意并不是说商人都是奸诈的，成语本身原本是“无商不尖”。古代米店在卖粮食的时候，为了买卖的公平公正，都会在买家的筐里放一把木尺，保证粮食足秤，而且在钱货两清之后，店家会在自己的米缸里舀出一勺米，洒在买家的筐里，这样就会形成一个小撮“尖头”，不但顾客高兴，也算为店家招揽生意。久而久之，人们就将其称为“无商不尖”。

32. 杨广和李渊是什么关系?

两人是表兄弟关系。独孤信，原名为独孤如愿，鲜卑人。在南北朝乱世中，独孤信凭借自己的聪明智慧和战功，成为当时手中掌握大权的人。为了自保，他把自己七个女儿纷纷嫁出去，其中有三个女儿成为皇后。她们分别是嫁给北周明帝宇文毓的长女，嫁给唐国公李昞的四女，以及嫁给隋文帝的七女独孤伽罗。

33.《西游记》中的魑魅魍魉是几种妖怪?

魑魅魍魉其实是三种妖怪，分别是魑、魅、魍魉。魑，是一种黄色的龙形妖怪，常年躲在山林中害人。魅，物老成精即为魅，具有蛊惑人心的能力。魍魉，是山川精怪，如水鬼、瘟神，能索人性命、散播瘟疫。魑魅魍魉最早出自《左传·宣公三年》:“魑魅魍魉，莫能逢之。”

34. “东窗事发”说的是什么事?

说的是南宋奸臣秦桧与其夫人设计“莫须有”罪名构陷抗金名将岳飞的事情。南宋时期，朝政日益衰落，而北方的金兵趁机大肆侵略占领中原，岳飞率领岳家军力挫金兵，而奸臣秦桧却想求和。为了达到自己的目的，他想要除掉岳飞。一次，秦桧坐在东窗下发愁，其夫人王氏询问其为何发愁，秦桧说了其中缘由，王氏献计诬告岳飞谋反，最终导致岳飞含冤而死。后来，秦桧也病死了，王氏便找来道士超度。道士说:“秦桧正在地狱受苦，还让我转告夫人，东窗事发了!”

35.“黄花闺女”的“黄花”指的是什么?

菊花。古时候，未婚女子在梳妆打扮时，通常喜欢用黄色颜料在额头或者脸颊上纹上花纹，也有用黄色的纸剪成花的。同时黄花也代表菊花，因菊花耐寒傲霜，可用来表示一个人的高尚节操，所以在“闺女”前面加上“黄花”二字，表示该女子还没有出嫁。

36. “人有三急”是指哪三急?

“人有三急”中的“三急”指的是心急、手急、性急。该俗语可能出自《论语·阳货》:“古者民有三疾，今也或是之亡也。古之狂也肆，今之狂也荡;古之矜也廉，今之矜也忿戾;古之愚也直，今之愚也诈而已矣。”

37.“一日不见，如隔三秋”，“三秋”是三年吗?

“三秋”指三个季度，也就是九个月。此成语出自《诗经·王风·采葛》，这首情歌说的是男子刚刚离开心爱的女孩，便感到无比想念。“一日不见，如隔三秋”形容因非常思念而度日如年。

38. 七尺男儿有多高？

我们经常在古装电视剧里听到“七尺男儿”这一说法。从秦始皇统一度量衡开始，尺的长度便由国家统一规定，但是每个朝代对尺的标准都有差异。如果按照秦朝来说的话，一尺是 23.1 厘米，那么七尺便是 161.7 厘米。到了三国时期，一尺约为 24.2 厘米，那么七尺便是 169.4 厘米。

39. 竹子常被用来形容人的什么品格？

自古以来，竹子因其坚韧、挺拔的特质深受世人喜爱和推崇。人们常用竹子来形容人品格高尚、廉洁正直。此外，竹子外直中空，也被用来形容人谦逊内敛、虚怀若谷。清代诗人、画家郑燮《竹石》云：“咬定青山不放松，立根原在破岩中。”唐代诗人张九龄在《和黄门卢侍御咏竹》一诗中写道：“高节人相重，虚心世所知。”

40. “乐府双壁”分别是指什么？

汉乐府诗《孔雀东南飞》和北朝民歌《木兰诗》合称为“乐府双壁”，代表了乐府诗的高峰。《孔雀东南飞》中焦仲卿、刘兰芝夫妇的爱情悲剧，对封建礼教、家长统治、门阀观念进行了抨击，歌颂了婚姻自由的美好，具有突破封建藩篱的思想性。《木兰诗》以诗歌的表现形式讲述了木兰女扮男装代父从军的故事，生动塑造了木兰这一传奇人物，全诗语言清新流畅，极富浪漫色彩。

41. “无事不登三宝殿”的“三宝”是指哪三宝？

“三宝”是指佛教中的佛、法、僧，“三宝殿”是指佛殿。佛教寺庙是清净之地，当有礼拜、供养等法事时，僧人信徒方能进入佛殿，而无法事时则不能随意进入佛殿吵闹嬉戏，以免坏了佛门清净。后来，这种说法逐步延伸为有事相求才登三宝殿礼佛，表示因事而来。

42. “三教九流”的“三教”“九流”是指什么？

三教，是指儒教、佛教、道教；九流，是指儒家者流、阴阳家者流、道家者流、法家者流、农家者流、名家者流、墨家者流、纵横家者流、杂家者流。“三教九流”原指学术流派，后泛指社会上各色人物和各色行当。

43. “十恶不赦”是指哪十恶？

封建统治时期，规定有十种罪行不可赦免，分别是谋反、大逆、谋叛、恶逆、不道、大不敬、不孝、不睦、不义、内乱。隋代之前，将这十种罪行称为“十重罪”，隋代及之后称为“十恶”。这“十恶”实际上是违反了“忠孝节义”。“忠孝节义”代表着封建法律和道德观念，是统治阶级的统治象征，一旦违反了“忠孝节义”，在统治阶级看来也就是藐视了他们的权威。

44. 为什么说“菜不摆三，筷不成五，席不成六”呢？

古人认为祭祀的祭品一般都是单数，比如“三炷香”，而双数，古人一般认为出现在美好的场合，比如“好事成双”，所以“菜不摆三”也是忌讳这方面。而“筷不成五”，准确地说是不能放长短不一的筷子，因为很容易让人想起“三长两短”这个成语。“席不成六”则是因为在古代人们都坐圆桌或者八仙桌，如果一张桌子坐六个人，从整体上看像是一只乌龟，为了避免这种事情发生，古人就说“席不成六”。如今时代已经大大不同，对于这些糟粕应适时摒弃。

45. 我国红绿灯最少的城市是哪个？

新疆伊犁的特克斯。特克斯城宛如一个巨型的八卦阵，整个城市呈放射状，有8条大道、64条大街，是按照《易经》中的八卦建造的，每环间隔300米左右，路路相通，街街相连，四通八达，无论从哪条道走都不会迷路。

46. 我国天黑最晚和天亮最早的城市分别是哪个？

我国天黑最晚的是新疆喀什，位于中国的最西端，根据天文推算，这里的日落时间要到晚上11点以后甚至更晚。而天亮最早的城市则是位于黑龙江的抚远市，它地处东经135度左右，在最东边，这里能够看见我国新一天第一缕阳光。因特殊的地理位置，抚远市也被称为“东方第一县”。

47. 十二生肖是何时出现的？

十二生肖是中国传统民俗文化之一，又叫属相，包括十二种动物，即鼠、牛、虎、兔、龙、蛇、马、羊、猴、鸡、狗、猪。十二生肖起源于中国古代人们对动物的崇拜，传说有很多，但最早记载与现代相同的十二生肖的文献是东汉王充的《论衡》。可见，在东汉时期十二生肖便已定型。

48. 五谷杂粮是指哪些呢？

五谷杂粮是指稻、黍、稷、麦、菽。“五谷”一词最早见于《论语》，书中记载，孔子带着学生们远行，子路却掉队了，于是便问一位老农夫：“你看见夫子了吗？”老农说：“四肢不劳动，五谷也分不清了，哪个是夫子啊？”这意味着当时的人们已经懂得分类的概念了。

49. 我国哪个朝代状元最多？唐朝历史上出状元最多的省份是哪个？

在中国古代，科举制度是重要的官吏选拔制度，经过殿试的最终考核，第一名便是状元。在各个朝代中，唐朝是出现状元最多的朝代，约产生状元270人，在古籍中有名可考的就有140余人。其中，江苏省是出状元最多的省份。

50. 为什么黄鹤楼是楼，而滕王阁是阁？

我国传统的建筑，两层以上的叫楼，而阁是楼房的一种，是架空的楼，由木阁楼演变而来。其实楼、阁在建筑形式上确实难以区分，最主要的区别是用途不同，楼的用途是广泛的，而阁仅仅用于游憩远眺、藏书、供佛等。

51. 不同的“房子”有何叫法？

有顶无墙叫“亭”，有底座、露天的亭叫“台”，亭加墙加窗叫“屋”，重屋叫“楼”，楼的四面开窗叫“阁”，把亭拉长叫“廊”，有窗的廊或小屋叫“轩”，台临水而建叫“榭”，船形的台加水叫“舫”，把台放大做祭祀叫“坛”。

52. 北京时间取自哪里？

北京时间并不是北京市（东经116° 23'）的地方时，而是东经120°的地方时，二者相差约14分钟28秒。由于我国幅员辽阔，从西至东横跨五个时区，自中华人民共和国成立后，便统一采用北京时间，也就是东八区区时作为标准时间。时间的精确程度与民生、科研、国防等息息相关，精确计时十分重要。

53. 我国黄金储备量第一的是哪个省的哪座城市?

根据自然资源部统计，2022 年全国黄金储备量最多的省份是山东。在 1.2 亿年前，胶东地区的地球内部岩浆活动十分强烈，岩石圈内形成了大范围的断裂带，而山东的黄金资源正是来自这些断裂带。山东省的招远和莱州是黄金储备的佼佼者，招远更是有着“黄金城”的称号。

54. 全国重点文物最多的省是哪个?

全国重点文物最多的省份是山西省。第八批全国重点文物保护单位确定后，山西共有 534 处，远远超过了河南、陕西等文物大省。山西也是中华文明发源地之一，历史悠久。“春秋五霸”里赫赫有名的晋文公便在山西留下了浓墨重彩的一笔。

55. 五星红旗的设计者是谁?

中华人民共和国国旗的设计者是曾联松。1949 年 6 月 15 日，征集国旗的消息发出后，全国各界人士纷纷拿起画笔，开始描绘自己心目中的国旗。曾联松当时是上海的一名普通职员，凭借对党、对国家的热爱，他熬了十几个通宵，阅读了大量的资料，最终在截稿前五天寄出了自己的设计稿。一直到 10 月 1 日前三天，全国政协才一致通过五星红旗为国旗的提案。

56. 红军长征翻过的最后一座山是哪座?

红军长征翻过的最后一座山是六盘山。1935 年 10 月，为了阻断中央红军和陕北红军会合，国民党军对中国共产党在六盘山一带进行包围，形势非常严峻。10 月 7 日，毛泽东同志率领红军队伍先后进行了两次突围，之后又率领红军队伍翻越了六盘山这座最后的险峰。登顶时，毛泽东同志触景生情，遂作《清平乐·六盘山》:“天高云淡，望断南飞雁。不到长城非好汉，屈指行程二万。六盘山上高峰，红旗漫卷西风。今日长缨在手，何时缚住苍龙?”

57. 人民币的主要成分是什么?

人民币的主要成分是棉花，占比达 95%，还有 3% 的木材，剩下的便是其他的化学材料。一张钞票的制作过程十分复杂，我们需要把棉花等原材料变成印钞纸，再进行多道程序加工，才能让它变成钞票。

58. 一亩等于多少平方米?一丈等于多少米?一尺等于多少厘米?

亩是土地面积单位，一亩等于 60 平方丈，换算为现代公制约等于 666.67 平方米。一丈的长度在不同的历史时期有所不同，但一般来说，一丈约等于 3.33 米，而一尺约等于 33.33 厘米。

59. 信鸽靠什么定位飞行?

我们都知道在中国古代要想传递消息是非常困难的，但是信鸽的出现使通信能力得到了一定的提升。那信鸽究竟是怎么找到回去的路的呢?根据科学家们多年的研究，我们发现鸽子有很多种导航方式：一是利用地球的磁场，鸽子的头部有一些含铁的细胞，可以感知磁场的方向；二是利用太阳的位置，鸽子有自己的生物钟，可根据太阳的高低和角度来判断时间和方向；三是利用周边环境，鸽子有着非凡的记忆力，能有效记住沿途的山脉、河流等特征物。鸽子也会受到各种因素影响，所以并不是每只鸽子都能将信成功送达。

60. 我国的村子有多少种叫法？

自然聚集的叫村，靠近路边聚集的叫庄，高处的村子叫崮，有栅栏围住的叫寨，位于河沟周围的叫沟，带有围墙的叫堡，刺探敌情的叫楼，因时而建的叫屯，区域的一隅叫角，建在高平土墩上的叫台，建在低丘山岭上的叫岭。